中华人民共和国
最高人民法院案例选

第五辑

中国应用法学研究所 主编

法律出版社
LAW PRESS·CHINA
北京

图书在版编目(CIP)数据

中华人民共和国最高人民法院案例选. 第五辑 / 中国应用法学研究所主编. -- 北京 : 法律出版社, 2021
ISBN 978-7-5197-5730-4

Ⅰ. ①中… Ⅱ. ①中… Ⅲ. ①案例－汇编－中国
Ⅳ. ①D920.5

中国版本图书馆 CIP 数据核字(2021)第 123194 号

中华人民共和国最高人民法院案例选
(第五辑)
ZHONGHUA RENMIN GONGHEGUO ZUIGAO
RENMIN FAYUAN ANLIXUAN(DI-WU JI)

中国应用法学研究所 主编

策划编辑 朱 峰
责任编辑 韩泓宇 马秋婧
装帧设计 鲁 娟

出版发行 法律出版社
编辑统筹 辞书·融出版编辑部
责任校对 晁明慧 王晓萍
责任印制 张建伟
经　　销 新华书店

开本 710 毫米×1000 毫米 1/16
印张 20.75 **字数** 298 千
版本 2021 年 10 月第 1 版
印次 2021 年 10 月第 1 次印刷
印刷 中煤(北京)印务有限公司

地址:北京市丰台区莲花池西里 7 号(100073)
网址:www.lawpress.com.cn
投稿邮箱:info@lawpress.com.cn
举报盗版邮箱:jbwq@lawpress.com.cn
销售电话:010-83938349
客服电话:010-83938350
咨询电话:010-63939796

书号:ISBN 978-7-5197-5730-4
定价:98.00 元

中华人民共和国
最高人民法院案例选
（第五辑）

中华人民共和国
最高人民法院案例选
(第五辑)

序　　言

中华人民共和国最高人民法院作为国家最高审判机关，每年审结大量重大、疑难案件，对中国法治进程产生重大影响，为世界贡献了中国司法智慧。为充分发挥最高人民法院案例的法律价值和社会功能，实现以案例“服务司法审判实践、服务经济社会发展、服务法学教育研究、服务中外法学交流、服务法治中国建设”的目标，经最高人民法院批准，自2018年开始，由中国应用法学研究所编译出版《中华人民共和国最高人民法院案例选》（以下简称《最高人民法院案例选》）中英文版，面向海内外发行。

《最高人民法院案例选》所收录案例，均由最高人民法院各审判执行部门严格筛选。这些案例在揭示或阐明法律适用规则、确立新的裁判方法、填补法律漏洞或空白等某一方面或某些方面具有典型意义。案例撰写者均为案件的主审法官，是最高人民法院各审判业务领域的专家，具有精深的法律素养和丰富的裁判经验，熟悉案件事实、审理思路、裁判方法和法律适用，能够最直观、最清晰、最准确地向读者传达案件裁判的司法过程、方法和理念。

《最高人民法院案例选》分为三大板块：（1）“大法官案例”栏目，选取由最高人民法院院领导（大法官）担任审判长审理的、在全国乃至全球具有重大影响的案件。（2）“指导性案例”栏目，选取最高人民法院发布的指导性案例，反映影响中国司法进程的热点、前沿、疑难案件，以发挥案例对统一法律适用及其对相关法律问题的预判和预警作用。（3）“典型案例”栏目，广泛选取刑事、民商事与执行、知识产权、海事海商、行政等典型案例，集中体现最高人民法院当年在各个审判领域的最新探索和裁判成果。

编辑者通过考察国内外司法案例的体例设计，兼顾不同法系读者的阅读习惯，用副标题准确点明案例的核心法律问题和焦点所在，并用“裁判摘要”的通用表达方式，准确阐明案例贡献的裁判规则。每篇案例体例包括："标题""副标题""裁判摘要""案件基本信息""简要案情""案件焦点""裁判结果""裁判摘要评析"等八大要素，格式规范，要素齐全，便于阅读与检索。

通过《最高人民法院案例选》中英文版的出版，我们希望借此实现以下目的：一是完善案例指导制度，促进法律适用标准统一。丛书系统编辑出版最高人民法院每年审结的经典案例，希望能够指导各级人民法院审判工作，统一司法标准，规范法官自由裁量权，实现类案类判，促进司法公正、维护法制统一，树立人民法院的司法权威和司法公信，有效预防法律风险。二是传播司法理念，促进法治中国建设。丛书通过以案说法的方式，向人民群众传达最高人民法院对当下经济、文化、科技和社会生活发展中出现的新型、疑难、复杂问题的裁判理念和裁判方法，希望通过典型案例弘扬法治、彰显正义、惩恶扬善，向社会传播司法理念，提供正确指引。三是贡献中国司法智慧，促进国际司法文化交流。丛书面向全世界发行中英文版，用中国声音讲述中国司法故事，生动直观地展示中国特色社会主义法治的成就和经验，推进中外司法案例的比较研究，促进国际司法文化交流，传播中国特色社会主义法治理念。特别是在全面深化改革开放和建设人类命运共同体的关键时期，丛书对于中国法治文化"走出去"、推进"一带一路"法治合作和建设，向国际社会展示中国特色社会主义司法制度的优越性，为全球治理贡献中国司法智慧和司法经验，传播中华司法文明，具有深远影响。

编辑委员会

2021 年 9 月

目　　录

指导性案例

安徽省外经建设（集团）有限公司与东方置业房地产有限公司等独立保函欺诈纠纷案
——受益人在基础交易中存在违约情形并不必然构成独立保函项下的欺诈性索款 …… 3

蔡某某与广州市润平商业有限公司侵害植物新品种权纠纷案
——作为品种权保护的繁殖材料的认定 …… 17

典型案例

刑　事

湖北洁达环境工程有限公司、李某某逃税案
——对行为人初次逃税行为不予追究刑事责任的法律适用 …… 27

民商事与执行

大理兰林阁置业有限责任公司昆明分公司、大理兰林阁置业有限责任公司与杨某甲、苏某某等民间借贷纠纷案
——法人分支机构未经法人授权加入债务的民事责任 …… 35

中国长城资产管理股份有限公司山西省分公司与山西朔州平鲁区华美奥崇升煤业有限公司、山西华美奥能源集团有限公司等借款合同纠纷案
——最高额保证中保证债权范围的认定 …… 44

南通市华晋置业有限公司与山西军威科技有限公司合同纠纷案
——合同一方享有的约定解除权是否消灭的判定 …………………… 55

恒丰银行股份有限公司重庆分行与重庆亨盾实业有限公司、湖南互相发展置业有限公司等金融借款合同纠纷案
——专业金融机构持有载明抵押意思的股东会决议不足以认定成立抵押关系 ……………………………………………………… 64

河南奇春石油经销集团有限公司与中国工商银行股份有限公司延安分行及一审被告陕西宝姜石化有限责任公司、刘某某等金融借款合同纠纷案
——债务人向保理人确认应收账款的真实性后不得以应收账款不存在为由对抗保理人 ………………………………………… 74

李某某与湖南新华晒北滩水电开发有限公司及一审第三人永州市水利水电建设有限责任公司建设工程施工合同纠纷案
——工程价款鉴定意见明显与造价成本有较大差距的，不宜作为确定工程价款的依据 ………………………………………… 86

杭州汽轮工程股份有限公司与新疆阿勒泰金昊铁业有限公司、吐鲁番市裕润钢铁工贸有限公司等建设工程施工合同纠纷案
——独立担保效力的司法认定 ………………………………………… 100

张某某与耿某某、民权县庄周双语小学及第三人河南民权农村商业银行股份有限公司、民权县城关镇罗庄村民委员会返还原物纠纷案
——物权所有人请求有权占有人返还原物的应不予支持 …………… 111

六盘水裕民液化石油气有限公司与何某某及一审第三人张某某承包经营合同纠纷案
——第三人选择受托人主张权利对委托人介入权的影响 …………… 123

兰某甲与戴某、兰某乙等民间借贷纠纷案
——诉讼中当事人死亡的程序适用 …………………………………… 134

深圳市瑞征物业管理有限公司与深圳市元盛实业有限公司物业服务合同纠纷案
——地下车位的权属与使用收益 …… 143

舟山外代货运有限公司与大连丰海远洋渔业有限公司申请诉中财产保全损害责任纠纷案
——如何把握当事人申请保全错误的裁判尺度 …… 151

冯某、车某某与李某某、张某甲案外人执行异议之诉案
——被执行人到期债权的债务人是否具有案外人执行异议之诉原告主体资格的认定 …… 167

河南宏光正商置业有限公司与周某某、刘某某案外人执行异议之诉案
——执行标的被查封后案外人依据另案生效裁判提出执行异议是否应予支持 …… 175

上海瑞新恒捷投资有限公司与烟台和美经贸有限公司申请破产清算案
——申请人对不予受理破产申请的裁定，可以申请再审 …… 182

EEI 公司、意利埃新能源科技（天津）有限公司与北京万源工业有限公司申请撤销仲裁裁决案
——保证合同未约定仲裁且保证人未在主合同签字的，主合同的仲裁条款对保证人不具有拘束力 …… 190

知识产权

华为技术有限公司与康文森无线许可有限公司确认不侵害专利权及标准必要专利许可纠纷案
——禁诉令性质的行为保全裁定之考量因素及保障措施 …… 196

宝蔻（厦门）卫浴有限公司与馆陶县佩龙水暖安装维修门市侵害实用新型专利权纠纷案
——专利侵权纠纷中合法来源抗辩的认定 …… 205

本田技研工业株式会社与重庆恒胜鑫泰贸易有限公司、重庆恒胜集团有限公司侵害商标权纠纷案
——涉外定牌加工是否构成商标侵权的认定 …………………………… 213

庞某与国家知识产权局及原审第三人北京金源茂丰新技术开发有限公司专利权无效行政纠纷案
——如何在全面、准确理解相关技术方案的基础上，合理划分技术特征，并确定区别技术特征是否被公开 ………………………… 224

广州市指南针会展服务有限公司、广州中唯企业管理咨询服务有限公司与优衣库商贸有限公司、优衣库商贸有限公司上海月星环球港店侵害商标权纠纷案
——违反诚实信用原则，以非法获益为目的注册商标不应得到法律保护 ……………………………………………………………… 233

福州米厂与五常市金福泰农业股份有限公司、福建新华都综合百货有限公司等侵害商标权纠纷案
——通用名称的认定及农作物品种名称的规范使用 …………………… 246

南京蓝泰交通设施有限责任公司与地洲新能源科技（上海）有限公司确认不侵害专利权纠纷案
——确认不侵害专利权诉讼地域管辖连接点的确定 …………………… 252

行　政

达某某、张某甲诉青海省互助土族自治县人民政府不履行法定职责案
——原告申请被告履行法定职责的理由是否成立难以判断时的处理 ……………………………………………………………………… 264

郝某某诉山西省太原市迎泽区人民政府征收房屋案
——未办理产权登记但已向开发商支付购房款并实际占有、使用房屋的购房人与房屋征收行为之间具有利害关系 ……………… 273

林某某诉江苏省泰州医药高新技术产业开发区管理委员会、江苏省泰州医药高新技术产业开发区明珠街道办事处撤销补偿安置协议案
——行政协议撤销之诉适用期限制度的审查路径 …………………… 282

山西金创商务代理有限公司诉山西省吕梁市离石区人民政府拆除房屋、拍卖机器案
——行政机关涉公产处分批复的可诉性审查 ………………………… 291

漯河市逢春企业咨询有限公司诉河南省漯河市国土资源局房屋行政登记案
——受让取得权益的债权人不具有撤销之诉原告资格 ……………… 300

附录一 法律、法规、司法解释及其他规范性文件 ……………………… 310

附录二 中华人民共和国最高人民法院案例选电子书二维码 …………… 322

指导性案例

安徽省外经建设（集团）有限公司
与
东方置业房地产有限公司等
独立保函欺诈纠纷案

——受益人在基础交易中存在违约情形并不必然构成独立保函项下的欺诈性索款

【裁判摘要】

1. 认定是否构成独立保函欺诈需对基础交易进行审查。审查时，应坚持有限及必要原则，审查范围应限于受益人是否明知基础合同的相对人并不存在基础合同项下的违约事实，以及是否存在受益人明知自己没有付款请求权的事实。

2. 受益人在基础合同项下的违约情形，并不必然影响其按照独立保函的规定提交单据并进行索款的权利。

3. 认定独立反担保函项下存在欺诈应当符合双重权利滥用标准，不仅需要证明独立保函项下的受益人存在欺诈事实，还需要证明独立保函的开立人付款并非善意，即独立保函开立人明知或者应当知道受益人欺诈仍然向受益人付款并转而依据反担保函请求付款。

【案件基本信息】

1. 诉讼当事人

再审申请人（一审被告、二审上诉人）：东方置业房地产有限公司（Inmobiliaria Palacio Oriental S. A，以下简称东方置业公司）

---

* 本书的“有章”二维码为裁判文书原文。——编者注

被申请人（一审原告、二审被上诉人）：安徽省外经建设（集团）有限公司［以下简称外经建设（集团）］

一审第三人：哥斯达黎加银行（Banco de Costa Rica）

一审第三人：中国建设银行股份有限公司安徽省分行（以下简称建行安徽省分行）

2. 案件索引与裁判日期

一审：安徽省合肥市中级人民法院（2012）合民四初字第00005号判决（2014年4月9日）

二审：安徽省高级人民法院（2014）皖民二终字第00389号判决（2015年3月19日）

再审：最高人民法院（2017）最高法民再134号判决（2017年12月14日）

3. 案由

独立保函欺诈纠纷

【简要案情】

2010年1月16日，地产开发方东方置业公司与承包方外经建设（集团）、施工方安徽外经建设中美洲有限公司（以下简称外经建设中美洲公司）在哥斯达黎加共和国圣何塞市签订了哥斯达黎加湖畔华府项目施工合同（以下简称施工合同）。施工合同签订后，外经建设（集团）于2010年5月26日向建行安徽省分行提出申请，并以哥斯达黎加银行作为转开行，向受益人东方置业公司开立履约保函。2010年5月28日，哥斯达黎加银行开立编号为G051225的履约保函，担保人为建行安徽省分行，委托人为外经建设（集团），受益人为东方置业公司，担保金额为2,008,000美元。保函为“无条件的、不可撤销的、必须的、见索即付的保函”，保证事项为“哥斯达黎加湖畔华府项目”，有效期至2011年10月12日，后延期至2012年2月12日。建行安徽省分行同时向哥斯达黎加银行开具编号为34147020000289的反担保函，承诺自收到哥斯达黎加银行通知后20日内支付保函项下的款项。反担保函载明“无条件的、不可撤销的、随时要求支付的”，并约定“遵守国际商会出版的458号《见索即付保函统一规则》”。

施工合同履行过程中，建筑师 Brenes 和 Mora 于 2012 年 1 月 23 日出具项目工程检验报告。该报告认定施工项目存在“施工不良”“品质低劣”且需要修改或修理的情形。因就施工质量问题产生争议，外经建设中美洲公司于 2012 年 2 月 7 日以东方置业公司拖欠工程款及相应利息为由向哥斯达黎加建筑师和工程师联合协会争议解决中心提交仲裁请求，请求仲裁庭裁决解除合同并裁决东方置业公司赔偿损失。2 月 8 日，东方置业公司向哥斯达黎加银行提交索赔声明、违约通知书、违约声明、项目工程检验报告等保函兑付文件，要求执行保函。2 月 10 日，哥斯达黎加银行向建行安徽省分行发出电文，称东方置业公司提出索赔，要求支付 G051225 号银行保函项下款项。2 月 12 日，哥斯达黎加行政诉讼法院第二法庭应外经建设中美洲公司申请下达临时保护措施禁令，裁定哥斯达黎加银行暂停执行 G051225 号履约保函。

同年 2 月 23 日，外经建设（集团）向合肥市中级人民法院起诉，请求判令：（1）东方置业公司的行为构成保函欺诈；（2）东方置业公司进行保函索赔的民事行为无效；（3）建行安徽省分行不得向哥斯达黎加银行支付编号为 34147020000289 的银行保函项下 2,008,000 美元的款项；（4）哥斯达黎加银行不得向东方置业公司支付编号为 G051225 的银行保函项下的 2,008,000 美元的款项。

3 月 6 日，哥斯达黎加共和国行政诉讼法院第二法庭判决外经建设中美洲公司申请预防性措施败诉，解除了临时保护措施禁令。3 月 20 日，应哥斯达黎加银行的要求，建行安徽省分行延长了 34147020000289 号保函的有效期。3 月 21 日，哥斯达黎加银行向东方置业公司支付了 G051225 号保函项下款项。

2013 年 7 月 9 日，哥斯达黎加建筑师和工程师联合协会作出仲裁裁决，仲裁裁决书中对于工程质量问题亦有相关表述，即“第十九期进度款未被监理和业主审查通过”“事实表明，承包商已多次收到工程项目不达标或有瑕疵的通知，该些工程项目，承包商必须自行改善或由其他次级分包商加以修正，楼盘的外部水泥粉墙工程问题尤为突出。在履行合同期间，直到 18 号工程时，并未发现有业主扣押承包商工程保证金之情况”。

该仲裁裁决认定东方置业公司在履行合同过程中严重违约，裁决终止施工合同，东方置业公司向外经建设中美洲公司支付1号至18号工程进度款共计800,058.45美元及利息；第19号工程因未获得开发商验收，相关工程款请求未予支持；因G051225号保函项下款项已经支付，不支持外经建设中美洲公司退还保函的请求。哥斯达黎加建筑师和工程师联合协会仲裁裁决作出后，东方置业公司向哥斯达黎加共和国最高法院第一法庭请求确认案涉裁决无效。2015年5月21日，哥斯达黎加共和国最高法院第一法庭作出裁决，驳回东方置业公司上述请求。

2014年4月9日，合肥市中级人民法院判决：建行安徽省分行终止向哥斯达黎加银行支付编号为34147020000289的银行保函项下2,008,000美元的款项。东方置业公司不服一审判决，向安徽省高级人民法院上诉，该院判决：驳回上诉，维持原判。东方置业公司不服二审判决，向最高人民法院申请再审，请求撤销一审、二审判决，改判东方置业公司的索赔行为不构成欺诈，建行安徽省分行支付银行保函项下款项。

【案件焦点】

1. 东方置业公司索赔保函项下款项是否构成欺诈；

2. 哥斯达黎加银行向东方置业公司付款后，以受益人身份索赔独立反担保函项下款项是否构成反担保函项下的欺诈。

【裁判结果】

最高人民法院认定，外经建设（集团）不能证明东方置业公司存在独立保函欺诈，亦不能证明哥斯达黎加银行明知东方置业公司存在独立保函欺诈仍然违反诚信原则予以付款，外经建设（集团）主张止付独立保函及独立反担保函项下款项没有事实依据，判决撤销一审、二审判决，驳回外经建设（集团）的诉讼请求。

【裁判摘要评析】

本案是《独立保函纠纷规定》施行以来，最高人民法院提审改判的第一起保函欺诈纠纷案件。再审判决就保函欺诈例外的认定标准、保函欺诈纠纷的有限审查原则、独立反担保函欺诈例外的双重权利滥用标准等问题所确立的裁判标准，对于准确适用上述司法解释、统一保函欺诈纠纷案件的裁判尺度具有较强的指导意义。此外，该判决还明确了独立保函欺诈案件的识别依据、管辖权以及法律适用问题，是一份值得理论界、实务界人士深入研究的经典判例。

一、关于独立保函欺诈认定中对基础交易或基础关系的审查标准或审查限度问题，判决再次重申了有限审查原则并对“有限审查”在案件中的具体实现进行了界定

虽然《独立保函纠纷规定》第18条规定，人民法院审理独立保函欺诈纠纷案件或处理止付申请，可以审查认定基础交易的相关事实。但这种审查不是无限度的。独立保函欺诈是独立保函独立性原则的唯一例外，法院在审查独立保函欺诈纠纷案件过程中，突破保函法律关系的限制对基础法律关系进行审查虽然具有理论及实务依据，但秉持怎样的审查标准以及划定怎样的审查限度是司法实践中首先应当解决的问题。本案判决总结并再次重申了有限审查原则。①

判决首先肯定了对基础关系进行审查的必要性，即在双方当事人均主张对方在基础合同履行中存在违约行为并依据基础交易主张权利的情况下，对基础关系的审查成为司法判断的必需与前提，法院必须判断受益人是否具有初步证据可以证明基础合同项下的违约行为构成其索赔请求的基本事实依据。在确认对基础关系进行审查的必要性基础上，判决再次重申了有限审查原则，即对基础交易的审查应当坚持有限原则和必要原则，法院审查的方向应是受益人是否欺诈而非基础合同是否违约。其审查范围应严格限于与欺诈有关的事项，不应超出欺诈范围对基础合同是否违约作出认定，② 否则，对基础合同的审查将会动摇独立保函“见索即付”的制度价值。更加具有现实意义的是，判决结合案件具体事实对有限审查在案件中的具体实现进行了分析和界定。判决认为，保函担保的是“施工期间材料

---

① 有限审查原则并非本案首创，亦非源自成文法或国际惯例。该原则滥觞于国际商事审判实践并得到司法界的认同并随着司法实践不断完善与发展，较早对此原则进行系统表述的案件可以参见江苏太湖锅炉股份有限公司与卡拉卡托工程有限公司保函欺诈纠纷案，江苏省高级人民法院（2013）苏商外终字第0006号民事判决书。

② 参见刘应民、张亮：《独立担保制度研究——以见索即付保函与备用信用证为视角》，中国社会科学出版社2017年版，第213页。

使用的质量和耐性，赔偿或补偿造成的损失，和/或承包方未履行义务的赔付”，意即，保函担保的是施工质量和其他违约行为。因此，受益人只须提交能够证明存在施工质量问题的初步证据，即可满足保函实现所要求的“说明执行保函理由的证明文件”。本案基础合同履行过程中，东方置业公司的项目监理人员 Brenes 和 Mora 于 2012 年 1 月 23 日出具项目工程检验报告。该报告认定了施工项目存在“施工不良”“品质低劣”且需要修改或修理的情形，该报告构成证明存在施工质量问题的初步证据。

二、关于受益人在基础交易或基础关系中的违约事实与独立保函欺诈判断的关系问题方面，判决认为东方置业公司作为受益人，其在基础合同履行中存在的违约情形，并不必然构成保函项下的欺诈性索款

审查标准确定之后，接下来的问题就是如果受益人在基础交易中存在违约事实，如何界定违约事实与保函欺诈之间的关系？也就是说，前者是否构成后者的充分必要条件？判决书关于这一问题围绕以下线索展开并层层递进：（1）担保行的付款义务不受委托人与受益人之间基础交易项下抗辩权的影响；（2）受益人无须先期启动争议解决程序；（3）正在进行的争议解决程序对保函权利实现的有限影响；（4）生效判决或者仲裁裁决认定受益人构成基础合同项下的违约，该违约事实的存在不必然成为构成保函欺诈的充分必要条件。

本案基础合同项下因付款争议，承包方启动了仲裁程序，生效裁决认定东方置业公司在基础交易项下构成违约，因此，案件必须解决东方置业公司作为受益人，其在基础合同履行中存在违约情形又要求实现保函权利，是否可以认为构成欺诈的问题。

判决书确立的原则是：独立保函独立于委托人和受益人之间的基础交易，出具独立保函的银行只负责审查受益人提交的单据是否符合保函条款的规定并有权自行决定是否付款，担保行的付款义务不受委托人与受益人之间基础交易项下抗辩权的影响。东方置业公司作为受益人，在提交证明存在工程质量问题的初步证据时，即使未启动任何诸如诉讼或者仲裁等争议解决程序并经上述程序确认相对方违约，并不影响其保函权利的实现。即使基础合同存在正在进行的诉讼或者仲裁程序，只要相关争议解决程序尚未作出基础交易债务人没有付款或者赔偿责任的最终认定，亦不影响受益人保函权利的实现。进而言之，即使生效判决或者仲裁裁决认定受益人构成基础合同项下的违约，该违约事实的存在亦不必然成为构成保函“欺诈”的充分必要条件。这是对独立保函性质的进一步确认，也是对独立保函“独立”特点的进一步重申。

值得注意的是，在辽宁高科能源集团有限公司与生物质电力有限公司（Biomass Electricity Co., Ltd.）、中国建设银行股份有限公司辽宁省分行保函欺诈纠纷案①中，最高人民法院也表达了相同的观点。在上述案件中，最高人民法院认为，是否对基础合同项下违约事件发生的因果关系进行认定不影响生物质电力有限公司保函权利的实现。辽宁高科能源集团有限公司主张生物质电力有限公司基础合同项下违约在先，并据此要求止付独立保函项下款项没有法律依据。

三、关于独立保函欺诈的认定标准与生效仲裁裁决认定事项之间精微关系的审慎判断

独立保函案件审理的最大难点在于对欺诈的认定。《独立保函纠纷规定》第12条规定：“具有下列情形之一的，人民法院应当认定构成独立保函欺诈：（一）受益人与保函申请人或其他人串通，虚构基础交易的；（二）受益人提交的第三方单据系伪造或内容虚假的；（三）法院判决或仲裁裁决认定基础交易债务人没有付款或赔偿责任的；（四）受益人确认基础交易债务已得到完全履行或者确认独立保函载明的付款到期事件并未发生的；（五）受益人明知其没有付款请求权仍滥用该权利的其他情形。”本案中，哥斯达黎加建筑师和工程师联合协会已经作出仲裁裁决，认定东方置业公司在履行合同过程中违约，那么，案件是否可以构成“法院判决或仲裁裁决认定基础交易债务人没有付款或赔偿责任的”的情形并可据此认定构成保函欺诈？判决结合本案事实，对《独立保函纠纷规定》中“欺诈例外”认定的相关问题进行了详细的阐释，并将“欺诈例外”的条件严格限定在“付款或赔偿责任”层面，并且明确阐明了“将受益人自身在基础合

① 参见最高人民法院民事裁定书，（2017）最高法民申5067号、5068号、5069号。

同中是否存在违约行为纳入保函欺诈的审查范围时应当十分审慎”的基本态度。

判决认为，保函担保的事项是施工质量和其他违约行为，而受益人未支付工程款项的违约事实与工程质量出现问题不存在逻辑上的因果关系，东方置业公司作为受益人，其自身在基础合同履行中存在的违约情形，并不必然构成独立保函项下的欺诈索款。《独立保函纠纷规定》第 12 条第 3 项的规定内容，将独立保函欺诈认定的条件限定为“法院判决或仲裁裁决认定基础交易债务人没有付款或赔偿责任”，因此，除非保函另有约定，对基础合同的审查应当限定在保函担保范围内的履约事项。虽然哥斯达黎加建筑师和工程师联合协会作出仲裁裁决，认定东方置业公司在履行合同过程中违约，但上述仲裁程序于 2012 年 2 月 7 日由外经建设（集团）发动，东方置业公司并未提出反请求，2013 年 7 月 9 日作出的仲裁裁决仅针对外经建设（集团）的请求事项认定东方置业公司违约，但并未认定外经建设（集团）因对方违约行为的存在而免除付款或者赔偿责任。因此，不能依据上述仲裁裁决的内容认定东方置业公司构成《独立保函纠纷规定》第 12 条第 3 项下的保函欺诈。

同时，判决书注意到了仲裁裁决对于本案施工质量争议问题的表述，并就此展开了对《独立保函纠纷规定》第 12 条第 4 项、第 5 项的说明。即双方对工程质量发生争议的事实以及哥斯达黎加建筑师和工程师联合协会争议解决中心作出的仲裁裁决中涉及工程质量问题部分的表述能够佐证，外经建设中美洲公司在施工合同项下的义务尚未完全履行，本案并不存在东方置业公司确认基础交易债务已经完全履行或者付款到期事件并未发生的情形。现有证据亦不能证明东方置业公司明知其没有付款请求权仍滥用权利。东方置业公司作为受益人，其自身在基础合同履行中存在的违约情形，虽经仲裁裁决确认但并未因此免除外经建设（集团）的付款或者赔偿责任。

至此，判决不仅完成了关于独立保函欺诈的认定标准与生效仲裁裁决认定事项之间精微关系的审慎判断，而且解释了《独立保函纠纷规定》第 12 条第 3 项、第 4 项、第 5 项的适用条件。

四、独立反担保函欺诈例外的双重权利滥用标准

独立反担保函项下欺诈的判断是本案涉及的新问题。在出具独立反担保函的情形下，存在独立保函和保障独立保函开立人追偿权的独立反担保函两份保函。两者应当适用怎样的标准来判断欺诈例外的构成要件是一个新的实践问题。判决确立的标准是，独立反担保函必须符合双重权利滥用标准才能构成欺诈例外情形。

本案中，外经建设（集团）向建行安徽省分行提出申请，并以哥斯达黎加银行作为转开行，向作为受益人的东方置业公司开立编号为 G051225 的履约保函后，建行安徽省分行作为担保人向哥斯达黎加银行开具编号为 34147020000289 的反担保函，承诺自收到哥斯达黎加银行通知后 20 日内支付保函项下的款项。东方置业公司向哥斯达黎加银行提出索赔声明后，哥斯达黎加银行即告知建行安徽省分行有关东方置业公司之索赔事项，在哥斯达黎加行政诉讼法院第二法庭下达临时保护措施禁令后，哥斯达黎加银行暂停执行 G051225 号履约保函。2012 年 3 月 6 日，哥斯达黎加行政诉讼法院第二法庭解除了临时保护措施禁令。3 月 20 日，建行安徽省分行应哥斯达黎加银行的要求延长了 34147020000289 号独立反担保函的有效期。3 月 21 日，哥斯达黎加银行向东方置业公司支付了 G051225 号保函项下款项。

判决认为，外经建设（集团）以保函欺诈为由提起本案诉讼并请求中止支付独立反担保函项下款项，其应当举证证明哥斯达黎加银行明知东方置业公司存在独立保函欺诈情形，仍然违反诚信原则予以付款，并进而以受益人身份在见索即付独立反担保函项下提出索款请求并构成反担保函项下的欺诈性索款。在外经建设（集团）不仅不能证明哥斯达黎加银行向东方置业公司支付独立保函项下款项存在欺诈，亦不能证明哥斯达黎加银行在独立反担保函项下存在欺诈性索款情形，其主张止付独立反担保函项下款项没有事实依据。

判决确立的原则是，独立保函的性质决定了担保人于债务人之外构成对受益人的直接支付责任，即使存在受益人在独立保函项下的欺诈性索款情形，亦不能推定担保行在独立反担保函项下构成欺诈性索款。只有担保行明知受益人系欺诈性索款且违反诚实信用原则付款，并向反担保行主张独立反担保函项下款项时，才能认定担保行构成独立反担保函项下的欺诈性索款。《见索即付保函统一规则》（URDG758）的起草者亦认为，保函项下受益人的欺诈本身并不能使担保人丧失在反担保项下的权利。因而，除非证实了支付反担保函之前担保人已协助或教唆受益人欺诈，或担保人在特定情况下不应忽略该欺诈，否则反担保人必须承付担保人的相符索赔。[①]这与判决所确立的原则和标准是契合的。

五、独立保函欺诈案件的法律适用问题

作为一件典型的涉外案件，本案亦涉及国际私法意义上的识别或定性、案件管辖权的确定依据、准据法的确定、外国判决在域内民事诉讼程序中的证据效力等重要问题。

（一）关于案件的定性

定性或称识别，是国际私法领域的一个特有概念。识别是在适用冲突规范时，依据一定的法律观念，对有关的事实构成作出定性或分类，将其归入一定的法律范畴，或对有关的冲突规范所使用的法律名词进行解释，从而确定应援用哪一种冲突规范的认识过程。[②] 识别为了解决法律适用而存在，但其自身亦涉及法律适用问题。理论通说认为识别应当适用法院地法。《涉外民事关系法律适用法》第 8 条规定："涉外民事关系的定性，适用法院地法律。"因此，保函的性质以及纠纷的性质应当适用法院地法进行识别。应当注意的是，有的时候独立保函会对准据法有所约定，但该法律不能适用于对保函性质的识别。

但独立保函纠纷案件的特殊性在于，案件中往往会涉及"双重识别"[③]问题，即不仅需要识别案件是否属于独立保函纠纷而且需要识别属于何种独立保函纠纷。[④] 判决书对"双重识别"问题专门进行了阐述。本案中，外

---

① 参见［法］阿法齐（Georges Affaki）、［英］高德（Roy Goode）：《国际商会见索即付保函统一规则 URDG758 指南》，中国国际商会/国际商会中国国家委员会组织翻译，中国民主法制出版社 2012 年版，第 9 页。

② 参见韩德培主编：《国际私法新论》（上），武汉大学出版社 2009 年版，第 160 页。

③ 双重识别不同于国际私法理论中的"二级识别"，后者指依本国冲突规范的指引适用外国法时，亦需要适用内国法对冲突规范指引的外国法再进行一次识别，其后果是限制外国法的适用。

④ 在油金属制造有限公司与浙江金盾压力容器有限公司国际货物买卖合同纠纷案［浙江省高级人民法院（2013）浙商外终字第 134 号民事判决书］中，因该案仅涉及基础合同项下付款争议，因此，该案判决仅对保函是否构成独立保函进行识别，且管辖权的确定依据亦与本案有所不同。

经建设（集团）作为外经建设中美洲公司在国内的母公司，是涉案保函的开立申请人，其申请建行安徽省分行向哥斯达黎加银行开立见索即付的反担保保函，由哥斯达黎加银行向受益人东方置业公司转开履约保函。根据保函文本内容，哥斯达黎加银行与建行安徽省分行的付款义务均独立于基础交易关系及保函申请法律关系，因此，上述保函可以确定为见索即付独立保函，上述反担保保函可以确定为见索即付独立反担保保函。在进行保函性质识别并确认法律关系为独立保函纠纷的基础上，判决对案涉独立保函纠纷的性质进行了识别，认为外经建设（集团）以保函欺诈为由向一审法院提起诉讼，本案性质为保函欺诈纠纷。

“双重识别”的意义在于，基于识别客体的特质，如果只进行单一识别，无法彻底解决案件准据法的确定问题。在典型的独立保函欺诈纠纷案件中，不仅需要解决独立保函开立、流转、付款关系所应适用的法律，而且需要解决独立保函欺诈（特别是欺诈的判断标准）法律关系所应适用的法律，两者缺一不可。

（二）关于本案管辖权的确定依据

在识别本案为保函欺诈纠纷的基础上，管辖权的确定即有了相应的法律依据。外经建设（集团）以保函欺诈为由向一审法院提起诉讼，东方置业公司在中国境内没有住所地。依照《民事诉讼法》第 265 条的规定，本案管辖问题应当适用涉外民事诉讼程序的特殊地域管辖原则解决，其管辖的连接点因素为“侵权行为地”。同时，根据《民事诉讼法司法解释》第 24 条的规定，侵权行为地包括侵权行为实施地和侵权结果发生地。外经建设（集团）以保函欺诈为由向本案一审法院提起诉讼，涉嫌欺诈被请求止付的独立反担保保函由建行安徽省分行开具。建行安徽省分行所在地应当认定为外经建设（集团）主张的侵权结果发生地。安徽省合肥市中级人民法院作为侵权行为地法院对本案具有管辖权。

（三）关于保函欺诈纠纷的法律适用问题

鉴于独立保函纠纷案件具有其识别方面的特殊性，因此，在准据法的确定方面，此类案件亦有不同之处。“双重识别”的法律效果是准据法的重叠适用。

第一，应当确定独立保函开立、流转、付款关系等与独立保函纠纷有关的法律关系之准据法。这个问题的解决，首先应当正确认识国际商会《见索即付保函统一规则》的性质和适用方式。判决确立的原则是，《见索即付保函统一规则》非经当事人明确选择不应作为解决独立保函开立、流转、付款关系的准据法。这样判断的依据是，《见索即付保函统一规则》（URDG758）第1条规定本规则适用于任何明确表明（expressly indicate）适用本规则的见索即付保函或反担保函，也就是说，《见索即付保函统一规则》没有强制适用的效力，必须经当事人选择才能适用。另外，其适用的法理基础是上述“规则”经由当事人的选择行为已经成为合同条款的一部分，其适用是以合同条款的性质出现。实践中有的观点认为，根据《民法通则》[①] 第142条第3款“中华人民共和国法律和中华人民共和国缔结或者参加的国际条约没有规定的，可以适用国际惯例”[②] 的规定，国际商会《见索即付保函统一规则》可以作为国际惯例适用。实际上，鉴于《见索即付保函统一规则》同时存在不同版本，这一观点在实践中会面临法律选择方面的困难和法律适用方面的风险。判决书在肯定《见索即付保函统一规则》是专用于见索即付保函和反担保函唯一的合约性规则的前提下，重申了《见索即付保函统一规则》的合约性质，并且明确仅当见索即付保函或者反担保函的当事人明确选择《见索即付保函统一规则》时方可适用。本案保函载明适用《见索即付保函统一规则》，应当认定上述规则的内容构成争议保函的组成部分。

第二，关于保函欺诈纠纷的准据法问题。由于《见索即付保函统一规则》没有解决保函欺诈的认定标准，因此必须确定保函欺诈纠纷的准据法并与《见索即付保函统一规则》叠加适用。在对案件进行“双重识别”的基础上，判决明确了根据《涉外民事关系法律适用法》第44条“侵权责任，适用侵权行为地法律”的规定，《见索即付保函统一规则》未予涉及的保函欺诈之认定标准应适用中华人民共和国法律。

---

① 根据《民法典》的规定，《民法通则》于2021年1月1日废止。以下同。

② 本条在《民法典》中无对应条文。

第三，判决论述了《联合国独立保证与备用信用证公约》在此类案件中的适用问题，并且表达了相对谨慎的观点。鉴于我国没有加入《联合国独立保证与备用信用证公约》，本案当事人亦未约定适用上述公约或将公约有关内容作为国际交易规则订入保函，依据意思自治原则，《联合国独立保证与备用信用证公约》不应适用。

需要指出的是，独立保函欺诈纠纷案件进行“双重识别”与准据法叠加适用的理论基础在于，保函申请人并非独立保函的一方当事人，在独立保函开立人与受益人之间因独立保函的理解与适用等问题出现纠纷时，保函中约定的法律当然适用。但是，保函申请人要求确认受益人存在欺诈性索款的目的系欲终止保函项下款项的支付，从而防止合法权益被侵害，故独立保函欺诈性索款纠纷，本质上应为侵权纠纷，[①] 侵权行为地法律应当适用。本案依据《民通意见（试行）》[②] 第 68 条的规定认定受益人是否存在欺诈的事实。在《民法典》施行以后发生的保函欺诈纠纷，则应根据《民法典》和《独立保函纠纷规定》第 12 条的规定认定是否构成保函欺诈。

（四）关于外国判决在我国诉讼中的证据效力判断问题

本案较为罕见地涉及四个外国法院判决性质的法律文件，分别是：（1）哥斯达黎加共和国行政诉讼法院第二法庭下达临时保护措施禁令，裁定哥斯达黎加银行暂停执行 G051225 号履约保函。（2）哥斯达黎加共和国行政诉讼法院第二法庭判决外经建设中美洲公司申请预防性措施败诉，解除了临时保护措施禁令。（3）哥斯达黎加建筑师和工程师联合协会仲裁裁决作出后，东方置业公司向哥斯达黎加共和国最高法院第一法庭请求确认裁决无效。2015 年 5 月 21 日，哥斯达黎加共和国最高法院第一法庭作出裁决驳回东方置业公司的请求。（4）哥斯达黎加共和国圣何塞民事第四法庭第 150-2016 号初审判决。上述外国法院判决性质的法律文件中，除第三份裁决类似中国法院仲裁司法审查裁决外，需要判断并解决哥斯达黎加共和

① 参见翟红、杨泽宇：《独立保函欺诈例外的分析与认定》，载《人民司法·应用》2015 年第 13 期。

② 根据 2020 年 12 月 23 日通过的《最高人民法院关于废止部分司法解释及相关规范性文件的决定》，《民通意见（试行）》于 2021 年 1 月 1 日废止。以下同。

国圣何塞民事第四法庭第150-2016号初审判决在本案民事再审程序中的证据效力问题。

判决一方面基于第150-2016号初审判决系由境外法院作出但尚未经我国司法程序承认的事实明确拒绝了上述判决在域内诉讼程序中的既判力。根据我国法律和我国与外国缔结的司法协助条约的相关规定，外国法院判决在我国获得承认至少需要以下条件：（1）需予承认与执行的判决已经生效或具有执行力。如果一项判决还没有在作出国生效，那么这个判决所认定的法律关系还没有最终确定，我国无法对这种判决予以认可。因此，申请承认与执行的法院判决，必须是依判决作出国的法律已经生效和可以执行的，这是承认与执行该判决最基础的条件。我国与其他国家所签订的司法协助条约均将此规定为承认与执行的必要条件。（2）作出判决的外国法院对案件具有管辖权。只有具有管辖权的法院才有资格对案件作出判决。（3）败诉一方当事人的诉讼权利得到了保障。（4）不存在诉讼竞合的情形。（5）判决与被申请国的公共秩序不相抵触。

另一方面，判决基于第150-2016号初审判决尚未发生法律效力的事实，明确拒绝了其作为基础交易履行情况的辅助证据在诉讼中使用。东方置业公司于再审期间引用该判决，意图证明该民事判决已经认定外经建设中美洲公司在施工合同履行中存在严重违约情形。审判实践中，如果一方当事人举证外国法院的生效判决证明己方主张，即使该判决尚未经承认程序，在征得相对方当事人同意的情况下，仍可由合议庭组织质证，并将能够认证的内容作为基础交易履行情况的辅助证据。

最高人民法院再审合议庭成员：陈纪忠　杨弘磊　杨兴业

（编写人：许英林*　审稿人：张蕾蕾）

* 许英林，法律硕士，中华人民共和国最高人民法院民事审判第四庭，法官助理。

蔡某某
与
广州市润平商业有限公司
侵害植物新品种权纠纷案

——作为品种权保护的繁殖材料的认定

【裁判摘要】

1. 作为植物新品种权保护的繁殖材料是品种权人行使排他独占权的基础。判断是否为某一授权品种的繁殖材料，必须同时满足以下条件：属于活体，具有繁殖能力，且繁殖出的新个体与该授权品种的特征特性相同。

2. 授权品种的保护范围不限于申请品种权时所采取的特定方式获得的繁殖材料。不同于授权阶段繁殖材料的植物体已为育种者所普遍使用而进行品种繁殖时，该种植材料应当属于授权品种的繁殖材料。

3. 如果一种植物材料既可以用作收获材料又可以用作繁殖材料，认定销售该植物材料的行为是否侵害植物新品种权时，应当考虑销售者的真实销售意图和使用者的实际使用行为。

4. 除法律、行政法规另有规定外，对于未经品种权人许可种植该授权品种的繁殖材料的行为，应当认定为属于侵害该植物新品种权的生产行为。

【案件基本信息】

1. 诉讼当事人

上诉人（原审原告）：蔡某某

被上诉人（原审被告）：广州市润平商业有限公司（以下简称润平商业公司）

2. 案件索引与裁判日期

一审：广州知识产权法院（2018）粤 73 民初 732 号判决（2019 年 1 月

3 日）

二审：最高人民法院（2019）最高法知民终 14 号判决（2019 年 12 月 10 日）

3. 案由

侵害植物新品种权纠纷

【简要案情】

蔡某某系品种权号为 CNA20090677.9“三红蜜柚”植物新品种权的品种权人，其向广州知识产权法院提起诉讼，指控润平商业公司未经许可，私自连续、大量销售作为三红蜜柚繁殖材料的果实，该侵权行为给其造成重大损失，润平商业公司依法应承担法律责任。

润平商业公司辩称其有合法来源，提供了昆山润华商业有限公司广州黄埔分公司（以下简称润华商业公司黄埔分公司）与江山市森南食品有限公司（以下简称森南食品公司）于 2017 年 7 月 18 日签订的 2017 年度商业合作条款。条款第 6 条第 5 款载明，在本合同签订日，双方已合作的有 6 家门店，店号详见附表。附表载明该 6 家门店中包括润平商业公司。2018 年 1 月 8 日，森南食品公司向润华商业公司黄埔分公司开具发票以及销售货物或者提供应税劳务、服务清单，清单载明货物包括三红蜜柚 650 公斤。

广州知识产权法院于 2019 年 1 月 3 日作出（2018）粤 73 民初 732 号判决，驳回蔡某某的诉讼请求。蔡某某不服一审判决，向最高人民法院提起上诉，请求撤销原审判决，依法改判支持其全部诉讼请求。

【案件焦点】

如何判断三红蜜柚植物新品种权的保护范围。

【裁判结果】

最高人民法院经审理认为，我国相关法律、行政法规以及规章对繁殖材料进行了列举，但是对于某一具体品种如何判定植物体的哪些部分为繁殖材料，并未明确规定。判断是否为某一授权品种的繁殖材料，必须同时满足以下条件：其属于活体，具有繁殖的能力，并且繁殖出的新个体与该授权品种的特征特性相同。被诉侵权蜜柚果实是否为三红蜜柚品种的繁殖材料，不仅需要判断该果实是否具有繁殖能力，还需要判断该果实繁殖出的新个体是否具有果面颜色暗红、果肉颜色紫、白皮层颜色粉红的形态特征，如果不具有该授权品种的上述特征特性，则不属于三红蜜柚品种权所保护的繁殖材料。对于三红蜜柚果实能否作为繁殖材料，经审查，即便专门的科研单位，也难以通过三红蜜柚果实的籽粒繁育出蜜柚种苗。二审庭审中，蔡某某所请的专家辅助人称，柚子单胚，容易变异，该品种通过枝条、芽条、砧木或者分株进行繁殖，而且三红蜜柚果实有无籽粒以及籽粒是否退化具有不确定性。综合本案品种的具体情况，本案被诉侵权蜜柚果实的籽粒及其汁胞均不具备繁殖授权品种三红蜜柚的能力，不属于三红蜜柚品种的繁殖材料。被诉侵权蜜柚果实是收获材料而非繁殖材料，不属于目前植物新品种权保护的范围。若目前在本案中将收获材料纳入植物新品种权的保护范围，有违《种子法》、《植物新品种保护条例》以及《关于审理侵犯植物新品种权纠纷案件具体应用法律问题的若干规定》的相关规定。

虽然蔡某某在申请三红蜜柚植物新品种权时提交的是采用以嫁接方式获得的繁殖材料枝条，但并不意味着三红蜜柚植物新品种权的保护范围仅包括以嫁接方式获得的该繁殖材料，以其他方式获得的枝条也属于该品种的繁殖材料。随着科学技术的发展，不同于植物新品种权授权阶段繁殖材料的植物体可能成为育种者普遍选用的种植材料，即除枝条以外的其他种植材料也可能被育种者们普遍使用。在此情况下，该种植材料作为授权品种的繁殖材料，应当纳入植物新品种权的保护范围。原审判决认为侵权繁殖材料的繁育方式应当与该品种育种时所使用的材料以及繁育方式一一对应，认为将不同于获取品种权最初繁育方式的繁殖材料纳入植物新品种权的保护范围，与权利人申请新品种权过程中应当享有的权利失衡。该认定将申请植物新品种权时的繁育方式作为授权品种保护的依据，限制了植物新品种权的保护范围，缩小了植物新品种权人的合法权益，应当予以纠正。但原审判决对被诉侵权蜜柚果实不属于繁殖材料的认定正确，未支持蔡某某的诉讼请求，实体处理正确。因此，判决驳回上诉，维持原判。

【裁判摘要评析】

本案系最高人民法院知识产权法庭受理的第一起植物新品种权纠纷案件。本案二审判决立足于法律规定，以三红蜜柚果实是否为繁殖材料作为争议焦点，系统梳理了繁殖材料在侵权认定法律适用的各个环节，辨法析理，明确了植物新品种权的保护范围以及不同情形下侵权行为的判断标准，规范了权利人的维权行为，防止了滥诉以及无谓的争议纠纷，保护了品种权人的权益。审判中形成的裁判规则具有重大标杆意义。

一、植物新品种权的保护范围是繁殖材料，该认定属于法律适用问题

根据《种子法》以及《植物新品种保护条例》的规定，授予品种权是基于育种者培育、发现并开发的品种具备新颖性、特异性以及稳定性、一致性，并有适当命名。虽然植物新品种权属于技术类知识产权，但其保护原理不同于“公开换保护”的专利制度，无法通过品种权授权公告的书面描述信息实现植物新品种的再现。从植物新品种授权的一致性和稳定性可以看出，当一个品种经过繁殖，除根据其可以预见的变异外，其相关特性能够保持足够一致，该品种应被认为具有一致性。当一个品种经过反复繁殖后，或者对于特定繁殖周期而言，在每个周期结束时，其相关特性保持不变，该品种应被认为具有稳定性。由此可见，品种的遗传特性包含在品种的繁殖材料中，繁殖材料在形成新个体的过程中进行品种的繁衍，传递了品种的特征特性，遗传信息通过繁殖材料实现了代代相传，表达了明显有别于在申请书提交之时已知的其他品种的特性，并且经过繁殖后其特征特性未变。因此，承载了授权品种特征特性的繁殖材料，是品种权人行使独占权的根本。

二、繁殖材料的界定不仅限于有繁殖能力，还需要判断繁殖出的新个体所具有的特征特性

如何判断繁殖材料和收获材料，涉及品种权人独占权的保护范围，是品种权法律制度中最为重要的基础。近年来，要求国际植物新品种权保护联盟（UPOV）协调繁殖材料在全球统一定义的呼声越来越高。虽然 UPOV 在其 1991 年公约文本的基础上，列举了在判断是否为繁殖材料时需要考虑的一些因素，但其强调所涉各因素并非对繁殖材料的定义，各成员国需要在其法律框架下自行进行定义。

虽然植物体的籽粒、果实和根、茎、苗、芽、叶等都可能具有繁殖能力，但其是否属于植物新品种权保护范围的繁殖材料，有赖于所涉植物体繁殖出的植物的一部分或整个植物的新的个体，是否具有与该授权品种相同的特征特性。在判断是否为繁殖材料时需要具备三项要素，即必须同时满足以下条件：其属于活体，具有繁殖的能力，并且繁殖出的新个体与该授权品种的特征特性相同。

在当前技术条件下，组织培养受到植物品种的基因型、器官、发育时期等多方面条件制约，还需要避免品种产生变异。通过分子育种获得的种植材料是否属于繁殖材料，仍应判断该材料能否具有繁殖能力，以及繁殖出的品种能否体现该品种的特征特性。不能简单地依据植物细胞的全能性认定品种的繁殖材料，否则，将导致植物体的任何活体材料均会被不加区分地认定为是植物新品种权的繁殖材料。

三、品种权制度与专利制度保护的权益有所不同

对于植物新品种权的保护，我国同多数国家一样，提供专门立法保护，即《种子法》。我国《专利法》明确排除对植物品种本身授予专利权，仅依法保护植物的生产方法。《植物新品种保护条例》对植物新品种的定义及品种权的内容和归属等问题作了规定，对符合该条例的植物新品种予以保护。该条例保护的是品种的繁殖材料，而非获得该繁殖材料的育种方式。

虽然本案品种权人在申请植物新品种权时提交的是采用以嫁接方式获得的繁殖材料枝条，但并不意味着授权品种的保护范围仅包括以嫁接方式获得的该繁殖材料，以其他方式获得的枝条也属于该品种的繁殖材料。随着科学技术的发展，不同于植物新品种权授权阶段繁殖材料的植物体可能成为育种者普遍选用的种植材料，即除枝条以外的其他种植材料也可能被育种者们普遍使用，在此情况下，该种植材料作为授权品种的繁殖材料，应当纳入植物新品种权的保护范围。

四、生产、销售、使用繁殖材料的行为性质

相比于以往涉诉的植物新品种侵权纠纷主要涉及水稻、玉米等主要粮食作物，近几年来涉及无性繁殖的观赏性植物、果树的植物新品种权侵权案件数量有持续增长的趋势。对于无性繁殖材料而言，其与农作物领域的常规种相似，由于不具有杂交种的生物性保护措施，其繁殖材料一旦被扩散，种植和留种就非常难以控制，相关品种的品种权侵权行为难以得到有效控制，这成为近年来品种侵权最为严重的“灾区”。一些品种权人认为，由于缺少有力的保护，好品种一旦进入市场必定难逃“三年滥大街”的结局，品种权人利益受到重创。本案的二审判决并没有止步于如何判断品种权保护范围的繁殖材料方面，而是以被上诉人的抗辩为切入点，进一步梳理了侵权的链条，从法律规定的侵权行为作为轴线，明确了纠纷中常见的生产、销售、使用的行为性质，为品种权人提供了清晰的维权路线图。

1. 关于销售的行为

侵害植物新品种权的生产、销售行为极为隐蔽，对于一些品种，制种季节性、地域性极强，权利人维权难、举证难，加之我国法律对于植物新品种的保护范围仅规定到了繁殖材料而未涉及收获材料，对于既是品种权的繁殖材料也是收获材料的被诉侵权植物体，被诉侵权方往往抗辩所涉植物体是收获材料，试图逃避侵权指控。实践中通常以行为人在交易中的外在表示进行判断，不去审查分析交易的真实意图。

针对被诉侵权人关于其行为所涉植物体为收获材料而非繁殖材料，不构成侵权的主张，应当审查销售者销售该繁殖材料的真实意图，即其意图是将该植物体作为繁殖材料销售还是作为收获材料销售；若使用者抗辩其属于使用行为而非生产行为，应当审查使用者的实际使用行为，是将其直接用于消费还是将其用于繁殖授权品种。二审判决针对忽略被诉侵权植物体繁殖特性，仅以行为人购买或销售植物体的主观意图错误认定被诉侵权行为的裁判思路进行了纠正，加大了对植物新品种权人利益的保护。

2. 关于生产、繁殖行为

侵害植物新品种权行为是指未经品种权人许可的生产、繁殖、销售行为，不包括使用行为。对于未经过品种权人许可种植授权品种繁殖材料的行为，被诉侵权方以其属于使用行为而非生产、繁殖行为进行抗辩的，在实践中长期存在不同认识。有观点认为只有具体的扩繁、嫁接等行为才属于生产、繁殖行为。按照此种观点进行认定，权利人完成举证责任比较困难。

对于未经植物新品种权人许可种植该授权品种繁殖材料的行为如何定

性，本案二审判决明确：除法律、行政法规另有规定外，对于未经品种权人许可种植该授权品种的繁殖材料的行为，应当认定为侵害该植物新品种权的生产、繁殖行为。

3. 关于使用行为

对于经过品种权人许可或者经过其许可的主体售出的品种的繁殖材料，除非涉及对该品种的进一步繁殖行为，否则，品种权人不应当就涉及该繁殖材料的行为主张权利，该行为属于使用行为。

五、举证责任分配的基本原则

品种权人在侵权纠纷中针对果实等收获材料主张所涉行为构成侵权时，所针对的被诉侵权行为应当是侵害品种权的生产、繁殖、销售行为，其必须证明该收获材料也属于繁殖材料，即被诉侵权植物体能够繁殖，且繁殖出的新个体具备授权品种的特征特性。该举证责任应当由品种权人承担。此外，对于销售方抗辩其销售的是收获材料而非繁殖材料，被诉侵权的销售方应当承担相应的举证责任。

六、植物新品种权不同于品种审定

植物新品种权与品种审定是两种不同的制度，明确两者的区别，有助于减少滥诉。实务中常因混淆上述两种制度而引起无谓的争议。如原告一方是通过品种审定的主体，其向法院起诉主张其品种权受到侵害，请求被诉侵权方停止侵权并赔偿损失。

植物新品种权是指审批机关依照品种权申请人的请求，根据品种权的授权条件，审查具备新颖性、特异性、一致性和稳定性后，对有适当命名的植物品种给予授权。植物新品种权属于民事权利范畴，主要由《种子法》《植物新品种保护条例》规范，是给予品种权人的一种独占权，并非品种生产、推广和销售的前提。品种审定是一种行政行为，属于市场准入的行政管理行为，主要由《主要农作物品种审定办法》《主要林木品种审定办法》等规范。植物新品种保护制度的目的是保护植物新品种权人的合法权益，鼓励培育和使用植物新品种，促进农林业的发展。作为市场准入的行政管理措施的品种审定制度，是由国家或者省级农林行政部门的品种审定委员会根据申请人的请求，对于新育成或新引进的品种进行区域试验鉴定，进行审查后对其生产利用价值、经济效益以及适应地区及其相应的栽培技术进行评价，决定能否推广并确定其推广范围的行政管理措施。其目的是加强作物品种的管理，加速育种新成果的利用，确保有经济推广价值的品种流入市场，防止盲目推广不适合本地区种植的劣质品种而给农林业生产和农民利益造成损失。取得植物新品种权的品种如果属于主要农作物或林木，在推广应用前需要经过品种审定，而品种权人是否享有独占权则以能否获得植物新品种权为前提。

七、结语

本案基于现有的法律规定及框架，阐明了繁殖材料作为品种权法律制度保护的最基本问题，同时注意将品种权保护制度与专利保护制度进行区分，再次厘清了品种权保护制度是通过保护繁殖材料保护品种权人的权利。该认定属于品种权法律制度中的重要内容。

最高人民法院二审合议庭成员：周翔　罗霞　焦彦

（编写人：周翔*　罗霞**　贠璇***　审稿人：丁文严）

* 周翔，法学博士，中华人民共和国最高人民法院知识产权法庭，副庭长、一级高级法官。

** 罗霞，法学博士，中华人民共和国最高人民法院知识产权法庭，二级高级法官。

*** 贠璇，法学硕士，中华人民共和国最高人民法院知识产权法庭，法官助理。

典型案例

刑　事

湖北洁达环境工程有限公司、李某某逃税案

——对行为人初次逃税行为不予追究刑事责任的法律适用

【裁判摘要】

对于《刑法修正案（七）》出台前实施、出台后未经审判的逃税行为，应当适用修正后《刑法》第 201 条第 4 款对逃税初犯附条件不予追究刑事责任的特别条款，对于行为人初次实施的逃税犯罪行为，经税务机关依法下达追缴通知后，补缴应纳税款，缴纳滞纳金，已受行政处罚的，不予追究刑事责任。

【案件基本信息】

1. 公诉机关与当事人

公诉机关：湖北省荆州市沙市区人民检察院

原审被告单位：湖北洁达环境工程有限公司（以下简称洁达环境工程公司）

原审被告人：李某某

2. 案件索引与裁判日期

一审（第一次）：湖北省荆州市沙市区人民法院（2009）沙刑初字第 151 号判决（2009 年 9 月 19 日）

二审（第一次）：湖北省荆州市中级人民法院（2009）鄂荆中刑终字第 132 号裁定（2009 年 11 月 19 日）

一审（第二次）：湖北省荆州市沙市区人民法院（2010）沙刑初字第9号判决（2010年4月29日）

二审（第二次）：湖北省荆州市中级人民法院（2010）鄂荆中刑终字第49号裁定（2010年7月22日）

再审一审：湖北省荆州市荆州区人民法院（2013）鄂荆州区刑再字第00001号裁定（2014年6月13日）

再审二审：湖北省荆州市中级人民法院（2014）鄂荆州中刑再终字第00001号裁定（2015年4月30日）

再审提审：湖北省高级人民法院（2018）鄂刑再1号裁定（2018年8月28日）

申诉复查（指令再审）：最高人民法院（2019）最高法刑申231号决定（2019年9月11日）

再审改判：湖北省高级人民法院（2019）鄂刑再5号判决（2020年12月30日）

3. 案由

逃税罪

【简要案情】

李某某系洁达环境工程公司法定代表人，并占股94.23%。经审计，2003年至2007年，洁达环境工程公司应缴纳税款803,413.14元，逃避缴纳税款共计446,292.51元，少缴税款占应缴税款55.55%。2007年9月11日，该市地方税务局稽查局将洁达环境工程公司、李某某涉嫌逃税案移送公安机关。同年9月25日，公安机关立案侦查，洁达环境工程公司、李某某于同年9月30日、11月1日先后补缴税款共计458,069.08元。公安机关于2008年7月28日将本案移送审查起诉，检察机关于2008年8月21日将本案退回补充侦查。其间，《刑法修正案（七）》于2009年2月28日施行。公安机关于2009年5月7日将本案重新移送审查起诉。检察机关于2009年6月29日向法院提起公诉。

湖北省荆州市沙市区人民法院于2009年9月19日作出（2009）沙刑初字第151号判决，认定洁达环境工程公司犯逃避缴纳税款罪，判处罚金人民币 450,000 元；李某某犯逃避缴纳税款罪，判处有期徒刑三年，并处罚金人民币 450,000 元；退缴逃避缴纳税款 446,292.51 元，依法上缴国库。宣判后，洁达环境工程公司和李某某不服，提出上诉。湖北省荆州市中级人民法院于 2009 年 11 月 19 日作出（2009）鄂荆中刑终字第 132 号裁定，撤销原判，发回重审。荆州市沙市区人民法院于 2010 年 4 月 29 日作出（2010）沙刑初字第 9 号判决，认定洁达环境工程公司犯逃税罪，判处罚金人民币 650,000 元；李某某犯逃税罪，免予刑事处罚；退缴逃税税款 446,292.51 元，依法上缴国库。宣判后，洁达环境工程公司和李某某不服，提出上诉。二审期间，洁达环境工程公司和李某某申请撤回上诉。荆州市中级人民法院于 2010 年 7 月 22 日作出（2010）鄂荆中刑终字第 49 号裁定，准许洁达环境工程公司和李某某撤回上诉。洁达环境工程公司以经营困难为由，申请减免罚金 200,000 元。荆州市沙市区人民法院于 2010 年 7 月 27 日作出（2010）沙刑执字第 9 号裁定，减少洁达环境工程公司罚金 200,000 元。裁判生效后，洁达环境工程公司和李某某不服，提出申诉。荆州市沙市区人民法院于 2011 年 6 月 7 日作出（2011）沙刑监字第 1 号驳回申诉通知、荆州市中级人民法院于 2012 年 12 月 5 日作出（2012）鄂荆州中刑申字第 6 号驳回申诉通知，均驳回其申诉。洁达环境工程公司和李某某仍不服，向湖北省高级人民法院提出申诉。湖北省高级人民法院于 2013 年 7 月 19 日作出（2013）鄂刑申字第 00041 号再审决定，指令荆州市荆州区人民法院对该案进行再审。荆州市荆州区人民法院于 2014 年 6 月 13 日作出（2013）鄂荆州区刑再字第 00001 号裁定，驳回洁达环境工程公司、李某某的申诉；维持荆州市沙市区人民法院（2010）沙刑初字第 9 号判决。宣判后，洁达环境工程公司和李某某不服，提出上诉。荆州市中级人民法院于 2015 年 4 月 30 日作出（2014）鄂荆州中刑再终字第 00001 号裁定，驳回上诉，维持荆州市荆州区人民法院（2013）鄂荆州区刑再字第 00001 号裁定。洁达环境工程公司和李某某仍不服，提出申诉。湖北省高级人民法院于 2017 年 7 月 10 日作出（2015）鄂刑再申字第 00013 号决定，提审本案。后于 2018 年 8 月 28 日作出（2018）鄂刑再 1 号裁定，驳回申诉，维持湖北省荆州市中级人民法院（2014）鄂荆州中刑再终字第 00001 号裁定。洁达环境工程公司和李某某不服，向最高人民法院提出申诉。

【案件焦点】

对于《刑法修正案（七）》出台前实施，且未经税务机关给予行政处罚，直接移交司法机关处理的逃税行为，审判时《刑法修正案（七）》已经施行的，能否适用修正后《刑法》第201条第4款对逃税初犯附条件不予追究刑事责任的特别条款。

【裁判结果】

最高人民法院经审查认为，2009年2月28日施行的《刑法修正案（七）》对《刑法》第201条作了修正，增加了第4款对有逃税犯罪行为的被告人附条件不予追究刑事责任的特别条款，即“有第一款行为，经税务机关依法下达追缴通知后，补缴应纳税款，缴纳滞纳金，已受行政处罚的，不予追究刑事责任；但是，五年内因逃避缴纳税款受过刑事处罚或者被税务机关给予二次以上行政处罚的除外”。本案中，税务稽查部门在发现洁达环境工程公司有逃税行为、可能涉嫌犯罪后，没有对逃税人进行纳税追缴、行政处罚，而是直接将案件移送公安机关立案侦查。洁达环境工程公司、李某某在侦查阶段向公安机关补缴了全部应纳税款，后又根据原审生效裁判缴纳了判罚的全部罚金。经查，税务机关直接将本案移交公安机关处理时《刑法修正案（七）》尚未出台，但公安机关最终移送审查起诉、检察机关提起公诉、原审法院作出一审裁判的时间均在《刑法修正案（七）》施行之后。根据刑法的“从旧兼从轻”原则，结合本案的具体情况，对洁达环境工程公司、李某某应当适用《刑法》第201条第4款的规定。原审未适用《刑法》第201条第4款的规定，属于适用法律错误，应予纠正。

最高人民法院于2019年9月11日作出（2019）最高法刑申231号决定，以原审适用法律确有错误为由，指令湖北省高级人民法院对本案进行再审。湖北省高级人民法院于2020年12月30日作出（2019）鄂刑再5号判决，以适用法律错误为由，撤销原审生效裁判，依法改判洁达环境工程公司、李某某无罪。

【裁判摘要评析】

本案中，关于能否对洁达环境工程公司、李某某的行为适用修正后《刑法》第201条第4款对逃税初犯附条件不予追究刑事责任的特别条款，有两种不同观点：

一种观点认为，根据《刑法》第201条第4款之规定，适用该款的条件为，有第一款行为，经税务机关下达补缴通知且补缴应纳税款、缴纳滞纳金，已受行政处罚的情形。条文将全面接受和履行税务机关的行政处罚作为“不予追究刑事责任”的必要前置条件，但并未规定行政机关必须先予行政处罚而不能直接移送司法机关。本案中，税务机关在稽查过程中发现洁达环境工程公司涉嫌逃税犯罪，后根据相关规定将案件移送公安机关刑事立案，符合法律规定。公安机关立案后，案件已经进入刑事诉讼程序，洁达环境工程公司向公安机关退缴的款项属于涉案赃款，不属于向税务机关补缴应纳税款的情形，且未接受相应行政处罚。故洁达环境工程公司逃避缴纳税款的行为不符合《刑法》第201条第4款规定的情形，不应适用该条款。

另一种观点认为，本案审判阶段，《刑法修正案（七）》已经施行，根据刑法“从旧兼从轻”的时间效力原则，应当适用修正后的《刑法》第201条第4款，在洁达环境工程公司、李某某接受税务机关行政处罚，补缴应纳税款，缴纳滞纳金后，对其不予追究刑事责任。

对此，最高人民法院的指令再审裁判同意上述第二种观点。对于《刑法修正案（七）》出台前实施且未经行政处罚、出台后审判的逃税行为，在符合立法精神的情况下，应当适用修正后《刑法》第201条第4款对逃税初犯不予追究刑事责任的特别条款。具体理由为：

一、根据立法原意，由税务机关给予行政处罚是决定是否启动刑事诉讼的前置程序

2009年2月28日施行的《刑法修正案（七）》对《刑法》第201条作了修正，其中最主要的修正之一就是增加了第4款不予追究刑事责任的特殊条款。修正后的《刑法》第201条第1款、第4款分别规定：“纳税人采取欺骗、隐瞒手段进行虚假纳税申报或者不申报，逃避缴纳税款数额较大并且占应纳税额百分之十以上的，处三年以下有期徒刑或者拘役，并处罚金；数额巨大并且占应纳税额百分之三十以上的，处三年以上七年以下有期徒刑，并处罚金。”“有第一款行为，经税务机关依法下达追缴通知后，补缴应纳税款，缴纳滞纳金，已受行政处罚的，不予追究刑事责任；但是，五年内因逃避缴纳税款受过刑事处罚或者被税务机关给予二次以上行政处罚的除外。”

以上修改主要是为了限定逃税罪的处罚范围，体现宽严相济的刑事政策；同时，也更好地维护税收征管秩序，促使纳税义务人依法积极履行纳税义务，保证国家税收收入。根据该规定，结合对立法的理解，是否接受税务机关给予的行政处罚就成为能否启动刑事诉讼的前置程序，对于逃税人，应当先由税务机关依法下达追缴通知，如果逃税人补缴应纳税款、缴纳滞纳金，并已受行政处罚，且不存在五年内因逃避缴纳税款受过刑事处罚或者被税务机关给予二次以上行政处罚情形的，就不再追究刑事责任。换句话说，接受税务机关的行政处罚成为不予追究刑事责任的前提条件，或者说是刑罚阻却事由。

二、从刑法时间效力角度而言，本案应适用修正后的《刑法》第201条第4款

本案中，税务稽查部门在发现洁达环境工程公司及李某某有逃税行为，可能涉嫌犯罪后，没有对逃税人进行纳税追缴、行政处罚，而是直接将案件移送公安机关刑事立案，洁达环境工程公司及李某某在侦查阶段向公安机关缴纳了全部应纳税款。税务机关直接将本案移交公安机关处理的行为发生在2007年，当时《刑法修正案（七）》尚未出台，税务机关的做法符合相关规定，对此无可厚非。

但是，公安机关最终将本案移送审查起诉的时间为2009年5月7日，检察机关提起公诉的时间为2009年6月29日，法院第一次作出一审裁判的时间为2009年9月19日，即公安机关移送审查起诉、检察机关提起公诉、法院作出一审裁判的时间均在《刑法修正案（七）》施行（2009年2月28日）之后。如前所述，相对于修正前的刑法规定，修正后的《刑法》第201条第4款赋予了逃税人通过全面接受税务机关的行政处罚和履行补缴税款义务而免予刑事追究的选择，更加有利于逃税人。而且，现有证据表明洁达环境工程公司此前仅因少缴税款受到过一次行政处罚，不属于五年内因逃避缴纳税款受过刑事处罚或者被税务机关给予二次以上行政处罚的情形。因此，对于本案这种情况，公安机关、检察机关、审判机关不应直接移送审查起诉、提起公诉或作出有罪判决，而应当根据刑法的“从旧兼从轻”原则，适用修正后《刑法》第201条第4款的规定。

而且，从本案中洁达环境工程公司和李某某在公安机关立案侦查后迅速补缴甚至多缴应纳税款的实际表现看，如果当时的公检法机关认识到这一法律适用问题，及时将案件退回行政机关，洁达环境工程公司和李某某是完全能够满足补缴应纳税款、缴纳滞纳金、接受行政处罚这一刑罚阻却事由的。因此，原审法院在洁达环境工程公司和李某某的逃税行为未经税务机关行政处罚的情形下，直接对其行为定罪处罚，属于适用法律错误，应通过再审程序予以纠正。

三、从法律统一适用角度，应当参照其他省高级人民法院对类似案件的处理结果

2014年，其他省高级人民法院就本院提审的原审被告人王某、赵某等人、原审被告单位某房屋开发有限公司所犯逃税罪的法律适用问题（应否适用修正后的《刑法》第201条第4款）向最高人民法院进行请示。后根据请示情况，该省高级人民法院已对上述案件中所涉逃税罪名依法改判无罪。上述案件中，税务机关未对当事人进行税务追缴、行政处罚即直接移送公安机关立案侦查。虽然侦查阶段《刑法修正案（七）》尚未施行，但起诉、审判阶段《刑法修正案（七）》已经施行，故应当按照“从旧兼从轻”原则，适用对被告人有利的法律规定。即应当适用修正后的《刑法》第201条第4款对逃税初犯不予追究刑事责任的特别条款，首先由税务机关依法下达追缴通知，如果当事人补缴了应纳税款，缴纳了滞纳金，已受到税务机关行政处罚，就可以不予追究刑事责任。

四、本案的再审改判，有利于保障和促进民营企业健康发展，有利于涉产权案件的正确处理

洁达环境工程公司曾经是一家优秀的科技服务型民营企业，拥有专利技术，其法定代表人李某某亦曾是荆州市政协委员，但因本案被追究刑事责任后，对企业的经营、发展造成了不利影响。洁达环境工程公司、李某某长期坚持申诉，就是因为企业有案底严重影响了信誉和进一步发展。本案中，洁达环境工程公司和李某某实际上早已退缴全部税款并交纳罚金，纳税人积极纠正了其错误的纳税行为，国家流失的税收收入得以追回，逃税企业已受到经济性制裁，所有法律关系均得到恢复，洁达环境工程公司和李某某的行为并未严重到必须给予刑事处罚的程度。在当前营造法治化营商环境，保障和促进民营企业健康发展的大背景之下，对于本案这种情况，经再审作出非犯罪化处理，更有利于案件裁判取得良好的政治效果、法律效果和社会效果。

（编写人：李静然* 审稿人：包献荣）

---

* 李静然，法学硕士，中华人民共和国最高人民法院第四巡回法庭，三级高级法官。

民商事与执行

大理兰林阁置业有限责任公司昆明分公司、大理兰林阁置业有限责任公司与杨某甲、苏某某等民间借贷纠纷案

——法人分支机构未经法人授权加入债务的民事责任

【裁判摘要】

法人分支机构不具有独立的民事主体地位，虽然可以自己的名义从事民事活动，但所实施的民事法律行为后果最终归属于法人。法人分支机构加入债务会使法人陷入为他人债务承担责任的风险之中，可能损害法人利益。根据《担保法司法解释》① 的规定，法人分支机构提供具有法定追偿权的保证尚需法人特别授权，债务加入作为责任更重的债务承担行为，更需有法人授权。债务加入与连带责任保证在功能、责任性质上具有高度相似性。对法人分支机构加入债务的效力、责任承担等问题，可类推适用《民法典》及其司法解释关于连带责任保证的相关规定处理。

【案件基本信息】

1. 诉讼当事人

再审申请人（一审被告、二审被上诉人）：大理兰林阁置业有限责任公

① 根据2020年12月23日通过的《最高人民法院关于废止部分司法解释及相关规范性文件的决定》，《担保法司法解释》于2021年1月1日废止。以下同。

司昆明分公司（以下简称兰林阁置业公司昆明分公司）

再审申请人（一审被告、二审被上诉人）：大理兰林阁置业有限责任公司（以下简称兰林阁置业公司）

被申请人（一审原告、二审上诉人）：杨某甲

一审第三人：苏某某

一审第三人：杨某乙

2. 案件索引与裁判日期

一审：云南省昆明市中级人民法院（2017）云01民初1303号判决（2018年2月6日）

二审：云南省高级人民法院（2018）云民终687号判决（2018年10月15日）

再审：最高人民法院（2019）最高法民再236号判决（2019年12月19日）

3. 案由

民间借贷纠纷

【简要案情】

2012年1月5日至2013年8月5日，杨某甲及其委托付款人先后向杨某乙及其担任法定代表人的云南文荣建筑工程有限公司银行账户转款7408万元。2013年6月7日，兰林阁置业公司设立兰林阁置业公司昆明分公司，负责人为苏某某。2012年1月5日至2014年6月30日，就杨某甲所转款项，杨某乙作为借款人先后向杨某甲出具五张借条，记载了借款金额及利息等内容。借条形成后，苏某某在其中四张借条上借款人之后签名捺手印，并补写上借款用于兰林阁置业公司丽江路1号地块开发等相关内容。以上款项进入杨某乙账户后，杨某乙先后多次向苏某某银行账户转款4000余万元。苏某某收到款项后，先后向兰林阁置业公司法定代表人银行账户转款1000余万元。2015年1月23日、2015年12月31日，苏某某以兰林阁置业公司昆明分公司名义就杨某乙向杨某甲所出具借条载明的借款本金及累计所得利息出具三张借条，苏某某在借条上签名并加盖了兰林阁置业公司昆明分公司字样印章。其中两张借条上的印章系杨某乙与苏某某私刻加盖。2015年6月25日，经工商变更登记，苏某某不再担任兰林阁置业公司

昆明分公司负责人。兰林阁置业公司的丽江路1号地块并未实际开发。款项出借后，杨某乙向杨某甲偿还240万元，苏某某向杨某甲偿还1455.2万元。因借款未获清偿，杨某甲遂起诉要求兰林阁置业公司昆明分公司与兰林阁置业公司归还借款本金及利息。

一审法院于2018年2月6日作出（2017）云01民初1303号判决，驳回杨某甲的诉讼请求。二审法院于2018年10月15日作出（2018）云民终687号判决，改判由兰林阁置业公司昆明分公司支付杨某甲借款本金70,814,241元及利息，兰林阁置业公司对兰林阁置业公司昆明分公司管理的财产不足以承担的责任部分，向杨某甲承担还款责任。

判决生效后，兰林阁置业公司昆明分公司、兰林阁置业公司向最高人民法院申请再审，请求撤销二审判决，维持一审判决。

【案件焦点】

法人分支机构未经法人授权加入债务的行为效力及责任承担。

【裁判结果】

最高人民法院经审理认为，从2015年1月23日、2015年12月31日借条的形式、内容以及相关当事人之间的转款情况看，兰林阁置业公司昆明分公司的行为符合债务加入的特征。兰林阁置业公司昆明分公司应对其负责人苏某某以公司名义出具借条的行为承担法律后果。现行法律对法人分支机构未经授权加入债务的效力及责任承担等问题没有进行规定。债务加入和保证一样具有担保债权实现的功能。第三人加入后，与债务人之间成立连带关系，对同一债务负连带责任，债权人可以请求债务人履行义务，也可以径直向第三人请求履行义务。基于债务加入与保证的相似性，对于苏某某以兰林阁置业公司昆明分公司的名义而为债务加入行为的效力及相关当事人责任的承担，可参照适用法律关于保证的相关规定加以评判。根据《担保法》① 第29条②、《担保法司法解释》第17条③的规

① 根据《民法典》的规定，《担保法》于2021年1月1日废止。以下同。

② 本条在《民法典》中无对应条文。以下同。

③ 现为《民法典有关担保制度的司法解释》第11条第1款：“公司的分支机构未经公司股东（大）会或者董事会决议以自己的名义对外提供担保，相对人请求公司或者其分支机构承担担保责任的，人民法院不予支持，但是相对人不知道且不应当知道分支机构对外提供担保未经公司决议程序的除外。”以下同。

定，企业法人的分支机构未经法人书面授权提供保证的，保证合同无效。本案中，没有证据证明兰林阁置业公司授予苏某某可以兰林阁置业公司昆明分公司名义对外提供担保或者加入既存债务的权限，故苏某某实施的债务加入行为显然构成越权，兰林阁置业公司昆明分公司加入债务的行为应为无效。对债务加入无效情形下的责任承担，亦可参照《担保法》第 5 条第 2 款[①]、《担保法司法解释》第 17 条第 1 款的规定，根据各方当事人对于债务加入行为无效的过错情况，对兰林阁置业公司昆明分公司是否应承担相应的民事责任予以认定。根据已查明事实，杨某甲作为出借人对兰林阁置业公司昆明分公司及其负责人苏某某是否具有加入杨某甲与杨某乙之间债务的权限未尽到合理的审查注意义务，对该债务加入行为无效显然存在过错。作为借款人的杨某乙不仅明知苏某某无权以兰林阁置业公司昆明分公司名义承担债务，还与苏某某私刻兰林阁置业公司昆明分公司印章加盖在 2015 年 12 月 31 日的两张借条上，具有明显过错。而兰林阁置业公司昆明分公司乃至兰林阁置业公司自身的经营管理不规范显然亦是导致苏某某越权出具借条并进而使得债务加入无效的重要因素。因此，本案各方当事人均存在一定过错。

基于上述分析，再审改判由兰林阁置业公司昆明分公司就案涉借款下欠本金及利息承担三分之一的还款责任，兰林阁置业公司在兰林阁置业公司昆明分公司管理的财产不足以承担的部分，向杨某甲承担还款责任。

【裁判摘要评析】

一、法人分支机构加入债务须经法人特别授权

法人分支机构不具有独立民事主体地位既是民法理论界的共识，也是民事基本法一贯秉持的态度。根据《民法典》的规定，民事主体有自然人、法人和非法人组织三类。法人分支机构规定在“法人”一章，可知，《民法典》并未赋予法人分支机构独立民事主体地位。因为，法人分支机构通常是法人为便于在一定区域或者一定时间开展经营业务而设立，其存在完全

---

① 现为《民法典》第 388 条第 2 款：“担保合同被确认无效后，债务人、担保人、债权人有过错的，应当根据其过错各自承担相应的民事责任。”《民法典》第 682 条第 2 款：“保证合同被确认无效后，债务人、保证人、债权人有过错的，应当根据其过错各自承担相应的民事责任。”以下同。

依附于法人，独立性较弱。这种依附性至少体现在以下几方面：(1) 根据《企业名称登记管理规定》，分支机构的名称中应当冠以其所从属法人的名称，缀以“分公司”“分厂”“分店”等字词，以体现其与法人的从属关系。(2) 法人分支机构的经营范围不得超过法人的经营范围，例如《公司登记管理条例》第46条就明确规定“分公司的经营范围不得超出公司的经营范围”。(3) 法人分支机构的财产不独立于法人。分支机构的财产一般来源于法人拨付管理使用和自身经营所得，无论是通过哪种方式积累所得财产，实际上都受控于法人。法人通常会为分支机构制定一套财务核算制度，并由分支机构定期向法人报备。(4) 法人分支机构负责人由法人直接选任并接受法人的监督、管理。

法人分支机构的设立目的和存在样态等特征所体现出来的非独立性决定了其不可能成为独立的民事主体。法律赋予某一组织民事主体地位，最重要的法律意义就在于该组织可以自己独立的意思表示从事民事法律行为。法人分支机构不具有民事主体地位，就意味着其不具有独立的意志。据此可以得出以下结论：法人分支机构不能通过独立的意思表示设立、变更、终止民事法律关系。法人分支机构以自己名义所从事民事活动的内容、范围等皆来自法人意志和法人授权。

当然，法人对其分支机构的授权属于概括性授权，在对分支机构进行营业登记时就对其赋予了在法人营业范围内从事经营活动的权限。因此，法律、司法解释并未就法人对分支机构的授权问题作细致规定。可以肯定的是，除融资担保等以为他人债务提供担保获利为经营目的的特殊行业外，为他人债务承担责任并非法人分支机构的日常经营活动范围，从事此种负担债务的民事活动须获法人特别授权。

二、法人分支机构未经授权加入债务的效力和责任承担的法律适用

所谓债务加入，亦称并存的债务承担，是指原债务人并不脱离债的关系，而由第三人加入债的关系中来与原债务人一起承担债务。第三人加入后，与债务人之间成立连带关系，对同一债务负连带责任。债权人可以请求债务人履行义务，也可以径直向第三人请求履行义务。现行法律对法人分支机构未经授权加入债务的效力及责任承担等问题没有进行规定。但

《担保法》第29条及《担保法司法解释》第17条对企业法人分支机构越权提供保证的合同效力认定、责任承担等进行了详细规定。由于法人分支机构实施的债务加入与保证具有可供类推的相似性。法律、司法解释对企业法人分支机构提供保证的裁判规范可类推适用于法人分支机构加入债务相关问题的处理。

类推作为一种普遍存在的思维方式，是法学理论界与司法实务界公认的可用于填补法律漏洞的重要法律适用方法。法律领域的类推，依据字面含义，就是对法律未规定的事项，在一定条件下，比照适用最相类似的法律条文进行处理。“举轻以明重”“举重以明轻”“比附援引”都属于适用类推的典型表现。待决事实与拟参照法律规定所规范事实之间具有法律评价意义上的相似性，是适用类推的关键。“相似”，表示两者具有相同之处，但同时也就意味着肯定了其存有差异，不可能完全相同。类推适用的空间就在于相似性特征是为法律所关切的，具有法律评价意义的特征，不同之处并非该法律规范的关注重点。

法人分支机构加入债务和提供保证，在法律评价意义上，至少具有以下相似性：

第一，债务加入和保证的功能都在于保障债权实现。《民法典》第552条规定了并存的债务承担。理论界和司法实务界普遍认为，债务加入即为并存的债务承担。根据该规定，“第三人与债务人约定加入债务并通知债权人，或者第三人向债权人表示愿意加入债务，债权人未在合理期限内明确拒绝的，债权人可以请求第三人在其愿意承担的债务范围内和债务人承担连带债务”。从该规定可看出，无论第三人加入债务的原因为何，其加入债的关系并不以债权人向第三人负担相应合同义务为条件，在结果上也不产生债务的移转。第三人加入债务的最直接法律意义就在于保障债权的实现。在这一点上，债务加入与保证相同。史尚宽先生在对债务加入的定义中，就鲜明地指出了债务加入的这一本质。他认为：“债务加入是以他人之债务有效的成立为前提，第三人以担保之目的，对于同一债权人新负担与该债务于其承担时有同一内容之债务之契约。”[①]

第二，债务加入的责任性质与连带责任保证相似。债务加入，系第三人加入债的关系中，就其愿意承担的债务范围向债权人承担与债务人相同的责任。对债权人而言，就第三人愿意承担范围内的债务，既可以向原债务人主张权利，也可以单独要求第三人承担责任，还可同时要求原债务人与第三人承担责任。

第三，如前所述，债务加入与保证均属法人分支机构须获法人特别授权实施的行为。

债务加入与保证的以上相似性，为法人分支机构加入债务纠纷准用保证规则进行处理提供了法理基础。因此，参照《担保法司法解释》第 17 条“企业法人的分支机构未经法人书面授权提供保证的，保证合同无效。因此给债权人造成损失的，应当根据担保法第五条第二款的规定处理”的规定，法人分支机构越权与债务人或者债权人达成的债务加入协议无效，原债务人、法人及其分支机构、债权人有过错的，根据过错各自承担相应的民事责任。

三、当事人的过错分析

（一）债权人、债务人的过错

债权人、债务人共同或者分别与不具有权限的法人分支机构达成债务加入协议导致债务加入无效，其过错表现为债权人、债务人知道或者应当知道法人分支机构无此权限而仍接受其加入债务的意思表示。在债务人与法人分支机构缔结债务加入协议的情形下，债务人的过错主要表现为：（1）债务人明知法人分支机构无加入债务的权限，出于向债权人增信的目的，而与法人分支机构串通缔结债务加入协议。（2）债务人疏于审查，而与未经授权的法人分支机构缔结债务加入协议。就债权人而言，其过错主要存在于疏于审查法人分支机构是否有债务加入权限。

（二）法人及法人分支机构的过错

法人分支机构未经法人授权加入债务的过错通常比较明显，容易判断。

---

① 史尚宽：《债法总论》，中国政法大学出版社 2000 年版，第 750 页。

对于法人的过错，主要是基于法人对分支机构及其负责人监管不力产生的过错。有观点认为，从监管的角度来认定法人有无过错没有说服力。但需要看到，实践中客观存在因法人疏于监管而导致分支机构，尤其是分支机构负责人，滥用分支机构名义从事民事活动的情况。例如，有的法人为完成某一特定经营目的而设立分支机构，但分支机构设立后组织机构不健全，长期未能正常从事经营活动，法人却对分支机构负责人在此期间的行为放任不管。这种情况下，一定程度上正是由于法人监管不到位，使得分支机构负责人得以有机会以分支机构名义实施越权行为，法人因此具有过错。

四、法人分支机构应承担的责任范围

按照《担保法》第 5 条的规定，担保合同被确认无效后，债务人、担保人、债权人有过错的，应当根据其过错各自承担相应的民事责任。《担保法司法解释》第 7 条、第 8 条[①]进一步规定了担保合同无效的不同原因情形下，担保人有过错时应承担的不同责任范围。即主合同有效而担保合同无效，债权人、担保人有过错的，担保人承担民事责任的部分，不应超过债务人不能清偿部分的二分之一。主合同无效而导致担保合同无效，担保人有过错的，担保人承担民事责任的部分，不应超过债务人不能清偿部分的三分之一。前述规定把过错担保人承担民事责任的范围限定于“债务人不能清偿部分”是因为担保合同是主债权债务合同的从合同，即使担保合同无效，债权人仍可要求主债务人清偿债务。债务加入则与之不同。债务加入协议在当事人间建立独立的债权债务关系，并非原合同的从合同。第三人加入债务后与原债务人一同负担债务，其地位与原债务人相同。因此，在法人分支机构未经授权加入债务情形下，对法人分支机构而言，并不存在由原债务人先行偿还债务的问题。法人分支机构须承担责任的范围

① 本两条现为《民法典有关担保制度的司法解释》第 17 条：“主合同有效而第三人提供的担保合同无效，人民法院应当区分不同情形确定担保人的赔偿责任：（一）债权人与担保人均有过错的，担保人承担的赔偿责任不应超过债务人不能清偿部分的二分之一；（二）担保人有过错而债权人无过错的，担保人对债务人不能清偿的部分承担赔偿责任；（三）债权人有过错而担保人无过错的，担保人不承担赔偿责任。主合同无效导致第三人提供的担保合同无效，担保人无过错的，不承担赔偿责任；担保人有过错的，其承担的赔偿责任不应超过债务人不能清偿部分的三分之一。”以下同。

是债权人未获清偿的全部债务，在此基础上，再根据债权人、原债务人、法人分支机构各自过错情况，判断法人分支机构应承担的责任份额。在责任的最终承担主体上，根据《民法典》第74条的规定，分支机构所应承担的民事责任由法人承担。分支机构有自己管理的财产的，也可以其管理的财产承担，不足以承担的，再由法人承担。

最高人民法院再审合议庭成员：司伟　马成波　叶欢

（编写人：司伟*　周梅芳**　审稿人：杨奕）

* 司伟，法学博士，中华人民共和国最高人民法院第五巡回法庭，三级高级法官。

** 周梅芳，法学硕士，中华人民共和国最高人民法院第五巡回法庭，法官助理。

中国长城资产管理股份有限公司山西省分公司与山西朔州平鲁区华美奥崇升煤业有限公司、山西华美奥能源集团有限公司等借款合同纠纷案

——最高额保证中保证债权范围的认定

【裁判摘要】

银行和保证人明确约定担保债权限额只针对本金，且利息、罚息、违约金、实现债权费用等附随利益均在担保范围内，在查明欠款本金数额在约定的最高额限额内的前提下，保证人还须承担相应的利息、违约金及其他实现债权费用的担保责任。

【案件基本信息】

1. 诉讼当事人

上诉人（原审原告）：中国长城资产管理股份有限公司山西省分公司（以下简称长城资产管理公司山西分公司）

被上诉人（原审被告）：山西朔州平鲁区华美奥崇升煤业有限公司（以下简称崇升煤业公司）

被上诉人（原审被告）：山西华美奥能源集团有限公司（以下简称华美奥能源公司）

被上诉人（原审被告）：珠海秦发物流有限公司（以下简称秦发物流公司）

被上诉人（原审被告）：秦皇岛秦发实业集团有限公司（以下简称秦发实业公司）

被上诉人（原审被告）：山西朔州平鲁区华美奥冯西煤业有限公司（以下简称冯西煤业公司）

被上诉人（原审被告）：徐某某

被上诉人（原审被告）：王某某

被上诉人（原审被告）：徐某

被上诉人（原审被告）：邓某某

2. 案件索引与裁判日期

一审：山西省高级人民法院（2016）晋民初55号判决（2018年10月31日）

二审：最高人民法院（2019）最高法民终823号判决（2019年9月29日）

3. 案由

借款合同纠纷

【简要案情】

2013年6月4日，中信银行股份有限公司太原分行（以下简称中信银行太原分行）与华美奥能源公司签订2013并银信字第0141号综合授信合同，约定华美奥能源公司在2013年6月4日至2016年6月3日止的使用期限内可向中信银行太原分行申请使用5亿元的综合授信额度。

2013年6月4日，中信银行太原分行（乙方）与华美奥能源公司（甲方）签订2013并银流贷字第0250号人民币流动资金贷款合同，约定在合同项下贷款30,000万元，贷款期限自2013年6月4日至2016年6月3日，用途为购煤。贷款利率为年利率7%，按月结息。乙方因实现债权所发生的各项费用（包括但不限于诉讼、差旅、主债权总额20%内的律师、财产保全、公证认证、翻译、评估拍卖费等），均由甲方承担。

上述合同签订后，2013年6月4日，中信银行太原分行依约向华美奥能源公司发放贷款30,000万元。

2015年1月23日，中信银行太原分行（乙方）与华美奥能源公司（甲方）签订2015并银流贷字第0043号人民币流动资金贷款合同，约定在合同项下贷款5000万元，贷款期限自2015年1月23日至2016年1月23

日，用途为购煤。贷款利率为年利率7.28%，按月结息。中信银行太原分行因实现债权所发生的各项费用（包括但不限于诉讼、仲裁、执行、保险、差旅、律师、财产保全、公证认证、翻译、评估拍卖费等），均由华美奥能源公司承担。

上述合同签订后，2015年1月23日，中信银行太原分行依约向华美奥能源公司发放贷款5000万元。

2015年6月26日，中信银行太原分行（乙方）与华美奥能源公司（甲方）签订2015并银流贷字第0233号人民币流动资金贷款合同，约定本合同项下贷款50,000万元，贷款期限自2015年6月26日至2016年6月26日，用途为贷款重组，用于贷新还旧。贷款利率以实际提款日的定价基础利率上浮56BPs结算，按月结息。乙方因实现债权所发生的各项费用（包括但不限于诉讼、仲裁、执行、保险、差旅、律师、财产保全、公证认证、翻译、评估拍卖费等），均由甲方承担。

上述合同签订后，中信银行太原分行于2015年6月26日、2015年12月24日分别依约向华美奥能源公司发放贷款28,843,472.38元和173,600,056元。

截至目前，经当事人一致确认，华美奥能源公司已归还本金6000万元；剩余借款本金的计算应为：30,000万元+5000万元+173,600,056元+28,843,472.38元-6000万元=492,443,528.38元。

2016年6月22日，中信银行太原分行与秦发物流公司、秦发实业公司、崇升煤业公司、冯西煤业公司、徐某某、王某某、徐某、邓某某分别签订2016并银最保字第0140号、第0095号、第0096号、第0097号、第0139号、第0100号、第0098号、第0099号最高额保证合同，均约定秦发物流公司等四单位、徐某某等四人为确保中信银行太原分行与华美奥能源公司在一定期限内连续发生的多笔债权的履行，保障中信银行太原分行债权的实现，愿意为债务人履行债务提供最高额保证担保，担保的债权最高额限度为5亿元整，担保方式为连带责任保证，保证期间为主合同项下债务履行期限届满之日起两年，保证范围包括主合同项下的主债权、利息、罚息、复利、违约金、损害赔偿金、为实现债权的费用（包括但不限于诉讼、仲裁、律师、差旅、评估、过户、保全、公告、执行等费和其他所有应付的费用）。

2016年6月22日，中信银行太原分行与华美奥能源公司签订2016并银最应质字第0014号最高额应收账款质押合同和应收账款质押登记协议，约定为确保中信银行太原分行与华美奥能源公司在一定期限内连续发生的多笔债务的履行，华美奥能源公司愿意以其享有的应收账款为主合同债务人履行债务提供最高额质押担保。质押担保的债权最高额限度为伍亿元整，质押担保的范围包括主债权、利息、罚息、违约金、损害赔偿金、保管质押财产以及为实现债权、质权等发生的一切费用（包括但不限于诉讼、仲裁、律师、差旅、评估、过户、保全、公告、公证认证、翻译、执行费等）和其他所有应付的费用；并于2015年12月24日在中国人民银行征信中心动产权属统一登记（02473094000299688161）。

中信银行太原分行向一审法院起诉请求：（1）依法判决华美奥能源公司偿还借款本金492,443,528.38元及利息13,068,468.45元（截至2016年5月30日，利息含罚息、复利、违约金等，下同），共计505,511,996.83元，及从2016年5月31日至全部还清借款时的利息，以及实现债权产生的费用；（2）依法判决秦发物流公司、秦发实业公司、崇升煤业公司、冯西煤业公司、徐某某、王某某、徐某、邓某某对上述借款本息承担连带清偿责任；（3）依法判决其对华美奥能源公司质押的对国电电力大同发电有限公司（以下简称大同发电公司）已产生及将产生的应收账款享有质权，对拍卖、变卖应收账款的价款享有优先受偿权；（4）本案诉讼费由上述一审被告承担。

一审法院认为，中信银行太原分行与华美奥能源公司签订的综合授信合同、人民币流动资金贷款合同、应收账款质押合同、应收账款质押登记协议；中信银行太原分行与秦发物流公司、秦发实业公司、崇升煤业公司、冯西煤业公司、徐某某、王某某、徐某、邓某某签订的最高额保证合同，均系当事人真实意思表示，且不违反国家法律、法规的强制性规定，合同合法有效，对当事人具有法律约束力，各方应遵循诚实信用原则，及时全面履行相应的义务。中信银行太原分行依约发放贷款后，华美奥能源公司未能按时还款，秦发物流公司、秦发实业公司、崇升煤业公司、冯西煤业公司、徐某某、王某某、徐某、邓某某未履行相应的担保责任，均构成违约，应承担逾期还款的违约责任。本案中，中信银行太原分行向华美奥能源公司主张贷款本金 492,443,528.38 元以及按照人民币流动资金贷款合同的约定计算出利息 13,068,468.45 元，具有事实依据和法律根据，理据充分，依法予以支持。中信银行太原分行在保证期间内要求秦发物流公司、秦发实业公司、崇升煤业公司、冯西煤业公司、徐某某、王某某、徐某、邓某某对上述款项承担连带清偿责任，理由正当，依法予以支持。关于华美奥能源公司、秦发物流公司、秦发实业公司、崇升煤业公司、冯西煤业公司辩称，实现债权费用的主张，没有具体金额，也没有发票证明，应予驳回。对此，一审法院认为，中信银行太原分行与华美奥能源公司签订的人民币流动资金贷款合同和中信银行太原分行与秦发物流公司、秦发实业公司、崇升煤业公司、冯西煤业公司签订的最高额保证合同均约定：对实现债权所发生的费用均由债务人和担保人承担。但在一审庭审中，中信银行太原分行并未提交实现债权已实际发生费用的相关证据，故对中信银行太原分行此项请求不予支持。判决：（一）华美奥能源公司于判决生效之日起 10 日内偿还中信银行太原分行借款本金 492,443,528.38 元及利息（截至 2016 年 5 月 30 日）为 13,068,468.45 元；及 2016 年 5 月 31 日至全部还清借款时的利息，按借款合同约定标准另行计付；（二）秦发物流公司、秦发实业公司、崇升煤业公司、冯西煤业公司、徐某某、王某某、徐某、邓某某对判决第一项所确定的华美奥能源公司的债务各自在最高额保证合同约定的 5 亿元最高债权额限度内承担连带清偿责任；（三）秦发物流公司、秦发实业公司、崇升煤业公司、冯西煤业公司、徐某某、王某某、徐某、邓某某承担保证责任后，有权向华美奥能源公司追偿；（四）在判决第一项所确定的债权范围内，中信银行太原分行对华美奥能源公司在大同发电公司已产生及将产生的应收账款享有优先受偿权；（五）驳回中信银行太原分行的其他诉讼请求。

本案一审判决作出后，中信银行太原分行向本院提起上诉。2019 年 7 月 5 日，长城资产管理公司山西分公司向本院提出申请，将“中信银行太原分行”变更为“长城资产管理公司山西分公司”，并请求参加本案诉讼，本院经审查，予以准许。

长城资产管理公司山西分公司上诉请求：（1）撤销一审判决第二项、第五项；（2）改判秦发物流公司、秦发实业公司、崇升煤业公司、冯西煤业公司、徐某某、王某某、徐某、邓某某对该判决第一项所确定的乙公司的债务承担连带清偿责任；（3）改判华美奥能源公司、秦发物流公司、秦发实业公司、崇升煤业公司、冯西煤业公司、徐某某、王某某、徐某、邓某某承担保全费5000元、律师代理费30万元；（4）本案全部诉讼费用由华美奥能源公司、秦发物流公司、秦发实业公司、崇升煤业公司、冯西煤业公司、徐某某、王某某、徐某、邓某某共同承担。事实与理由：（1）一审判令各保证人仅在5亿元限额内承担保证责任，属认定事实不清，适用法律错误。依据中信银行太原分行与秦发物流公司、秦发实业公司、崇升煤业公司、冯西煤业公司、徐某某、王某某、徐某、邓某某签订最高额保证合同第23条约定以及《担保法》第21条[①]的规定，中信银行太原分行要求秦发物流公司、秦发实业公司、崇升煤业公司、冯西煤业公司、徐某某、王某某、徐某、邓某某对本金492,443,528.38元及相应利息、罚息、复利及实现债权的费用承担连带保证责任，有事实及法律的依据。（2）依据涉案人民币流动资金贷款合同及最高额保证合同的约定，中信银行太原分行因采取诉前保全措施向法院交纳诉前保全费5000元，因委托律师代理诉讼，已经支付律师代理费20万元，并在取得本案终审判决后将再行支付律师代理费10万元。上述费用均属于中信银行太原分行为实现债权产生的费用，应由华美奥能源公司、秦发物流公司、秦发实业公司、崇升煤业公司、冯西煤业公司、徐某某、王某某、徐某、邓某某共同承担。

华美奥能源公司辩称，中信银行太原分行在一审举证期限届满前未提供其为实现债权产生费用的相关证据，且根据案件类型、繁简程度，只有当事人对出庭不能胜任时，才确定其聘请律师是必要的。而本案中信银行

---

① 现为《民法典》第691条：“保证的范围包括主债权及其利息、违约金、损害赔偿金和实现债权的费用。当事人另有约定的，按照其约定。”

太原分行作为一家专门从事银行信贷业务的专业机构，涉案合同均为格式合同，双方的权利义务关系明确，因此，中信银行太原分行没有必要聘请两位律师代理出庭，显然其支出的律师费用并非必要，不应支持。

秦发物流公司、冯西煤业公司辩称：（1）各保证人仅在最高额保证合同约定的5亿元最高债权额限度内承担保证责任，一审法院对此认定事实清楚，适用法律正确。依据《担保法》第14条①、《担保法司法解释》第23条②规定，最高额保证合同中的“最高额”必须明确，超出此限度的保证人不再承担保证责任。而涉案最高额保证合同第2.3条只约定了担保的最高本金限额为5亿元，并未约定最高债权限额，致使保证人承担保证责任的范围处于不确定状态，不符合法律规定。因此，涉案保证合同约定的最高本金限额应视为最高债权限额，保证人担保的最高债权额应为5亿元。（2）中信银行太原分行没有证据证明存在诉前保全费、律师代理费。一审中，中信银行太原分行仅要求支付实现债权产生的费用，至于该费用的具体项目、金额及相关证据，均未予以明确，故一审驳回中信银行太原分行的该部分诉讼请求，并无不当。

本院二审除对原审查明的事实予以确认外，另查明：

（1）2018年12月14日，中信银行太原分行与长城资产管理公司山西分公司签订债权转让协议，将案涉债权转让给长城资产管理公司山西分公司，双方于2019年1月7日在《经济日报》上刊登债权转让暨债务催收联合公告，向案涉债务人及保证人履行了通知义务。

（2）中信银行太原分行与秦发物流公司、秦发实业公司、崇升煤业公司、冯西煤业公司、徐某某、王某某、徐某、邓某某分别签订2016并银最保字第0140号、第0095号、第0096号、第0097号、第0139号、第0100号、第0098号、第0099号最高额保证合同，均约定，秦发物流公司、秦发实业公司、崇升煤业公司、冯西煤业公司、徐某某、王某某、徐某、邓某

① 现为《民法典》第690条：“保证人与债权人可以协商订立最高额保证的合同，约定在最高债权额限度内就一定期间连续发生的债权提供保证。最高额保证除适用本章规定外，参照适用本法第二编最高额抵押权的有关规定。”

② 本条在《民法典有关担保制度的司法解释》中无对应条文。

某在本合同项下担保的债权最高额限度为“债权本金（币种）人民币（大写金额）伍亿元整和相应的利息、罚息、违约金、损害赔偿金以及为实现债权、担保权利等所发生的一切费用（包括但不限于诉讼费、仲裁费、律师费、差旅费、评估费、过户费、保全费、公告费、公证认证费、翻译费、执行费等）和其他所有应付的费用之和”。担保方式为连带保证责任。

（3）长城资产管理公司山西分公司为实现债权已经支付了保全费5000元，律师费20万元。

【案件焦点】

最高额保证中保证债权范围的认定问题。

【裁判结果】

最高人民法院经审理认为，依据案涉最高额保证合同的约定，各担保人担保的债权最高额限度为“债权本金人民币5亿元整”和相应的利息、罚息、违约金、损害赔偿金以及为实现债权、担保权利等所发生的一切费用、其他所有应付的费用之和，即各保证人所担保债权最高额限度为本金5亿元和相应的利息、违约金、律师费、保全费以及其他实现债权费用等均属于被担保债权范围。该约定系当事人真实意思表示，且不违反国家法律、法规的强制性规定，应为合法有效，各方亦应依约履行。本案已查明，至本案一审庭审时本案未偿还借款本金为492,443,528.38元，该数额并未超出最高额保证合同约定的本金5亿元，故各保证人应以合同约定对乙公司的涉案债务本金人民币5亿元和相应的利息、案涉律师费、保全费等承担连带清偿责任。关于长城资产管理公司山西分公司为实现债权而支付的费用应否支持问题。本院认为，丙银行实现债权，委托律师事务所指派律师提供法律服务，并实际支出了20万元律师费和诉讼保全费5000元，根据争议标的、诉讼难易程度、律所及其律师提供法律服务的内容等方面综合考量，该20万元的律师费数额合理，故主债务人华美奥能源公司应根据主合同的约定承担该费用。中信银行太原分行与各保证人之间的保证合同中，已约定律师费为担保范围，案涉保证人应对该部分主债务承担保证责任。关于保全费5000元，亦是本案债权实现的费用，亦应由各保证人共同负担。判决：（一）撤销一审判决；（二）华美奥能源公司于本判决生效之日起10日内偿还长城资产管理公司山西分公司借款本492,443,528.38元及利息（截至2016年5月30日）为13,068,468.45元及2016年5月31日至全部还清借款时的利息（按借款合同约定标准另行计付）；（三）华美奥能源公司于本判决生效之日起10日内偿还长城资产管理公司山西分公司律师代理费20万元；（四）秦发物流公司、秦发实业公司、崇升煤业公司、冯西煤业公司、徐某某、王某某、徐某、邓某某对本判决第二项、第三项所确定的华美奥能源公司的债务承担连带清偿责任；（五）秦发物流公司、秦发实业公司、崇升煤业公司、冯西煤业公司、徐某某、王某某、徐某、邓某某承担保证责任后，有权向华美奥能源公司追偿；（六）长城资产管理公司山西分公司在本判决第二项、第三项所确定的债权范围内，对华美奥能源公司在大同发电公司已产生及将产生的应收账款享有优先受偿权；（七）驳回长城资产管理公司山西分公司的其他诉讼请求。

【裁判摘要评析】

本案的主要争议焦点是关于案涉最高额保证合同中担保范围的认定问题。一审判决将案涉主债权及利息、违约金、损害赔偿金和实现债权的费用全部并入最高额范围之内，并且最终的担保责任以最高限额为准，超过部分保证人无须再承担担保责任，即“债权最高额说”。而二审判决认为，依据案涉最高额保证合同的约定，仅本金可以归入最高限额范围，在本金不超过最高限额的前提下，保证人还须承担相应的利息、违约金、损害赔偿金和实现债权的费用的担保责任，即“本金最高额说”。本案二审之所以采取第二种观点，具体理由如下：

首先，从民法理念来看，法律应当尊重当事人的意思自治，当事人可自由约定担保范围是否只是本金或应包含利息、违约金等。根据契约自由、意思自治的民法根本理念，当事人可以在法律未禁止的范围内自由作出约定，取得权利，负担义务，最高额保证合同亦是合同的一种类型，法律不应对其进行过多干涉，故在交易双方对“本金最高额”的约定明确、具体的情况下，该约定应当得到法律的尊重，并对双方产生相应的法律约束力。保证人作为与债权人平等的合同主体，可以依据其自身情况自由决定是否接受各类约束条件，亦包括对担保范围的约定。保证人在签订最高额保证合同时同意采用“本金最高额”的约定，就意味着保证人已经知晓并自愿承担“本金最高额”所带来的担保数额相对不确定的风险。本案中，案涉最高额保证合同明确约定并写明，各担保人担保的债权最高额限度为“债权本金人民币伍亿元整”和相应的利息、罚息、违约金、损害赔偿金以及为实现债权、担保权利等所发生的一切费用、其他所有应付的费用之和，即各保证人所担保债权最高额限度为本金 5 亿元和相应的利息、违约金、律师费、保全费以及其他实现债权费用等均属于被担保债权范围。而本案已查明，至本案一审庭审时本案未偿还借款本金为 492,443,528.38 元，该数额并未超出最高额保证合同约定的本金 5 亿元，故各保证人应以合同约定对乙公司的涉案债务本金人民币 5 亿元和实现债权的律师费以及其他实现债权的费用等承担连带清偿责任。

其次，从法律规定来看，在双方约定“本金最高额”的情况下，其所约定的担保责任并非不确定，当债权本金确定时，其担保的相应利息、违约金等均基于本金的基础上而确定。且保证的担保方式本身就是由保证人提供信誉保证，具有很强的人身性，无法以具体的财产数额来确定，因此，就本金最高额所产生的债权数额的相对不确定性，对保证人和其他利害关系人的影响并不大。另外，合同双方约定“本金最高额”的情形多发生在以银行作为债权人的金融业务中，因银行的贷款方式具有单向给付且先行让渡财产的特征，债权人从其利益最大化的角度约定“本金最高额”，理应予以保护。故本案中中信银行太原分行与秦发物流公司、秦发实业公司、崇升煤业公司、冯西煤业公司、徐某某、王某某、徐某、邓某某签订的最高额保证合同中关于“本金最高额”的约定，并不违反国家法律、法规的强制性规定，应为合法有效。秦发物流公司、冯西煤业公司称本金最高额的这种约定“致使保证人承担保证责任的范围处于不确定状态，不符合法律规定”的答辩意见无法律依据，本案判决并未支持。

最后，从社会价值来看，根据保证制度的初始价值目的，保证本是为债权人设立的担保措施，该制度的设立首先应考虑债权人利益的保护，其次才是保证人与债权人利益的衡平问题。本金最高额虽然相对弱化了对保证人的利益保护，但并非不保护，只是将债权人利益保护相对优先于保证人。且本金最高额随之产生的利息、违约金等客观上与保证人的履约表现呈反比关系，保证人履行得越及时，相应利息、违约金等就越少；反之，越拖延则负担越重。如此对保证人具有督促履行担保义务的作用，这正符合最高额保证中担保的价值功能，有利于强化信用担保且提高交易效率。

那么在司法实践中，究竟采取“本金最高额说”还是“债权最高额说”，主要是要看当事人的约定，依据当事人的约定来确定双方之间的权利义务关系，而非一概而论：第一，保证合同中对此约定明确的，依据合同双方的具体约定作出相应的认定。第二，保证合同中对债权之最高额未明确约定或者约定不明的，可作出对保证人有利的解释，适用“债权最高额说”。第三，在保证合同中同时约定本金最高额和债权最高额的情况下，法院可适用《合同法》① 第41条②的规定，根据格式条款不利解释规则作出对提供格式合同一方不利的解释，作出对保证人有利的裁判，以“债权最高额说”确定其担保范围。

最高人民法院二审合议庭成员：李相波　宁晟　关晓海

（编写人：李相波* 米新秀** 审稿人：李明）

① 根据《民法典》的规定，《合同法》于2021年1月1日废止。以下同。

② 现为《民法典》第498条。

* 李相波，法学博士，中华人民共和国最高人民法院第四巡回法庭，二级高级法官。

** 米新秀，法学硕士，中华人民共和国河南省焦作市中级人民法院审判监督第二庭，一级法官，时任最高人民法院第四巡回法庭法官助理。

南通市华晋置业有限公司
与
山西军威科技有限公司
合同纠纷案

——合同一方享有的约定解除权是否消灭的判定

【裁判摘要】

当解除事由出现时，解除权人在一定的期限内不积极行使解除权，并以履行行为使另一方当事人有正当理由信赖其不再行使解除权，在另一方当事人也相应继续履行大部分合同义务后，解除权人才发出解除合同的通知，应当认定其解除权行使超出了合理期限，不发生解除合同的效力。

【案件基本信息】

1. 诉讼当事人

上诉人（一审原告）：南通市华晋置业有限公司（以下简称华晋置业公司）

被上诉人（一审被告）：山西军威科技有限公司（以下简称军威科技公司）

2. 案件索引与裁判日期

一审：山西省高级人民法院（2018）晋民初 12 号判决（2019 年 6 月 20 日）

二审：最高人民法院（2020）最高法民终 199 号判决（2020 年 7 月 31 日）

3. 案由

合同纠纷

【简要案情】

2013年10月8日华晋置业公司与军威科技公司签订合作开发合同书，其中约定，第一条项目用途为商业用地，共4幢，土地使用权人为军威科技公司。第二条合作方式及分配：（1）军威科技公司负责办理项目用地出让及规划手续，整体投资开发本项目。（2）华晋置业公司投资参与项目开发，合作项目为总体规划内一幢D座办公楼。华晋置业公司自行完成合作部分的建设与销售，并以建设成果及销售收益作为项目的合作开发收益。合作开发部分华晋置业公司自主经营、自主销售、自负盈亏。第三条合作开发费用及支付方式：（1）乙方承担总价为9000万元，分三次支付。①合同签订后2013年10月21日前支付6000万元；②2014年1月5日前支付2000万元；③2014年6月支付1000万元。第五条双方权利与义务：①军威科技公司应在2013年办理国有土地使用证，2014年办理建设工程规划许可证，确保华晋置业公司所投资的项目合法销售，办理产权转让和领取产证。②华晋置业公司按本合同约定及时、足额支付合作项目费用。第七条违约责任：（2）如华晋置业公司未按约定期限和数额支付合作费用超过20天的，军威科技公司有权解除本合同，并要求华晋置业公司按合作项目销售总金额（暂定伍亿元）的20%承担违约金。华晋置业公司分别于2012年8月27日、2013年10月21日、2014年1月17日支付款项200万元、6000万元、1800万元，共计8000万元。2014年5月18日，双方协议将原合作项目D座办公楼变更为西北角A座办公楼。2014年7月25日，军威科技公司办理涉案建设用地规划许可证，2014年8月1日办理A座建设工程施工许可证。2014年10月17日华晋置业公司开工进行建设。2015年9月1日军威科技公司办理A座建设工程规划许可证，2015年9月28日办理A座、B座、C座商品房预售许可证。2017年9月22日军威科技公司向华晋置业公司送达解除合同通知书，其中载明按照合同约定2014年6月应支付的合作费用1000万元至今未付，A座已发生分摊费用未付，A座封顶后华晋置业公司未再后续投入，违背了合作初衷……根据合同第7条第2款约定，特通知华晋置业公司解除合作开发合同书。若华晋置业公司对本通知有异议，请在收到或通知送达之日起至2017年10月8日前提出书面异议，处理合同解除后续事宜。否则，视为认可本通知，军威科技公司自行处理解除事宜。2017 年 9 月 26 日，华晋置业公司给军威科技公司寄送了异议回复函称剩余 1000 万元不给付有相应原因，不同意解除合同。2018 年 2 月华晋置业公司提起本案诉讼，请求确认军威科技公司单方解除合同无效，判令继续履行合作开发合同书，确认涉案 A 座土地使用权及地上建筑物所有权归华晋置业公司所有并协助其办理产权过户变更手续。一审判决驳回华晋置业公司的诉讼请求。华晋置业公司不服二审判决向最高人民法院提起上诉。二审中，军威科技公司认可其将 A 座部分房产进行了销售，签订了预售合同。

【案件焦点】

涉案解除合同通知书是否已经产生解除合同的后果。

【裁判结果】

最高人民法院经审理认为，本案军威科技公司 2017 年 9 月 22 日向华晋置业公司发出的解除合同通知书并不能产生解除涉案合同的效果。理由是：

（1）军威科技公司行使解除权超出了合理期限。因华晋置业公司未按约支付第三笔合作费用 1000 万元，军威科技公司依据涉案合作开发合同书第 7 条第 2 款的约定，在 2014 年 7 月时已享有约定解除权。《合同法》第 95 条规定："法律规定或者当事人约定解除权行使期限，期限届满当事人不行使的，该权利消灭。法律没有规定或者当事人没有约定解除权行使期限，经对方催告后在合理期限内不行使的，该权利消灭。"① 解除权的行使是法律赋予当事人保护自己合法权益的手段，但该权利的行使并非毫无限制。解除权应在法律规定或者当事人约定的解除权行使期限内行使。如果法律没有规定或者当事人没有约定解除权行使期限的，解除权人应当基于诚实信用原则在合理期限内行使，未在合理期限内行使的，解除权消灭。本案中，从涉案合作开发合同书的约定看，华晋置业公司不仅负有向军威

① 现为《民法典》第 564 条："法律规定或者当事人约定解除权行使期限，期限届满当事人不行使的，该权利消灭。法律没有规定或者当事人没有约定解除权行使期限，自解除权人知道或者应当知道解除事由之日起一年内不行使，或者经对方催告后在合理期限内不行使的，该权利消灭。" 以下同。

科技公司支付合作开发费用的义务，还负有指定施工单位、投资参与涉案项目开发建设等义务。从维护市场经济秩序考量，军威科技公司应在合同约定的解除权形成后的一定期限内及时行使合同解除权，避免其与华晋置业公司之间的合同关系处于长期不确定状态，影响经济秩序稳定和交易安全。但军威科技公司自2014年7月起至2017年9月22日发出解除合同通知书止，在长达3年多的时间内并未行使合同解除权，反而于2014年8月1日为华晋置业公司办理了A座建设工程规划许可证，于2015年9月11日办理了A座建筑工程施工许可证，于2015年9月28日办理了商品房预售许可证。军威科技公司上述履行行为已使华晋置业公司产生了信赖利益，华晋置业公司也正是基于对涉案合作开发合同书的约定以及军威科技公司上述行为的信任，才对涉案A座办公楼实施建设行为。在涉案A座办公楼已经封顶的情况下，军威科技公司才提出解除涉案合同，显然已经超出了合理期限。

（2）根据《合同法》第94条①的规定，解除合同的情形除了因不可抗力致使合同目的无法实现和法律规定的其他情形，主要在于违约方不履行合同主要义务，或者导致合同目的不能实现时，守约方方可行使解除权。对于约定解除权的行使亦应遵循相同原则。本案中，军威科技公司在涉案合同履行中本身也存在将涉案国有土地使用权对外办理抵押等违约行为。且华晋置业公司已支付了9000万元合作费用中的8000万元，履行了大部分义务，对于剩余的1000万元合作费用，军威科技公司虽称其曾进行过催收，但未提供充分证据予以佐证。

（3）鉴于华晋置业公司在收到涉案解除合同通知书后，在该份通知书约定的异议期内即回函表示不同意解除合同，加之以上所述，本案也不存在合同解除权异议超期的问题。

---

① 现为《民法典》第563条："有下列情形之一的，当事人可以解除合同：（一）因不可抗力致使不能实现合同目的；（二）在履行期限届满前，当事人一方明确表示或者以自己的行为表明不履行主要债务；（三）当事人一方迟延履行主要债务，经催告后在合理期限内仍未履行；（四）当事人一方迟延履行债务或者有其他违约行为致使不能实现合同目的；（五）法律规定的其他情形。以持续履行的债务为内容的不定期合同，当事人可以随时解除合同，但是应当在合理期限之前通知对方。"以下同。

综上所述，二审法院判决：（一）撤销一审判决；（二）确认军威科技公司2017年9月22日向华晋置业公司送达的解除合同通知书不产生解除合同的效力；（三）驳回南华晋置业公司的其他诉讼请求。

【裁判摘要评析】

《合同法》第96条[①]规定享有合同解除权的当事人一方以通知方式解除合同，对方当事人享有异议权。《合同法司法解释（二）》[②] 第24条规定了合同解除异议权的行使期限，对统一裁判尺度、避免滥用异议权具有重要意义。但在审判实践中，如果解除权人对于享有的合同解除权既不行使也不放弃，合同也未约定解除权行使期限，相对人也没有催告的情况下，如何判定解除权是否消灭？笔者认为，为了维护交易安全和秩序，解除权人应当在合理期限内行使解除权。事实上，《民法典》第564条第2款也参照2003年《商品房买卖合同司法解释》第15条第2款[③]的规定，对没有法定或者约定的解除权行使期限作出一年的除斥期间规定。但在适用该条规定对解除权人的权利是否消灭作出判定时，还应当结合受通知的一方是否实际存在违约行为，该违约行为是否导致合同目的不能实现，及解除权人本身是否存在违约等实质条件和受通知方是否提出合同解除异议进行综合判定。

一、法理层面

合同解除权系形成权。依法定或约定享有合同解除权的一方当事人，经其单方面意思表示即可使合同效力归于消灭。合同解除权的行使会打破已有的交易秩序，对当事人的权利义务产生重大影响，故有必要严格

---

① 现为《民法典》第565条："当事人一方依法主张解除合同的，应当通知对方。合同自通知到达对方时解除；通知载明债务人在一定期限内不履行债务则合同自动解除，债务人在该期限内未履行债务的，合同自通知载明的期限届满时解除。对方对解除合同有异议的，任何一方当事人均可以请求人民法院或者仲裁机构确认解除行为的效力。当事人一方未通知对方，直接以提起诉讼或者申请仲裁的方式依法主张解除合同，人民法院或者仲裁机构确认该主张的，合同自起诉状副本或者仲裁申请书副本送达对方时解除。"以下同。

② 根据2020年12月23日通过的《最高人民法院关于废止部分司法解释及相关规范性文件的规定》，《合同法司法解释（二）》于2021年1月1日废止。以下同。

③ 现为2020年《商品房买卖合同司法解释》第11条第2款："法律没有规定或者当事人没有约定，经过方当事人催告后，解除权行使的合理期限为三个月。对方当事人没有催告的，解除权人自知道或者应当知道解除事由之日起一年内行使。逾期不行使的，解除权消灭。"

规定其行使要件，以免滋生流弊。与此同时，虽合同是当事人协商一致的产物，但如果解除合同事由约定的过于宽泛，无形中将大大增加合同解除的概率。如果审判实践中任由当事人约定的解除权事由发生，显然是对当事人意思自治的过于放任，也与促进交易这一合同立法的核心价值相悖。因此，立足于公平正义的解释立场以及对当事人利益平衡的考量，有必要对守约方行使约定解除权加以限制，以更好地平衡当事人之间的利益关系，维护交易秩序。

二、法律规定层面

（一）关于约定解除的条件

《民法典》第 563 条规定："有下列情形之一的，当事人可以解除合同：(一）因不可抗力致使不能实现合同目的；(二）在履行期限届满前，当事人一方明确表示或者以自己的行为表明不履行主要债务；(三）当事人一方迟延履行主要债务，经催告后在合理期限内仍未履行；(四）当事人一方迟延履行债务或者有其他违约行为致使不能实现合同目的；(五）法律规定的其他情形。"由此可知，"不能实现合同目的"是合同法定解除的实质性要件。然而，对于当事人在合同中约定解除行使事由的，人民法院原则上应当尊重当事人的意思自治，不轻易否定当事人约定的效力。但如上所述，约定解除权的行使也应遵循一定的限制，即应符合"合同目的不能实现"的要件。对此，《全国法院民商事审判会议工作纪要》第 47 条也采纳了这一观点，规定"合同约定的解除条件成就时，守约方以此为由请求解除合同的，人民法院应当审查违约方的违约程度是否显著轻微，是否影响守约方合同目的的实现，根据诚实信用原则，确定合同应否解除。违约方的违约程度显著轻微，不影响守约方合同目的的实现，守约方请求解除合同的，人民法院不予支持；反之，则依法予以支持"。

（二）关于约定解除的期限

《合同法》第 95 条规定："法律规定或者当事人约定解除权行使期限，期限届满当事人不行使的，该权利消灭。法律没有规定或者当事人没有约定解除权行使期限，经对方催告后在合理期限内不行使的，该权利消灭。"2003 年《商品房买卖合同司法解释》第 15 条第 2 款规定："法律没有规定或者当事人没有约定，经对方当事人催告后，解除权行使的合理期限为三个月。对方当事人没有催告的，解除权应当在解除权发生之日起一年内行使；逾期不行使的，解除权消灭”。《民法典》第 564 条规定：“法律规定或者当事人约定解除权行使期限，期限届满当事人不行使的，该权利消灭。法律没有规定或者当事人没有约定解除权行使期限，自解除权人知道或者应当知道解除事由之日起一年内不行使，或者经对方催告后在合理期限内不行使的，该权利消灭。”从上述法律规定的时间发展上看，法律对于约定解除权人行使解除权的期限作出越来越严格的规定。这是因为如果解除权人对于享有的合同解除权既不行使也不放弃，因合同随时有被解除的可能，将使合同当事人的权利义务关系长期处于不稳定的状态，影响经济秩序稳定和交易安全。因此，合同解除权与其他形成权一样，应受到除斥期间的限制。从另一层面上说，法律不保护“权利上的睡眠者”，一方当事人长期不行使合同解除权，足以证明其并无解除合同的真实意愿，应视为其放弃了解除合同的权利。故当事人经过除斥期间不行使法定解除权或者约定解除权，则应认定解除权归于消灭。应当注意的是，该条同时规定了经对方催告后，合同解除权人在合理期限内不行使解除权则其消灭的情形。催告的意义仅仅在于督促另一方快速、合理地行使自己的权利或者履行自己的义务，而不能反向推论。同时，合理期限是相对不确定的时间概念，应在个案中具体确定，但对该时间的裁量权适用，应根据所涉合同的履行情况、交易习惯、合同类型及诚实信用原则等综合判断。

（三）关于合同解除异议权

《合同法》第 96 条规定：“当事人一方依照本法第九十三条第二款[①]、第九十四条的规定主张解除合同的，应当通知对方。合同自通知到达对方时解除。对方有异议的，可以请求人民法院或者仲裁机构确认解除合同的效力。”《民法典》第 565 条规定：“当事人一方依法主张解除合同的，应当通知对方。合同自通知到达对方时解除；通知载明债务人在一定期限内不

---

① 现为《民法典》第 562 条第 2 款：“当事人可以约定一方解除合同的事由。解除合同的事由发生时，解除权人可以解除合同。”

履行债务则合同自动解除，债务人在该期限内未履行债务的，合同自通知载明的期限届满时解除。对方对解除合同有异议的，任何一方当事人均可以请求人民法院或者仲裁机构确认解除行为的效力。”为了维护非解除方的利益，防止解除权人滥用解除权，法律规定了非解除方的异议权，其可以在对解除权人解除合同持相反意见或者有其他抗辩理由时，请求人民法院或者仲裁机构确认合同解除的效力。且为了防止相对方对解除合同提出异议却又怠于提起确认解除行为效力之诉，《民法典》亦将提起确认合同解除之诉的主体扩大为双方当事人。同时，为了统一裁判尺度，避免滥用异议权，《合同法司法解释（二）》第 24 条规定：“当事人对合同法第九十六条、第九十九条[①]规定的合同解除或者债务抵销虽有异议，但在约定的异议期限届满后才提出异议并向人民法院起诉的，人民法院不予支持；当事人没有约定异议期间，在解除合同或者债务抵销通知到达之日起三个月以后才向人民法院起诉的，人民法院不予支持。”但审判实践中，部分人民法院对该条的理解存在偏差，认为只要受通知方没有在异议期限内以起诉方式提出异议就应当判令解除合同。对此，《全国法院民商事审判会议工作纪要》第 46 条对此理解予以纠正，规定：“只有享有法定或者约定解除权的当事人才能以通知方式解除合同。不享有解除权的一方向另一方发出解除通知，另一方即便未在异议期限内提起诉讼，也不发生合同解除的效果。人民法院在审理案件时，应当审查发出解除通知的一方是否享有约定或者法定的解除权来决定合同应否解除，不能仅以受通知一方在约定或者法定的异议期限届满内未起诉这一事实就认定合同已经解除。”

综上所述，对于当事人依据《民法典》第 565 条第 1 款规定主张解除权人发出的解除合同通知不发生法律效力，人民法院应当根据双方主张审查受通知方是否实际违约、解除权人是否在合理期限内行使解除权、相对方是否在法定或约定期限内提出异议等。本案中，军威科技公司在 2014 年

---

① 现为《民法典》第 568 条：“当事人互负债务，该债务的标的物种类、品质相同的，任何一方可以将自己的债务与对方的到期债务抵销；但是，根据债务性质、按照当事人约定或者依照法律规定不得抵销的除外。当事人主张抵销的，应当通知对方。通知自到达对方时生效。抵销不得附条件或者附期限。”

7月涉案合作开发合同书约定的解除事由出现时，直至2017年9月22日长达3年多的时间内未行使解除权，并按照合同约定履行其时间在后的办理合作项目相关规划、施工许可证等义务，使华晋置业公司有正当理由信赖其不再行使解除权，并继续履行出资建造涉案合作工程项目等义务。军威科技公司2017年9月22日行使解除权的期限超过了《民法典》第564条第2款规定的除斥期间，且华晋置业公司已履行了合作开发合同书的大部分合同义务，并在军威科技公司在解除合同通知中约定的异议期限内回函表示不同意解除合同，因此，军威科技公司发出的解除合同通知书不产生解除合同的效力。

最高人民法院二审合议庭成员：包剑平　杜军　关晓海

（编写人：关晓海*　齐晓丹**　审稿人：李明）

---

* 关晓海，法学硕士，中华人民共和国最高人民法院第四巡回法庭法官。

** 齐晓丹，法学学士，中华人民共和国最高人民法院第四巡回法庭，法官助理。

恒丰银行股份有限公司重庆分行
与
重庆亨盾实业有限公司、
湖南互相发展置业有限公司等
金融借款合同纠纷案

——专业金融机构持有载明抵押意思的股东会决议不足以认定成立抵押关系

【裁判摘要】

股东会有关抵押事项的决议即使加盖了公司印章，载明了被担保债权的种类、数额及抵押财产范围，但其法律性质为公司内部决议，而非书面要约、合同文本等通常以公司名义向特定主体发出抵押意思的载体。此类不符合法律关于抵押合同的要式性要求，银行作为专业金融机构，理应负有此项注意义务，仅持有上述股东会决议，不足以认定抵押关系成立。

【案件基本信息】

1. 诉讼当事人

上诉人（原审原告）：恒丰银行股份有限公司重庆分行（以下简称恒丰银行重庆分行）

被上诉人（原审被告）：重庆亨盾实业有限公司（以下简称亨盾实业公司）

被上诉人（原审被告）：重庆品礼阁商贸有限公司（以下简称品礼阁商贸公司）

被上诉人（原审被告）：高某某

被上诉人（原审被告）：徐某某

被上诉人（原审被告）：汪某某

被上诉人（原审被告）：王某某

被上诉人（原审被告）：湖南互相发展置业有限公司（以下简称互相发展置业公司）

2. 案件索引与裁判日期

一审：重庆市高级人民法院（2018）渝民初119号判决（2018年10月30日）

二审：最高人民法院（2019）最高法民终58号判决（2020年5月29日）

3. 案由

金融借款合同纠纷

【简要案情】

2016年5月30日，恒丰银行重庆分行（债权人）与亨盾实业公司（主债务人）签订贷款协议、与五保证人签订保证合同，同日发放2.15亿元贷款。2017年6月26日，互相发展置业公司作出股东会决议，载明股东会同意互相发展置业公司为亨盾实业公司向恒丰银行重庆分行申请贷款2.15亿元提供抵押担保，抵押物为85套办公用房（注明了每套房屋的房地产证号），该决议尾部加盖持有互相发展置业公司99%股权的火星网络公司印章及互相发展置业公司自己的印章。2017年7月火星网络公司将所持互相发展置业公司的股权转出。亨盾实业公司到期未偿还借款，恒丰银行重庆分行诉至法院，请求判令主债务人偿还本息，互相发展置业公司在股东会决议载明的85套办公用房及土地使用权范围内，对案涉债务承担连带清偿责任，其余保证人对案涉债务承担连带清偿责任。

法院在审理中查明：恒丰银行重庆分行与互相发展置业公司未订立抵押合同，恒丰银行重庆分行持有上述股东会决议原件。对于恒丰银行重庆分行持有该股东会决议的来源，各方表述不一。恒丰银行重庆分行陈述系互相发展置业公司工作人员当面送交；互相发展置业公司陈述将决议交给了主债务人亨盾实业公司，并未交给恒丰银行重庆分行；亨盾实业公司陈述未向恒丰银行重庆分行送达过上述股东会决议。

一审法院于2018年10月30日作出（2018）渝民初119号判决，判决亨盾实业公司向恒丰银行重庆分行偿还本金、利息、罚息及复利并支付律师代理费，品礼阁商贸公司、高某某、汪某某、徐某某、王某某就亨盾实业公司的前述债务向恒丰银行重庆分行承担连带清偿责任，驳回恒丰银行重庆分行的其他诉讼请求。恒丰银行重庆分行提起上诉，要求改判互相发展置业公司在其提供抵押的湖南省长沙市雨花区韶山北路××号××大厦共计85套办公用房及土地使用权范围内对判决确定的亨盾实业公司的债务向恒丰银行重庆分行承担连带清偿责任。

【案件焦点】

"抵押人"未与债权人签订抵押合同，但作出以特定房产对特定债权提供抵押担保意思的股东会决议（同时加盖股东公章与公司印章）。在该股东会决议由债权人持有，而"抵押人"否认将该股东会决议送交给债权人但自认将股东会决议送交主债务人的情况下，"抵押人"的责任如何认定。

【裁判结果】

最高人民法院经审理认为，恒丰银行重庆分行与互相发展置业公司之间的抵押关系不能成立。从合同形式角度看，《合同法》与《物权法》① 明确规定抵押合同应采用书面形式。恒丰银行重庆分行作为专业金融机构，理应负有此项注意义务。本案当事人未签订书面抵押合同，不符合法律关于抵押合同的形式要求。从实质合意角度看，恒丰银行重庆分行与互相发展置业公司也难谓形成了担保合意。一方面，案涉股东会决议虽加盖了公司股东的公章，载明了被担保债权的种类、数额及抵押财产范围，但毕竟是一份公司内部决议，而非书面要约、合同文本等通常以公司名义向特定主体发出的抵押意思载体。另一方面，抵押意思载体的送达方式存在争议，互相发展置业公司的意思外化过程存在瑕疵。

抵押关系不成立时，"抵押人"或需承担缔约过失责任。但本案中恒丰银行重庆分行未提供证据证明互相发展置业公司存在假借订立合同恶意磋

---

① 根据《民法典》的规定，《物权法》于2021年1月1日废止。以下同。

商行为，也未提供证据证明在持有互相发展置业公司股东会决议后曾积极催告互相发展置业公司订立抵押合同，加上案涉抵押系对已发生借款的追加担保，既未影响借款发放，也未增加回收风险，恒丰银行重庆分行不能证明互相发展置业公司的行为对其造成了损失。故恒丰银行重庆分行关于互相发展置业公司应当承担缔约过失责任的主张也不能获得支持。

基于上述分析，最高人民法院经本院民事行政审判专业委员会会议讨论决定，于 2020 年 5 月 29 日作出（2019）最高法民终 58 号判决，驳回上诉，维持原判。

【裁判摘要评析】

一、公司意思表示

法律行为的要旨是，根据行为人意志发生相应法律效果。设定法律效果的行为人意志必须表示于外，才能构成法律行为。这一表示于外的意志行为，称意思表示。[①] 从主观要件来说，意思表示应当包含表意人意欲发生的法律关系变动的内容，及意欲追求法律关系变动后果的意图。从客观要件来说，表意人系有意识地自主将内在意思以一定方式表示于外部，且表示行为足以为外界理解。公司意思的形成过程，原则上包括作出股东会决议、内部工作人员执行股东会决议并制作以公司名义向特定主体发出意思载体两个阶段。股东会决议以公司或者董事会等公司机关为受领人，原则上不对公司外部产生影响，《公司法》第 16 条也未赋予股东会决议直接约束外部相对人的效力。但是该问题也不能一概而论，如果载明特定内容的股东会决议流出公司，是否产生对外效力，就需要综合相关证据具体判断是否构成“意思表示的外化”。[②]

本案主要争议，就是涉案股东会决议是否构成了“意思表示的外化”。对此主要有两种不同的观点。观点一认为构成“意思表示外化”，其主要理

---

① 参见朱庆育：《民法总论》（第 2 版），北京大学出版社 2016 年版，第 188 页。

② 如天津市崔明饲料有限公司与天津银湖投资咨询有限公司等企业借贷纠纷案，天津市高级人民法院（2017）津民终 323 号民事判决书即在有股东会决议而无保证合同的情形下认定保证关系成立，该案债权人和主债务人签订的借款合同中已载明保证人承担连带责任，该股东会决议是债权人公司员工直接去抵押人公司经法定代表人签章后取回，抵押人同时还提供了加盖公司印章的法定代表人身份证复印件、公司资产负债表、企业信用报告等。

由有：

（1）互相发展置业公司的股东会决议上，除加盖参会股东印章外，还加盖了互相发展置业公司自己的印章。

（2）股东会决议所载内容满足法律规定的抵押合同应载明的主要内容。[①] 案涉股东会决议载明股东会同意互相发展置业公司为亨盾实业公司向恒丰银行重庆分行申请贷款2.15亿元提供抵押担保，被担保债权的种类和数额明确；载明抵押物为85套办公用房，附有具体详细的房产证号，抵押财产明确。

（3）《民法总则》[②] 第137条第2款规定："以非对话方式作出的意思表示，到达相对人时生效。"[③] 就意思表示到达相对人的形式，法律上并无明确规定。在债权人持有股东会决议原件、无证据证明债权人采取窃取等不当手段取得该股东会决议的情况下，应认定互相发展置业公司"抵押"的意思表示已经到达债权人。

观点二认为不构成"意思表示外化"，即股东会决议不构成公司对外提供抵押担保的意思表示。主要理由有：

（1）公司对外担保意思的形成，是一个渐进的过程，从酝酿到形成再到为债权人所知，最后到担保作出，需要经历较为复杂的过程。仅凭股东会决议本身，只说明公司内部同意担保，不能说明公司对外作出了担保的意思。

（2）法律关于抵押合同有特殊的形式要求，股东会决议毕竟是一份公司内部决议，而非书面要约、合同文本等通常以公司名义向特定主体发出抵押意思的载体。

（3）互相发展置业公司否认其直接送交股东会决议的情况下，恒丰银

① 参见《担保法》第39条："抵押合同应当包括以下内容：（一）被担保的主债权种类、数额；（二）债务人履行债务的期限；（三）抵押物的名称、数量、质量、状况、所在地、所有权权属或者使用权权属；（四）抵押担保的范围；（五）当事人认为需要约定的其他事项。抵押合同不完全具备前款规定内容的，可以补正。"本条现为《民法典》第400条："设立抵押权，当事人应当采用书面形式订立抵押合同。抵押合同一般包括下列条款：（一）被担保债权的种类和数额；（二）债务人履行债务的期限；（三）抵押财产的名称、数量等情况；（四）担保的范围。"

② 根据《民法典》的规定，《民法总则》于2021年1月1日废止。以下同。

③ 现为《民法典》第137条第2款。

行重庆分行如何能够持有案涉股东会决议在事实上存在争议，互相发展置业公司的意思外化过程是存在瑕疵的。债权人持有决议的成因复杂。债权人持有决议，仅仅表明公司曾经形成决议，不能仅以此事实来推定形成了公司意思的外化，也不意味着债权人有权依此主张担保权利。

（4）判断是否形成合意这一事实问题，不可避免会受到合意事项与主体类型的影响。本案合意对象是纯负担义务的抵押合同，一方主体是专业金融机构，这都对认定合意的形成提出了更高要求。①

二、抵押合同的要式性

要式合同，是指必须依据法律规定的或当事人要求的形式而成立的合同。② 从历史发展来看，合同的特定形式，即所谓的“要式”，在维护法律秩序中的角色，最初是证据功能，后来逐渐具备警示功能（对于某些具有显著的法律重要性与现实利害性的特殊意思表示，通过特殊的形式要求给予当事人最后一次深思熟虑的机会，以免作出草率决定）、信息透明化功能（防止交易优势方通过隐瞒相关信息干扰相对方自由意志的形成与表达）、区分不同类型交易的功能（例如，区分合同交涉与合同缔结）、满足某些公法要求的功能（例如，为不动产物权变动登记提供清楚且可信的基础）等。③

现代社会市场经济的基本运行机理，在于通过市场主体追求自身利益这一“看不见的手”进行资源的基础性配置。与之相适应，各国主流的法律理念与法律制度坚持私法自治与合同自由。合同自由既包括当事人选择合同对象与磋商合同内容的自由，也包括订立合同形式的自由。与此同时，由于社会活动的日益复杂与主体能力的不同，完全的合同自由并不能实现实质正义，在扩大私法自治范围与程度的同时，法律管制也得到了强化。要式合同制度就是法律管制在合同形式方面的具体体现。在合同自由与形式强制的张力之下，一些要式合同消亡了，另一些要式合同则得以

① 该问题与下述合同要式性问题存在交叉，合同的要式性要求，从合意判断角度讲，就是提高“合意”形式判断标准的产物。

② 参见韩世远：《合同法总论》（第4版），法律出版社2018年版，第84页。

③ 参见王洪：《合同形式研究》，西南政法大学2005年博士学位论文，第59页。

保留。

担保合同是一种要式合同，但对于不同种类的担保合同，现行法律关于“要式”的具体规定亦不相同。比如保证合同，《担保法》第 13 条明确规定“保证人与债权人应当以书面形式订立保证合同”①，但是《担保法司法解释》第 22 条又规定，第三人单方以书面形式向债权人出具担保书，债权人接受且未提出异议的，保证合同成立。② 司法解释的规定实质上扩大了《担保法》第 13 条对保证合同所要求的书面形式范围，将合同的书面性要求解释为包括“一方书面单方允诺”加“另一方接受且不提出异议”的情形。基于该司法解释体现的从宽解释书面合同的理念和精神，有观点认为，本案所涉抵押关系成立。具体理由如下：案涉股东会决议的作出，标志着公司内部意思的形成。书面意思表示载体到达权利人，完成了公司意思的外化。抵押与保证在性质上都是纯获利益的赋权性行为，规则应当类推适用。在载明抵押意思表示的股东会决议到达债权人且债权人未提出异议的情况下，应当认定抵押合同成立。

应该说上述观点具有一定合理性，但是综合考虑本案具体案情，尤其是法律关于抵押合同书面性的明确要求及权利人的专业金融机构性质，判决最终认为涉案抵押合同因欠缺法律规定的书面合同形式而不成立。主要理由如下：

（1）《合同法》第 10 条规定“法律、行政法规规定采用书面形式的，应当采用书面形式”③；《担保法》第 38 条规定“抵押人和抵押权人应当以书面形式订立抵押合同”④；《物权法》第 185 条第 1 款规定“设立抵押

---

① 现为《民法典》第 685 条：“保证合同可以是单独订立的书面合同，也可以是主债权债务合同中的保证条款。第三人单方以书面形式向债权人作出保证，债权人接收且未提出异议的，保证合同成立。”以下同。

② 《民法典》吸收了该规定，第 685 条：“保证合同可以是单独订立的书面合同，也可以是主债权债务合同中的保证条款。第三人单方以书面形式向债权人作出保证，债权人接收且未提出异议的，保证合同成立”。

③ 现为《民法典》第 469 条第 1 款：“当事人订立合同，可以采用书面形式、口头形式或者其他形式。”

④ 现为《民法典》第 400 条第 1 款：“设立抵押权，当事人应当采用书面形式订立抵押合同。”

权，当事人应当采取书面形式订立抵押合同"[①]，不难看出，对于抵押权是否必须采用书面形式，法律规定明确具体。

（2）《担保法》与《物权法》所规定抵押合同采取书面形式，是指抵押合同采取书面形式，而非要约或承诺单个意思表示采取书面形式。相对于抵押合同而言，本案所涉股东会决议充其量只是书面的单方意思表示，或者说是要约。缺乏债权人的同意及签章，便没有书面合意，也就不符合法律关于"书面合同"的要求。在该问题上，尽管对"书面合同"的理解存在一定争议，《担保法司法解释》也对保证合同的书面形式予以扩大解释，但毕竟未涉及其他种类的担保合同。在法律明确规定抵押合同应采书面形式的情况下，本案难以参照适用《担保法司法解释》关于保证合同的规定，将债权人的"沉默"认定为对抵押关系的承诺，进而认定抵押合同有效成立。[②]

（3）法律对合同形式作出特殊要求，背后都有其价值目标。就抵押合同而言，其具有单向负担义务的性质，对抵押人风险性较高，"遵循某种形式之必要性，可给当事人产生某种交易性之气氛，可唤醒其法律意识，促使其三思，并确保其作出之决定之严肃性"[③]。

（4）专业金融机构对于涉及债权安全的法律要求与后果理应明知。在本案抵押合同未采取法律规定书面形式情况下，应严格按照法律规定认定合同不成立，以明确法律适用标准，避免商事行为预期模糊，增加投机行为与交易成本。

三、抵押关系不成立时的缔约过失责任问题

如上所述，本案抵押合同因为欠缺法定书面合同形式而不成立，互相发展置业公司不承担合同责任。但由于债权人持有了相互置业公司的内部股东会决议，并主张形成了关于抵押权的信赖，故本案是否构成缔约过失

① 现为《民法典》第 400 条第 1 款："设立抵押权，当事人应当采用书面形式订立抵押合同。"

② 《民法总则》第 140 条第 2 款规定："沉默只有在有法律规定、当事人约定或者符合当事人之间的交易习惯时，才可以视为意思表示。"现为《民法典》第 140 条第 2 款。保证合同因单方承诺函的送达而成立可以被视为法律的特殊规定，而对于抵押合同，则既无法律规定，也无商业惯例。

③ ［德］迪特尔·梅迪库斯：《德国民法总论》，邵建东译，法律出版社 2000 年版，第 461 页。

责任，也需要予以考察。

缔约过失责任的产生是对大陆法系传统契约理论的重大突破。德国传统上关于契约责任的理论，是有双方合意才有契约，有契约才有契约责任。责任产生的过程是：合意—契约—责任。因此在契约未成立的缔约阶段，因一方过失致另一方信赖利益损失无法得到赔偿，这对于受损一方明显不公。国内理论界对于缔约过失责任有多种不同表述，王泽鉴先生认为，缔约过失责任为“于缔约之际，尤其是在缔约谈判过程中，一方当事人因可非难的行为侵害他方当事人时，应依契约法原则（而非依侵权行为规定）负责”①。

缔约过失责任规定于《合同法》第二章“合同的订立”的第42条：“当事人在订立合同过程中有下列情形之一，给对方造成损失的，应当承担损害赔偿责任：（一）假借订立合同，恶意进行磋商；（二）故意隐瞒与订立合同有关的重要事实或者提供虚假情况；（三）有其他违背诚实信用原则的行为。”②《民法典》更新了该法条的表述：“当事人在订立合同过程中有下列情形之一，造成对方损失的，应当承担赔偿责任……”虽然大家对于缔约过失责任中赔偿责任的性质存在争议，但对缔约过失责任的构成要件，认识较为一致。第一，缔约人违反了依诚实信用原则产生的先合同义务，如为对方提供必要便利、善意协商的协助义务，将与合同有关、可能影响合同成立或生效的信息如实相告的告知义务，不得向第三人泄露或者不正当使用在合同订立过程中知悉的对方秘密的保密义务，善尽必要注意义务避免对方人身、财产受到侵害的保护义务等。第二，违反先合同义务的行为发生在订立合同的过程中。第三，缔约人的信赖利益或固有利益受到损害。作为补偿性的救济方式，其目的是使受损当事人回复到受害前的状态，如果损害不存在，缔约过失责任存在的基础也就相应不存在。第四，违反先合同义务的行为与受损害事实之间有因果关系。第五，违反先

① 王利明：《违约责任论》，中国政法大学出版社1996年版，第597页。

② 现为《民法典》第500条：“当事人在订立合同过程中有下列情形之一，造成对方损失的，应当承担赔偿责任：（一）假借订立合同，恶意进行磋商；（二）故意隐瞒与订立合同有关的重要事实或者提供虚假情况；（三）有其他违背诚信原则的行为。”

合同义务的缔约人主观上存在过错。

主张对方违反缔约过失义务的一方，应当对其主张承担相应的举证责任。对于本案来说，除持有互相发展置业公司股东会决议原件外，恒丰银行重庆分行无法举示双方缔约过程中进行过磋商的任何证据，更无法证明互相发展置业公司存在假借订立合同恶意磋商的行为。争议抵押事项系对原本发生借款的追加担保，既未影响借款发放，也未增加回收风险，恒丰银行重庆分行不能证明互相发展置业公司的行为对其造成了损失。更为重要的是，考虑到本案债权人主体的特殊性，以发放贷款为主要业务的商业银行在持有案涉股东会决议之后怠于催告互相发展置业公司订立书面合同，不宜认定互相发展置业公司存在主观上的过错。故未支持恒丰银行重庆分行关于互相发展置业公司承担缔约过失责任的请求。

最高人民法院二审合议庭成员：葛洪涛　黄年　王海峰

（编写人：葛洪涛*　刘静**　审稿人：李明）

---

* 葛洪涛，法学博士，中华人民共和国最高人民法院第五巡回法庭，三级高级法官。

** 刘静，法学硕士，中华人民共和国最高人民法院第五巡回法庭，法官助理。

河南奇春石油经销集团有限公司
与
中国工商银行股份有限公司延安分行
及一审被告
陕西宝姜石化有限责任公司、刘某某等
金融借款合同纠纷案

——债务人向保理人确认应收账款的真实性后不得以应收账款不存在为由对抗保理人

【裁判摘要】

1. 转让应收账款是保理区别于其他金融服务的核心特征。保理中应收账款转让的目的是为融资提供对价，而非担保。让与担保转移财产的目的则是担保而非让与。保理与让与担保有质的区别。

2. 债务人向保理商确认应收账款真实存在后，又以不存在真实应收账款为由对抗保理商的索赔请求，违背了诚实信用原则。在债务人不能举证证明保理商对该虚构是明知的情形下，其抗辩不能得到支持。

【案件基本信息】

1. 诉讼当事人

上诉人（一审被告）：河南奇春石油经销集团有限公司（以下简称奇春石油经销公司）

被上诉人（一审原告）：中国工商银行股份有限公司延安分行（以下简称工行延安分行）

一审被告：陕西宝姜石化有限责任公司（以下简称宝姜石化公司）

一审被告：刘某某

一审被告：陕西宝姜能源投资控股有限公司（以下简称宝姜能源公司）

一审被告：陕西宝姜新能源有限责任公司（以下简称宝姜新能源公司）

2. 案件索引与裁判日期

一审：陕西省高级人民法院（2017）陕民初10号判决（2019年9月2日）

二审：最高人民法院（2020）最高法民终155号判决（2020年6月28日）

3. 案由

金融借款合同纠纷

【简要案情】

2014年8月7日，宝姜石化公司（甲方）、工行延安分行（乙方）、奇春石油经销公司（丙方）签订国内保理业务合作协议，约定为甲方和乙方办理应收账款国内保理业务，三方达成如下协议：(1) 甲方在乙方的网点开立应收账款国内保理专户。(2) 丙方同意自本协议签订之日起，向甲方支付的成品油购油款全部拨付至甲方在乙方网点开立的上述应收账款国内保理专户。(3) 各方应本着诚信原则履行。若有一方不履行本协议，乙方有权宣布甲方在乙方办理的以转让其与丙方销售成品油交易形成的应收账款债权国内保理融资业务提前到期，要求甲方立即归还。同日，奇春石油经销公司通过同意办理国内保理融资确认函确认以下事项：(1) 宝姜石化公司已按照2014年7月16日签订的购销合同向奇春石油经销公司履行了供应成品油的义务，该笔交易产生的货款支付不存在任何纠纷。(2) 奇春石油经销公司按照购销合同约定，确认截至2014年8月7日应向宝姜石化公司支付该笔货款62,535,108.48元，付款期限确定为一年。(3) 奇春石油经销公司同意宝姜石化公司就该笔货款向工行延安分行申请办理国内保理融资业务。(4) 奇春石油经销公司确保将上述资金在指定的付款时间全部支付至宝姜石化公司在中国工商银行延安宝塔区支行营业部开立的结算账户。同日，奇春石油经销公司在应收账款债权转让通知书（回执）中向工行延安分行确认，已收悉工行延安分行与宝姜石化公司（销货方）联合致函奇春石油经销公司的应收账款债权转让通知书。奇春石油经销公司对通知书述及的应收账款无异议，并承诺应收账款到期时将相应款项支付到通知书确定的账户。

2014 年 8 月 13 日，工行延安分行（甲方）与宝姜石化公司（乙方）签订国内保理业务合同，约定乙方将应收账款债权及相关权利转让甲方，甲方审查确认后，按照合同项下每笔应收账款发票对应的保理融资金额之和，给予乙方总金额 5000 万元的保理融资。乙方对有追索权保理业务项下融资承担最终偿还责任，无论何种原因致使乙方不能及时、足额收回应收账款，均不影响甲方对乙方行使并实现追索权。融资到期日保理账户中的金额不能足额支付其所对应的保理融资本息的，甲方有权从乙方的任何账户中扣收相应款项以清偿全部融资贷款本息及其他应付费用。合同还对保理融资的期限、利率，应收账款的回收、回购，以及违约责任等事项进行了约定。合同附件应收账款转让清单及其明细表载明案涉购货方为奇春石油经销公司。

上述合同签订后，工行延安分行于 2014 年 8 月 13 日向宝姜石化公司发放了 5000 万元保理融资款。贷款到期后，宝姜石化公司未偿还本金及利息。截至 2016 年 5 月 20 日，拖欠贷款本金 5000 万元及利息 5,501,494.86 元。在上述合同签订前，截至 2014 年 7 月 25 日，奇春石油经销公司已将货款全部支付给了宝姜石化公司。

西安市中级人民法院于 2017 年 2 月 9 日分别作出（2017）陕 01 破申 2 号裁定、（2017）陕 01 破申 4 号裁定、（2017）陕 01 破申 3 号裁定，受理了北京方正富邦创融资产管理有限公司关于宝姜石化公司、宝姜能源公司、宝姜新能源公司破产清算的申请。

工行延安分行一审诉讼请求：（1）宝姜石化公司立即归还工行延安分行贷款本金 5000 万元及利息 5,501,494.86 元；（2）宝姜石化公司承担诉讼费、保全费等相关追索费用；（3）刘某某、宝姜能源公司、宝姜新能源公司对上述借款本金、利息及诉讼费承担连带清偿责任；（4）奇春石油经销公司偿还应收账款 6253 万元。一审庭审中，工行延安分行将请求明确为：首先由奇春石油经销公司支付应收账款 6253 万元，如果奇春石油经销公司不能按照约定履行支付应收账款的合同义务，则由宝姜石化公司偿还保理融资款。

陕西省高级人民法院于2019年9月2日作出（2017）陕民初10号判决：(1) 奇春石油经销公司在本判决生效后10日内向工行延安分行支付应收账款6253万元。(2) 宝姜石化公司20日内偿还工行延安分行本金5000万元及利息11,514,375元，如奇春石油经销公司向工行延安分行支付了应收账款，支付的部分在宝姜石化公司的还款中予以扣除。(3) 刘某某对上述61,514,375元债务承担连带清偿责任，如奇春石油经销公司向工行延安分行支付了应收账款，支付的部分在刘某某连带清偿的金额中予以扣除。(4) 对上述61,514,375元债务，如奇春石油经销公司向工行延安分行支付了应收账款，宝姜能源公司在4000万元范围内，对奇春石油经销公司未支付部分的半额承担赔偿责任。(5) 对上述61,514,375元债务，如奇春石油经销公司向工行延安分行支付了应收账款，对奇春石油经销公司未支付部分的半额部分，宝姜新能源公司承担赔偿责任。(6) 刘某某、宝姜能源公司、宝姜新能源公司承担了上述担保责任及赔偿责任后，可依法向宝姜石化公司进行追偿。(7) 驳回工行延安分行其余诉讼请求。

奇春石油经销公司不服，向二审法院提起上诉。最高人民法院于2020年2月16日立案后，依法组成合议庭，公开开庭对本案进行了审理。

奇春石油经销公司上诉请求：撤销一审判决第一项，改判驳回工行延安分行要求奇春石油经销公司偿还应收账款6253万元的诉讼请求。事实和理由：(1) 案涉国内保理业务合同是无效合同。一审判决已认定该合同签订前奇春石油经销公司已付清了宝姜石化公司62,535,108.48元货款的事实，合同标的应收账款在“债权转让”时已不存在。对此，奇春石油经销公司应承担缔约过失责任，而非偿还应收账款的责任。(2) 一审判决将奇春石油经销公司作为主债务人，适用法律错误。为担保主债权转让应收账款，其性质属于让与担保。本案基础法律关系是工行延安分行与宝姜石化公司之间的金融借款关系，双方为担保主债权的实现约定转让应收账款，名为债权转让，实为让与担保。如主债务人宝姜石化公司按期偿还借款，工行延安分行不会要求偿还应收账款，反之才会主张应收账款债权。

除以应收账款担保之外，案涉金融借款还设立了抵押和保证担保，其他一审被告均为抵押人和保证人。基于上述法律关系，宝姜石化公司是主债务人，奇春石油经销公司和其他一审被告均为次债务人，承担的责任是担保责任或者损害赔偿责任。如担保人实际承担了责任，还应有权向主债务人追偿。一审判决将奇春石油经销公司作为主债务人，判令奇春石油经销公司向工行延安分行偿还并不存在的"应收账款"，宝姜石化公司仅承担补充清偿责任，未判决奇春石油经销公司有追偿权，错误认定了各方责任的性质、次序和金额。(3) 一审判决认定债权转让对奇春石油经销公司产生效力，缺乏事实和法律依据。案涉国内保理业务合作协议明确约定，奇春石油经销公司如果不向专用账户转账支付货款，工行延安分行只能要求宝姜石化公司立即还款。一审判决奇春石油经销公司向工行延安分行支付应收账款 6253 万元，违背了当事人自由意志。在事实认定和法律适用上均有错误。等等。

工行延安分行答辩请求驳回上诉，维持原判。事实和理由：(1) 奇春石油经销公司通过出具同意办理国内保理融资确认函、应收账款转让通知书（回执），以及签订国内保理业务合作协议确认了应收账款真实存在。现该公司主张已付清全部应收账款，违背了诚实信用原则。应收账款转让通知书（回执）证明工行延安分行已经履行了通知义务。根据合同相对性原则，奇春石油经销公司未按照应收账款转让通知书的要求向保理商指定账户付款，不能免除其对工行延安分行的付款责任。(2) 案涉国内保理业务合同是双方真实意思表示，合同成立并已生效，工行延安分行已依约放款。奇春石油经销公司与宝姜石化公司通谋欺诈工行延安分行的行为，不影响工行延安分行作为善意第三人与宝姜石化公司签订的保理合同的效力。奇春石油经销公司先后三次确认应收账款真实存在，现又提出应收账款不存在。如果应收账款确实不存在，那么该公司确认应收账款的行为，与宝姜石化公司转让应收账款的行为均存在明显恶意，构成欺诈。根据《民法总则》第 148 条①、第 149 条②的规定，工行延安分行有权撤销合同，若不行

① 现为《民法典》第 148 条。

② 现为《民法典》第 149 条。

使撤销权，保理合同仍然成立并生效。奇春石油经销公司应当根据保理业务合作协议及应收账款转让确认书（回执）的付款承诺，向工行延安分行支付应收账款。(3) 奇春石油经销公司是主债务人。根据国内保理业务合同的约定，保理融资款的第一还款来源是奇春石油经销公司支付应收账款，奇春石油经销公司因货物损失或其他原因拒付的，工行延安分行将要求融资人即宝姜石化公司承担回购责任，融资人回购款属于第二还款来源。根据《合同法》第 80 条①的规定，债权转让通知债务人后，对债务人发生效力。奇春石油经销公司收到应收账款转让通知书后对债权转让事项未提出任何异议，并且在应收账款转让通知书（回执）盖章确认应收账款，该债权转让事项对奇春石油经销公司生效，奇春石油经销公司应按照约定全面履行自己的义务。在司法实践中，应收账款债务人作为主债务人承担还款责任属于司法审判惯例。(4) 保理融资与让与担保具有完全不同的法律性质。保理融资适用《合同法》关于债权转让的相关规定，尤其是第 80 条的通知义务，属于债权转让法律关系。应收账款已经转让保理银行，保理银行已实际取得应收账款债权，应收账款债务人付款符合合同约定和法律规定。让与担保主要适用《物权法》，属于担保法律关系。让与担保的第一还款来源是借款人偿还借款，第二还款来源才是处置让与担保物。(5) 本案国内保理业务合作协议、国内保理业务合同、应收账款转让通知及回执等文件共同构成保理合同的权利义务，工行延安分行有权依照《合同法》的规定，根据合同的约定要求奇春石油经销公司履行债务人的法定义务和合同义务。奇春石油经销公司上诉主张仅根据国内保理业务合作协议确定双方的权利义务，缺乏依据。等等。

一审被告宝姜石化公司、刘某某、宝姜能源公司、宝姜新能源公司述称，奇春石油经销公司在本案中有过错，应承担缔约过失责任，但是不应当作为本案的主债务人承担还款责任。关于奇春石油经销公司上诉主张的一审程序违法问题，案涉破产受理裁定的落款时间是 2017 年 2 月 9 日，指

---

① 现为《民法典》第 546 条："债权人转让债权，未通知债务人的，该转让对债务人不发生效力。债权转让的通知不得撤销，但是经受让人同意的除外。"以下同。

定破产管理人的时间是同年 3 月 16 日。在此之前，宝姜石化公司等三家公司有权独立进行诉讼，一审法院组织证据交换不违反法定程序。

【案件焦点】

奇春石油经销公司是否是案涉保理债权的主债务人。

【裁判结果】

最高人民法院经审理认为，本案转让应收账款的目的是为宝姜石化公司融资，故本案法律关系的性质是保理合同关系。在本案有追索权保理合同项下，应收账款债务人奇春石油经销公司是债权人工行延安分行保理回款的首要来源。故奇春石油经销公司关于本案不是保理合同法律关系，该公司不应承担付款责任，或者不应作为主债务人承担责任的上诉理由不成立。最高人民法院于 2020 年 6 月 28 日作出（2020）最高法民终 155 号判决，驳回奇春石油经销公司的上诉，维持原判。

【裁判摘要评析】

本案二审判决于 2020 年 6 月作出，此时《民法典》尚未实施。在缺乏相应法律依据的情形下，判决的理念和逻辑与现行《民法典》高度契合，因为具有实践指导意义。

一、保理合同的本质特征

保理舶自欧美，20 世纪 90 年代进入我国金融贸易市场后，发展十分迅猛。《民法典》将保理合同单列为有名合同，凸显了保理的重要性。

现代意义上的保理起源于 18 世纪英国与美国的纺织品贸易。其时，美国是欧洲消费品出口的主要目标市场。但是欧洲出口商对美国市场和客户资信一无所知，必须在当地寻求商务代理并保持适量库存以便找到客户后迅速成交。保理应运而生，保理商为出口商提供存货、摊销、管理、收款、坏账担保及融资等服务。1988 年，政府间国际组织国际统一私法协会正式通过了《国际保理公约》，这是国际社会第一个专门规定保理的公约。公约第 1 条第 2 款将保理合同定义为："为本公约的目的，'保理合同'系指在一方当事人（供应商）与另一方当事人（保理商）之间所订立的合同，根据该合同：（1）供应商可以或将要向保理商转让由供应商与其客户（债务人）订立的货物销售合同所产生的应收账款，但主要供债务人个人、家人或家庭使用的货物销售所产生的应收账款除外。(2) 供应商应至少履行两项下述职能：a. 为供应商融通资金，包括贷款和预付款；b. 管理与应收账款有关的账户（销售分户账）；c. 代收应收账款；d. 对债务人的拖欠提供坏账担保。(3) 应收账款的转让通知必须送交债务人。”

从保理产生及发展的历史看，以转让应收账款为对价获取包括融资、应收账款催收在内的金融服务，是保理区别于其他金融服务的本质特征。《民法典》第 761 条对保理合同进行了界定：“保理合同是应收账款债权人将现有的或者将有的应收账款转让给保理人，保理人提供资金融通、应收账款管理或者催收、应收账款债务人付款担保等服务的合同。”保理法律关系，涵盖保理商与债权人、保理商与债务人之间不同的法律关系，债权人与债务人的基础交易合同是成立保理的前提，而债权人向保理商转让应收账款债权则是保理关系的核心。保理合同与单纯的借款合同有显著区别。实践中确实有部分保理商与交易相对人虚构基础合同，以保理之名行借贷之实。对此，应查明事实，从是否存在基础合同、保理商是否明知虚构基础合同、双方当事人之间实际的权利义务关系等方面审查和确定合同性质。如果是名为保理、实为借贷，可以按照借款合同确定当事人之间的权利义务。

具体到本案法律关系的认定，应收账款债务人抗辩本案是金融借款合同纠纷，不是保理合同纠纷。生效判决认为，应收账款债务人、债权人与银行签订国内保理业务合作协议，债务人通过同意办理国内保理融资确认函、应收账款债权转让通知书（回执）向银行确认已收到案涉应收账款转让通知，对应收账款无异议，同意就该笔应收账款办理保理业务，确保将该笔资金支付至保理专户。其后，银行与应收账款债权人订立国内保理业务合同，向应收账款债权人发放融资款。上述四份文件及其签订的过程证明，三方当事人意愿建立以转让应收账款为条件以获取资金融通的法律关系，具备保理的特征，应当认定为保理合同关系。

二、虚构应收账款的法律后果

保理实务中，虚构应收账款的情形比较常见，多表现为企业间相互配合取得银行贷款，以并不存在或已经结束的交易关系骗得保理人信任，保理人尽到审慎注意和审查义务仍不能识别。此种行为不仅违背了诚实信用原则，亦破坏了金融市场秩序。本案应收账款债务人奇春石油经销公司在订立保理合同时确认应收账款真实存在并与债权人和保理商订立了保理合同。后保理商要求奇春石油经销公司偿还相应款项时，该公司却以订立保理合同时应收账款已偿还给债权人，应收账款债务不存在为由进行抗辩，主张不应双重清偿，至多承担缔约过失责任。应收账款债务人虚构应收账款，应否承担清偿责任？关于这个问题的争议一直存在。

生效判决认为，债权人向保理商转让应收账款，无论已实际发生，或是确定将要发生的，都意味着债权人将债务人的信用风险百分百转移给保理商。因此，债权人负有向保理商如实陈述应收账款的合同义务，为获取保理商融资提供对价。对应收账款存在与否以及具体金额等事实作虚假陈述，构成对保理商的欺诈，依照合同法有关撤销权的规定①，保理商享有撤销权，可在行使撤销权与要求继续履行合同之间进行选择。应收账款转让的本质是债权转让。按照合同法有关债权转让的规定②，债权转让无须债务人同意，但只有在通知债务人的情形下才对债务人具有效力，且债务人可向受让人行使对债权人的抗辩权。保理商接受应收账款并通知债务人，如债务人不发表任何异议意见，并表示同意将该笔债务办理保理业务，即意味着保理商可直接向债务人请求履行偿债义务。在应收账款已被清偿或其他不存在应收账款的情形下，债务人上述行为亦构成对保理商的欺诈，保理商享有合同法下的撤销权，或者请求履行清偿义务的权利。本案中，奇春石油经销公司的行为系"虚构应收账款"，不能因此免除清偿责任。《民法典》第763条显然也持本文立场。该条规定："应收账款债权人与债务人虚构应收账款作为转让标的，与保理人订立保理合同的，应收账款债务人不得以应收账款不存在为由对抗保理人，但是保理人明知虚构的除外。"

---

① 参见《民法典》第148条："一方以欺诈手段，使对方在违背真实意思的情况下实施的民事法律行为，受欺诈方有权请求人民法院或者仲裁机构予以撤销。"

② 参见《民法典》第545条："债权人可以将债权的全部或者部分转让给第三人，但是有下列情形之一的除外：（一）根据债权性质不得转让；（二）按照当事人约定不得转让；（三）依照法律规定不得转让。当事人约定非金钱债权不得转让的，不得对抗善意第三人。当事人约定金钱债权不得转让的，不得对抗第三人。"

《民法典》实施后，关于这一实务问题的争议将不复存在。

实践中还有一种较为常见的虚构应收账款情形。债权人提交证据证明已向债务人履行了转让债权的通知义务，但债务人未与保理商订立业务合作协议，也未明确表示同意将应收账款办理保理业务，如应收账款系债权人虚构，保理商亦未尽到核实应收账款的审慎义务，责任如何承担？笔者认为，此种情形下的保理合同与借款合同并无本质区别，名为保理，实为借款，应按照民间借贷或借款合同处理，保理商可向债权人主张权利，但不具有向债务人主张权利的合同依据和法律依据。

三、保理与让与担保

本案奇春石油经销公司另一个抗辩理由是，本案应收账款转让的实质是让与担保，奇春石油经销公司只应承担补充责任，不应作为主债务人。该公司提出的这个观点非常具有代表性，是保理合同审判实务中争议最大的问题。

无论是理论上，还是实务中，保理和让与担保的界限比较模糊，有追索权保理中的应收账款转让常常被理解为让与担保。当然，也有相关立法和判例持相反观点。美国《统一商法典》将应收账款转让放入第九篇（担保篇）进行规范，但在逻辑上对两者进行了严格的区分。应收账款的收款权利既可以用于买卖，也可以用于抵押。如果用于抵押，这种交易就是法典第九篇范围内典型的担保交易，与使用其他财产作为担保物的交易在本质上是相同的。如果用于买卖，这种交易本不属于法典第九篇范围内的担保交易，纳入该编规范的目的是提供一个通知登记系统，用于保护该类财产的购买人。我国2009年商秩发〔2009〕88号《关于推动信用销售健康发展的意见》也将保理排除在担保的范围。该意见提出要鼓励商业银行针对信用销售特点，创新担保方式，发展动产、仓单、应收账款等质押贷款，发展保理等新型融资业务。该意见对应收账款质押和保理使用了不同的措辞，显见是对两者进行了区分。

本案生效判决认为，保理和让与担保之间的界限虽然模糊，但质的区别是存在的。让与担保是将标的物转移给他人，当债务不履行时，该他人可就标的物受偿的一种非典型担保，其目的在担保而非让与。而保理中转让应收账款系为融资提供对价，而非担保。两者路径相似，但目的迥异。保理商对应收账款债务人的权利来源于债权转让，对应收账款债权人的权利则来源于债权受让。两种权利产生于不同性质的法律关系，请求权基础以及当事人均有不同，无主从位序。让与担保债权人亦享有两种权利，一是对债务人的债权；二是对让与物可参照担保物权处理的权利，也即当债务人不能清偿到期债务时，债权人可对财产拍卖、变卖、折价偿还债权。两种权利存在先后与主从之分。

无追索权保理模式下，保理商以向应收账款债权人融资的方式支付对价，成为应收账款债权受让人，应收账款系其唯一回款来源。应收账款债权人负有义务确保其出售给保理商的应收账款真实、合法、有效。如因债务人的抗辩和反索，保理商未能按期收回购入的债权，保理商可要求债权人承担违约责任。保理商可以单独要求债务人清偿债务，也可以单独要求债权人承担违约责任。如保理商同时起诉债权人和债务人，按照合同相对性原则，其两项请求难以同时得到支持。很长一段时间里，有的法院不允许无追索权保理模式下的保理商同时起诉应收账款债权人和应收账款债务人，即是基于前述认识，此种处理在诉讼法上是否恰当确可商榷，但对实体问题的认识应当是准确的。《民法典》亦持相同立场。《民法典》第 767 条规定，无追索权保理模式下，保理人应当向应收账款债务人主张应收账款债权，保理人取得超过保理融资款本息和相关费用的部分，无须向应收账款债权人返还。此条规定的逻辑，显然是将债权人对应收账款债务人的权利和对应收账款债权人的权利放在两个完全独立的法律关系中进行考量。

在有追索权保理模式下，保理商通常首先选择向应收账款债务人主张债权，无果则向应收账款债权人追索。将此种追索权理解为应收账款债权人为获得保理融资向保理商提供的保证担保，不失妥当。本案国内保理业务合作协议专门约定了银行对应收账款债权人的追索权，在不能及时回收应收账款时给应收账款债权人施加了回购义务，此种设计相当于由应收账款债权人对应收账款债务人的清偿能力提供担保。此种模式下，应收账款债务人是保理回款的首要来源，故一审、二审法院均将应收账款债务人作为主债务人。《民法典》为债权人提供了更为灵活的救济。《民法典》第766条规定:“当事人约定有追索权保理的,保理人可以向应收账款债权人主张返还保理融资款本息或者回购应收账款债权,也可以向应收账款债务人主张应收账款债权。保理人向应收账款债务人主张应收账款债权,在扣除保理融资款本息和相关费用后剩余的,剩余部分应当返还给应收账款债权人。”此条规定在应收账款债权和追索权之间未进行排序,未将追索权劣后,而是为债权人提供了可选择的平行救济途径,应当说为债权人提供了更加灵活的权利保障模式。

最高人民法院二审合议庭成员:欧海燕　陈纪忠　杨卓

(编写人:欧海燕*　张乐**　审稿人:李明)

---

* 欧海燕,法学博士,中华人民共和国最高人民法院第六巡回法庭,四级高级法官。

** 张乐,法律硕士,中华人民共和国最高人民法院第六巡回法庭,法官助理。

李某某
与
湖南新华晒北滩水电开发有限公司
及一审第三人永州市水利水电建设有限责任公司
建设工程施工合同纠纷案

——工程价款鉴定意见明显与造价成本有较大差距的，不宜作为确定工程价款的依据

【裁判摘要】

工程验收合格情形下，当事人之间存在同一日期签订的多份无效施工合同且无法确定实际履行合同的，人民法院可依法通过鉴定方式确定工程价款。鉴定结论明显不能反映施工实际且与造价成本有较大差距的，既不利于保护实际施工人的利益，也不符合公平原则，不宜作为确定工程价款的依据。

【案件基本信息】

1. 诉讼当事人

申诉人（一审原告、二审上诉人）：李某某

被申诉人（一审被告、二审被上诉人）：湖南新华晒北滩水电开发有限公司（原祁阳县阳光水电开发有限公司，以下简称阳光水电开发公司）

一审第三人：永州市水利水电建设有限责任公司（以下简称水建公司）

2. 案件索引与裁判日期

一审：湖南省永州市中级人民法院（2010）永中法民二初字第2号判决（2010年6月13日）

二审：湖南省高级人民法院（2010）湘高法民一终字第 67 号裁定（2010 年 11 月 16 日）

重审一审：湖南省永州市中级人民法院（2011）永中法民一初字第 14 号判决（2011 年 10 月 11 日）

重审二审：湖南省高级人民法院（2011）湘高法民一终字第 111 号判决（2012 年 2 月 14 日）

提审：最高人民法院（2017）最高法民监 58 号裁定（2017 年 11 月 23 日）

再审：最高人民法院（2018）最高法民再 145 号裁定（2019 年 12 月 24 日）

3. 案由

建设工程施工合同纠纷

【简要案情】

2004 年 5 月 28 日，案外人陈某（已故）以水建公司的名义与阳光水电开发公司签订了案涉 C1 标晒北滩水电站发电引水隧洞土建工程施工合同（以下简称施工合同），其中专用合同条款第 37 条规定：“本合同工程在合同有效期，所有因人工、材料和设备等价格波动影响合同价格时，均不调整合同价格。”第 38 条规定：“本合同工程工期较短，合同实施期间，只有国家发布对企业税率进行调整时，才允许调整合同相关费用。除此之外，国家法律、行政法规或国务院有关部门的规章和工程所在地的省、自治区、直辖市的地方法规和规章发生变更，导致承包人在实施合同期间所需的工程费用发生增减时，在合同有效期内均不调整合同价格。”同年，陈某将上述工程以 110 万元转让给了李某某。2005 年 5 月 18 日，C1 标工程开工。

2006 年 10 月 21 日，因 C2 标施工单位中途退场，李某某与阳光水电开发公司签订补充协议书，约定由李某某继续完成 C2 标工程。双方在审理中共提交了三个版本补充协议书，李某某提交的 B、C 版本与阳光水电开发公司提交的 A 版本在单价和结算标准上存在较大差异。

2009 年 7 月 15 日，李某某完成涉案全部工程，并经验收合格。C1 标长度3300米，投标总报价14,270,050.8元。C2标长度2134米，投标总报价13,678,026.46元，其中李某某施工部分为1194.2米。

2010年2月，李某某依据上述协议及〔2007〕工联字第013号技术联系单、单方结算文件等证据向湖南省永州市中级人民法院起诉，认为阳光水电开发公司逾期未予答复，应视为认可单方结算文件，要求阳光水电开发公司支付工程款及利息，并得到支持。

阳光水电开发公司不服，向湖南省高级人民法院上诉。湖南省高级人民法院裁定将案件发回重审。重审期间，李某某申请追加第三人水建公司参加诉讼，并变更部分诉讼请求为：（1）请求判令阳光水电开发公司向李某某支付工程款本金50,066,275元及赔偿逾期付款损失。（2）确认李某某对阳光水电开发公司拖欠的工程款本金和利息具有法定优先受偿权。（3）诉讼费用全部由阳光水电开发公司承担。

李某某及案外人陈某均不具备工程施工资质，水建公司未提供证据证实其参与了涉案工程的实际施工和管理，李某某认可其向水建公司交纳管理费，内部承包涉案工程，其本人系实际施工人。

阳光水电开发公司以李某某涉嫌诈骗犯罪向公安机关举报。公安机关认定李某某提交的两份补充协议书以及〔2007〕工联字第013号技术联系单等证据均系伪造。2012年12月17日，检察机关作出不起诉决定书，认为公安机关认定李某某涉嫌诈骗罪、行贿罪等犯罪事实不清，证据不足，不符合起诉条件，决定对李某某不起诉。

湖南省永州市中级人民法院重审期间，依据阳光水电开发公司申请，委托专业机构出具了咨询报告，最终确认涉案工程总造价为15,092,755元。该院认为，咨询报告依法应予采信，因鉴定确认涉案工程总造价为15,092,755元，李某某从阳光水电开发公司实领款15,693,418.67元，李某某的诉讼请求缺乏事实和法律依据，应予驳回。该院经审判委员会讨论决定，判决：驳回李某某的诉讼请求。

李某某不服，向湖南省高级人民法院上诉。湖南省高级人民法院经审判委员会讨论，判决：驳回上诉，维持原判。

李某某不服，向最高人民法院申诉，最高人民法院作出（2017）最高法民监 58 号民事裁定书提审本案。

【案件焦点】

1. 工程验收合格，但存在同日签订的多份无效合同且无法确定实际履行合同的，是否可以采用鉴定方式确定工程价款；

2. 工程价款鉴定结论明显与造价成本有较大差距的，如何确定工程价款。

【裁判结果】

最高人民法院经审理认为，涉案工程于 2009 年 7 月 30 日验收完毕，质量等级为合格。李某某作为实际施工人具有原告诉讼主体资格，有权参照合同约定要求阳光水电开发公司支付涉案工程款。

李某某主张〔2007〕工联字第 013 号技术联系单等证据约定了阳光水电开发公司在收到李某某竣工结算文件后，应在 45 日内予以答复，逾期未答复的视为认可该竣工结算文件。但李某某主张的相关约定仅在〔2007〕工联字第 013 号技术联系单附件中有所体现，涉案施工合同并无逾期不予答复视为认可竣工结算文件的约定，亦无其他证据予以佐证。根据现有证据，按照李某某单方提交的竣工结算文件中确定的 6495.1309 万元确认工程价款，可能造成双方当事人利益失衡。

阳光水电开发公司主张按照施工合同的约定计算工程价款，但本案工程价款依照施工合同确定也需进一步证据支持。首先，施工合同并未明确约定合同总价，从涉案施工合同中无法直接确定工程总价款。其次，C2 标剩余工程应以哪份协议进行结算存在争议。最后，涉案工程实际工期远超约定工期，不调整合同价格不符合实际情况。一方面，涉案工程费用不因价格波动而调整以工期较短为基础。本案合同约定工期为 570 天，但实际施工时间长达 4 年多，比约定的工期延长了近两倍，合同关于不调整价格的约定已失去了适用前提。另一方面，2008 年 1 月 18 日发布的《湖南省水利厅关于调整水利工程建设人工和材料价格意见的通知》（湘水建管〔2008〕3 号）指出，2007 年 1 月 1 日开始完成的工程量，凡建设合同约定实施期价格调整不具体的或约定不予调整的均应调整。C1 标工程自 2005 年 5 月 18 日施工后，李某某与阳光水电开发公司签订了补充协议书，承接了 C2 标剩余工程，双方又于2007年9月16日、2007年12月9日签订相关协议重新约定了工程进度。晒北滩电站引水隧洞C1标单位工程完工验收鉴定书显示，涉案工程工期不存在延误情形。在涉案工程按期完工且鉴定质量为合格的情况下，施工过程中因物价上涨导致的人工、材料价格上涨，依据上述文件规定，应调整合同价格。

原判决以鉴定方式确定涉案工程价款虽无不当，但原审咨询报告确定的工程价款不符合本案实际情况。首先，咨询报告的编审依据存在资料不全问题。虽然咨询报告说明其审核内容包含了李某某施工的C1标及新增（变更）项目和追加完成项目的工程总造价，但从该咨询报告主要编审依据看，并无涉及C2标剩余工程的补充协议书，且该咨询报告多处亦表述资料不全、无法核算等，由此咨询报告可能存在漏审情形。其次，咨询报告的多项取费均按照合同固定价计算，不符合本案实际施工情况。本案工程因工期延长，其间人工、材料等价格大幅上涨。湖南省水利厅发布的湘水建管〔2004〕49号、湘水建管〔2008〕3号等文件已经对价格作出了相应的调整。但咨询报告的大量核减项目均系按照合同固定价调整核减，并不符合本案实际施工情况及上述文件规定精神。最后，咨询报告鉴定结果亦不符合常理。C1标工程长度为3300米，合同投标价为1427万元，全部为李某某施工。C2标工程长度为2134米，合同投标价为1367万元，其中李某某施工部分长度为1194.2米。咨询报告确认的15,092,755元的工程造价包含了C1标及C2标剩余工程即李某某施工的全部工程。在不考虑C1标工程量变更、增加以及合同单价因物价上涨而调整的前提下，扣除C1标报价1427万元，C2标李某某施工1194.2米造价仅有82万余元，显然不合常理。

综上所述，原判决认定事实不清，缺乏证据证明，据以判决的鉴定依据有失客观。经最高人民法院审判委员会讨论决定，依照《民事诉讼法》第207条第1款、第170条第1款第3项规定，裁定：（一）撤销湖南省高级人民法院（2011）湘高法民一终字第111号判决和湖南省永州市中级人民法院（2011）永中法民一初字第14号判决；（二）本案发回湖南省永州市中级人民法院重审。

【裁判摘要评析】

建设工程施工合同纠纷案件中，工程款结算及支付数额的争议往往是案件的主要焦点问题。因建设工程案件事实复杂，工程造价等专业问题又往往需要通过鉴定方式予以认定。以下从司法鉴定的启动以及建设工程司法鉴定的认定与采纳两方面，对相关问题进行解析。

一、存在多份无效合同又无法确定实际履行合同的，在验收合格情形下人民法院可依法启动鉴定程序确认工程价款

工程验收合格但建设施工合同无效情形下，依据《民法典》第 793 条第 1 款关于“建设工程施工合同无效，但是建设工程经验收合格的，可以参照合同关于工程价款的约定折价补偿承包人”之规定，可以参照合同约定确认工程价款。2020 年《建设工程施工合同司法解释（一）》第 24 条规定：“当事人就同一建设工程订立的数份建设工程施工合同均无效，但建设工程质量合格，一方当事人请求参照实际履行的合同关于工程价款的约定折价补偿承包人的，人民法院应予支持。实际履行的合同难以确定，当事人请求参照最后签订的合同关于工程价款的约定折价补偿承包人的，人民法院应予支持。”上述条款体现了无效合同的折价补偿原则，并在此基础上对实践中可能存在的多份合同工程价款的确认进一步予以细化，确认了实际履行合同的优先适用性，并在无法确认履行合同时，一般推定在后签订的协议为当事人最终合意，作为当事人进行工程结算的依据。

在既无法确定实际履行合同又无法确定最终签订合同的情形下，如何确定工程款结算依据，并无明确法律规定。本案中，涉及 C2 标的三份补充协议书签订于同一日期，且在涉及合同单价、工程量计算方式、调价调差等方面存在重大差异。双方均未举出充分证据证明哪份合同为实际履行合同。原审法院在双方当事人主张的工程价款差异巨大的情形下，向当事人释明申请司法鉴定，并依当事人申请启动鉴定程序，一方面系查明案件事实的必要，另一方面亦为平衡双方当事人之间的利益以力求获得实质公平的结果。

司法鉴定虽然在建设工程案件中能够有效查明事实，起到了积极的作用，但从本质而言其仍是一种辅助证明待证事实的证据的表现形式。司法实践中，鉴定意见对裁判结果起着重大影响作用，往往导致裁判者对于鉴定的过度依赖，导致“以鉴代审”的发生。为避免“以鉴代审”情形的发生，应对鉴定的启动采取审慎的态度。《委托鉴定审查规定》第1条规定：“严格审查拟鉴定事项是否属于查明案件事实的专门性问题，有下列情形之一的，人民法院不予委托鉴定：(1) 通过生活常识、经验法则可以推定的事实；(2) 与待证事实无关联的问题；(3) 对证明待证事实无意义的问题；(4) 应当由当事人举证的非专门性问题；(5) 通过法庭调查、勘验等方法可以查明的事实；(6) 对当事人责任划分的认定；(7) 法律适用问题；(8) 测谎；(9) 其他不适宜委托鉴定的情形。”2020年《建设工程施工合同司法解释（一）》第32条规定：“当事人对工程造价、质量、修复费用等专门性问题有争议，人民法院认为需要鉴定的，应当向负有举证责任的当事人释明。当事人经释明未申请鉴定，虽申请鉴定但未支付鉴定费用或者拒不提供相关材料的，应当承担举证不能的法律后果。”《民事诉讼法》第76条规定：“当事人可以就查明事实的专门性问题向人民法院申请鉴定。当事人申请鉴定的，由双方当事人协商确定具备资格的鉴定人；协商不成的，由人民法院指定。当事人未申请鉴定，人民法院对专门性问题认为需要鉴定的，应当委托具备资格的鉴定人进行鉴定。”依据上述规定，司法鉴定的启动以当事人申请鉴定为一般条件，以法院依职权启动为特殊情况。因鉴定意见本质上属于证据的一种类型，因此负有举证义务的一方当事人应对其主张提出相应的证据予以证明。人民法院认为需要鉴定的，应首先向负有举证义务的一方当事人释明。释明不仅弥补了辩论原则的不足，更使得裁判的公正性得以保障。在当事人经释明仍未申请鉴定或虽申请鉴定但未支付鉴定费用或者拒不提供相关材料的情形下，人民法院无法通过现有证据直接作出裁判而必须借助专业性的鉴定方式才能确定工程价款的，可以依职权启动鉴定程序。

当事人提出鉴定申请，在有争议的事实可以通过当事人举证予以认定的情形下，人民法院对鉴定申请不予准许。① 当事人申请鉴定的事项与诉争事实没有关联关系，不涉及基本事实认定的，人民法院可以对鉴定申请不

---

① 参见2020年《建设工程施工合同司法解释（一）》第28条、第29条。

予准许。[1] 鉴定范围以围绕争议事实为原则，争议范围不能确定或双方当事人均要求对全部事实鉴定的除外。[2]

二、应对鉴定意见进行必要审查后决定是否予以采纳

法院委托鉴定，除应满足法律规定的启动条件以及程序规范外，还应结合当事人的请求、案件查明的相关事实等对鉴定材料范围、鉴定依据、鉴定方法以及最终鉴定结论的合理性进行实质判断，在鉴定意见明显与工程实际履行情况存在较大差异，可能导致双方利益失衡的情形下，法院不宜以一方当事人拒绝对鉴定意见质证，视为放弃权利为由，直接依据鉴定意见认定工程价款。

（一）审查的内容

1. 鉴定范围是否反映了实际施工状况

从咨询报告来看，鉴定的内容并未完整反映案涉工程的实际状况。一方面，本案委托鉴定范围系对李某某完成的 C1 标全部工程以及 C2 标剩余工程总造价进行鉴定。鉴定意见说明部分载明，审核内容包含李某某施工的 C1 及新增（变更）项目和追加完成项目的工程总造价，但鉴定意见编审依据并未包含 C2 标剩余工程的主合同即案涉补充协议书。尽管案涉三份补充协议书在单价、计价方式等约定内容上存在差异，但作为 C2 标工程的主合同，其对 C2 标工程进行了重要约定。三份合同中当事人约定相同的内容应作为鉴定的参考。在咨询报告未将 C2 标主合同纳入编审依据的情况下，可能存在对 C2 标工程的漏审或者审核不准的情况。另一方面，咨询报告多处记载因资料不全而无法核算。可见，尽管鉴定范围涵盖全部工程，但多处工程量的计量并未实际纳入鉴定范围。因此，在对咨询报告初步审查后，就可以判断鉴定的工程范围可能存在不全以及漏审的情形，无法全面反映实际施工的状况。

2. 鉴定意见的取费标准是否符合实际施工状况

涉案施工合同专用合同条款第 37 条规定："本合同工程在合同有效期

① 参见 2019 年 12 月江苏省高级人民法院《建设工程施工合同纠纷案件诉讼指引》第 8 条。

② 参见 2020 年《建设工程施工合同司法解释（一）》第 31 条。

内，所有因人工、材料和设备等价格波动影响合同价格时，均不调整合同价格。”第 38 条规定：“本合同工程工期较短，合同实施期间，只有国家发布对企业税率进行调整时，才允许调整合同相关费用。除此之外，国家法律、行政法规或国务院有关部门的规章和工程所在地的省、自治区、直辖市的地方法规和规章发生变更，导致承包人在实施合同期间所需的工程费用发生增减时，在合同有效期内均不调整合同价格。”可见，本案工程双方约定的结算方式为固定单价计算。

本案的咨询报告取费标准系按照上述合同约定的固定单价进行计算，但从工程实际履行情况来看，并不能反映实际工程的真实造价情况。

第一，从以上约定来看，双方约定固定单价方式结算存在工期较短的因素。本案合同约定工期为 570 天，但实际施工时间长达四年多，比约定的工期延长了近两倍。因此，双方约定固定单价的基础实际已经发生变化。

第二，实际施工期间，恰逢人工成本、材料价格等大幅上升，施工成本显著增加系客观事实。湖南省水利厅 2008 年发布《关于调整水利工程建设人工和材料价格意见的通知》（湘水建管〔2008〕3 号，以下简称《2008 通知》）指出，近几年来，物价连续上涨，水利工程建设人工和材料、设备等价格也不例外，较严重地影响了水利工程建设造价，也给承包人带来了不可预见的和自行不能消化的风险。而本案施工自 2005 年 5 月 18 日开始至 2009 年 7 月 15 日竣工，正好处于物价大幅上升的时期，施工成本增加是双方均认可的事实。

第三，工程延期的原因不在施工方自身。涉案工程经竣工验收合格，未认定施工方存在误工行为。双方也未对工期问题提出争议或者主张损失赔偿。原审查明，工期延长的主要原因在于施工范围调整、施工量的增加等。因此在非因施工方原因导致原合同约定的单价已远远低于市场价格的情形下，仍按照原合同约定的单价进行计算显然无法反映工程真实造价情况。

第四，相关部门的指导性文件已经对相关情况作出规定，要求应对合同价格进行调整。《2008 通知》规定，“凡建设合同约定实施期价格调整不具体的或约定不予调整的均应调整”，“2007 年 1 月 1 日开始完成的工程量按本意见进行调整”。因此尽管本案合同约定了固定单价结算方式，但由于施工所在地主管部门发布了相关规定，要求予以调整，因此应按照通知规定，对取费进行调整。

第五，调整价格具有可操作性，可以依照相关通知规定以及当地市场价格进行价格认定。从以上方面可以看出，由于合同约定单价与实际市场定价差异过大，咨询报告的取费基本按照合同固定单价来进行计算，大量核减项目系按照合同固定价调整核减，因此鉴定意见的工程造价数额不能反映工程实际造价。

3. 鉴定意见是否反映了工程变更状况

本案施工的延期大部分系因工程增加、变更等原因导致，因此存在大量工程量清单以外的新增工程量。咨询报告对于此部分工程量的计算并未按照市场价格进行，而是仍参照双方合同约定的固定单价进行计算。工程量清单以外的新增工程，合同有约定的从约定，未作约定的，应按照市场价来进行计算。双方补充协议书约定“有关设计变更，岩石级别发生变化，增加的工程量，即原招、投标文件和合同工程量清单漏列的工程项目及单价、材料价格上涨等，甲乙双方于完工结算时，按照招标文件和有关合同条款规定进行协商计算”。可见双方并未对新增工程进行明确约定，在此情形下，对于新增工程更应依照市场价格进行鉴定，而本案的新增工程并未单独与原清单中的工程进行区分计算，因此并不能体现涉案工程变更状况，无法反映工程实际造价。

4. 鉴定意见是否符合常理及是否公平

原审在查明李某某施工工程的长度以及原合同投标价的基础上，依据常理进行推断，认定鉴定结论明显存在不合理、不公平之处。第一，鉴定意见明显低于原投标价。C1 标合同投标价为 1427 万元，C2 标投标价为 1367 万元。C1 标全部以及 C2 标一半左右为李某某施工，但最终鉴定结论仅为 15,092,755 元，明显低于原投标价。第二，工期明显增加，人工成本应明显增加，但鉴定结论并未体现，明显与常识相悖。第三，工程量增加、物价上涨等因素未在鉴定结论中予以体现。第四，与李某某单方作出的结算价格 6000 余万元相比较，差异明显。原审在委托鉴定结论与单方结算报告存在巨大差异的情况下，参照相关材料与鉴定意见作出对比，以此辅助判断是否应对鉴定意见进行采纳。

（二）原审认定鉴定意见应否采纳涉及的裁判方法及原则

1. 自由心证

自由心证主要是指法律不预先设定机械的司法认定规则来指示或制约法官，而由法官按照逻辑规则、经验法则以及理性良知等自由判断和认定证据以及事实。在大陆法系国家，自由心证主要指证据的认定及证明力的判断，并且已经成为民事诉讼证据制度的基础。我国自由心证制度又称内心确信制度，其相关规定主要体现在民事诉讼法相关规定以及证据规则中。《民事诉讼法司法解释》第105条规定："人民法院应当按照法定程序，全面、客观地审核证据，依照法律规定，运用逻辑推理和日常生活经验法则，对证据有无证明力和证明力大小进行判断，并公开判断的理由和结果。"《民事诉讼证据规定》[①] 第85条第2款规定："审判人员应当依照法定程序，全面、客观地审核证据，依据法律的规定，遵循法官职业道德，运用逻辑推理和日常生活经验，对证据有无证明力和证明力大小独立进行判断，并公开判断的理由和结果。"上述条款确立了我国自由心证原则运用的基本规则。采用自由心证的原则对鉴定意见加以判断，一方面是鉴定意见作为证据的一种必然要求，另一方面也避免了"以鉴代审"情况的发生。

本案的裁判者在依照法定规则和法定程序的基础上，结合全案其他证据以及事实，运用推理以及常识判断，对鉴定结论从多方面进行了客观的审查，最终作出了鉴定意见不应予以采纳的结论，并在裁判说理部分对鉴定意见不予采纳的原因进行了详细说理。

2. 情势变更

情势变更原则是指合同有效成立后，因当事人不可预见的或不可归责于当事人的原因，导致合同基础发生动摇或丧失，若继续维持合同原有效力有悖于诚实信用原则或显失公平时，则应允许变更合同内容或者解除合同。[②] 情

---

① 2019年修改并于2020年5月1日起施行。

② 参见韩世远：《合同法总论》（第3版），法律出版社2011年版，第378页。

势变更原则作为“合同严守”原则的例外，使法律能够适应现实经济社会生活的需求以及变化，更好地协调合同双方利益冲突。《民法典》合同编第533条规定：“合同成立后，合同的基础条件发生了当事人在订立合同时无法预见的、不属于商业风险的重大变化，继续履行合同对于当事人一方明显不公平的，受不利影响的当事人可以与对方重新协商；在合理期限内协商不成的，当事人可以请求人民法院或者仲裁机构变更或者解除合同。人民法院或者仲裁机构应当结合案件的实际情况，根据公平原则变更或者解除合同。”从以上规定可知，情势变更原则的适用应符合以下条件：（1）有情势变更的客观事实；（2）情势变更须发生在合同成立后，履行完毕前；（3）情势变更的发生不可归责于当事人；（4）缔约时无法预见；（5）如履行原合同将导致显失公平或不能实现合同目的。司法实践中，对于情势变更原则的适用应严格依照法定程序并审慎加以把握，原则上情势变更不能由法院依职权直接进行认定，应按照当事人的请求结合个案的具体情况进行确认。

本案中，施工合同虽约定为固定单价结算，但由于工程的变更、增加等不可归责于承包人的原因导致工期延长期间，人工、材料等价格大幅上涨。湖南省水利厅《2008通知》亦对材料、人工成本等大幅增加的情况进行了确认，并指出价格上涨导致的成本增加承包人不能自行消化，如合同约定固定价结算，但符合相关规定情形的，也应对价格予以调整。承包人一方按照施工中实际发生的相关费用进行结算，并自行编制了结算文件，要求以此为依据结算工程价款。在此情形下，本案裁判者在确认相关涨价事实以及查明工程延期原因的基础上，结合当地管理部门的文件进一步认定情势变更的事实可能导致双方显失公平，因此在承包人一方要求按照实际价格进行结算的情形下，为兼顾双方利益，采用鉴定方式确认工程价款。

3. 公平原则

合同法中的公平原则也称合同正义原则，强调双务合同双方之间的给付具有等值性以及风险负担的合理分配。《民法典》第6条规定：“民事主体从事民事活动，应当遵循公平原则，合理确定各方的权利和义务。”该条款确立了公平原则作为民法基本原则在我国法律中的地位。建设工程合同作为双务有偿合同，由于发包方与承包方地位的不平等以及其他因素，往往导致合同在对风险与损失的承担上产生失衡，尤其是在工程价款条款的约定上，如承包人严格执行合同可能导致巨大损失的发生，那么人民法院在确认建设工程价款时，除尊重当事人意思自治外，还应依据公平原则对相关责任义务进行再次平衡，以达到实质正义的最终裁判结果。

本案中双方当事人约定将涨价风险可能导致的结果全部由承包人一方承担，在建筑材料成本大幅增加的情况下，承包人在无过错的情形下履行合同不仅无法获得合同对价利益，反而导致损失的发生。此种情形下，原审裁判者在对合同具体条款的解读上将“工期较短”作为不予调价的限定性条件，并在工期延长了近两倍的情形下，严格解读“不予调价”的约定，结合有关部门关于强制性调价的政策性规定，认定合同“不予调价”的约定不符合公平原则，并确认不能依照合同约定价款进行结算，即体现了民法的公平原则。

（三）建设工程司法鉴定审查的主要内容

鉴定意见作为民事诉讼证据的一种，虽属专业性意见，但仍应从证据的角度进行审查，以判断能否达到证明待证事实的目的。《委托鉴定审查规定》对委托鉴定的审查进行了详细规定。主要包含五个方面的审查：鉴定事项的审查、鉴定材料的审查、鉴定机构的审查、鉴定人的审查、鉴定意见书的审查。对于鉴定意见书的审查，《委托鉴定审查规定》第 10 条规定：“人民法院应当审查鉴定意见书是否具备《最高人民法院关于民事诉讼证据的若干规定》第三十六条规定的内容。”第 11 条第 1 款规定：“鉴定意见书有下列情形之一的，视为未完成委托鉴定事项，人民法院应当要求鉴定人补充鉴定或重新鉴定：（1）鉴定意见和鉴定意见书的其他部分相互矛盾的；（2）同一认定意见使用不确定性表述的；（3）鉴定意见书有其他明显瑕疵的。”《民事诉讼证据规定》第 36 条规定：“人民法院对鉴定人出具的鉴定书，应当审查是否具有下列内容：（一）委托法院的名称；（二）委托鉴定的内容、要求；（三）鉴定材料；（四）鉴定所依据的原理、方法；（五）对鉴定过程的说明；（六）鉴定意见；（七）承诺书。鉴定书应当由鉴定人签名或者盖章，并附鉴定人的相应资格证明。委托机构鉴定的，鉴定书应当由鉴定机构盖章，并由从事鉴定的人员签名。”鉴定意见除应从形式、程序等方面审查外，还应特别注意实质内容的审查。结合建设工程司法鉴定的特点，主要应从以下方面对鉴定意见书能否采纳进行审查：

（1）鉴定事项与范围是否与委托相符；

（2）鉴定材料是否全面完整并经法定程序质证；

（3）鉴定依据是否正确合理；

（4）鉴定方法是否科学，是否符合实际状况；

（5）鉴定过程是否符合法律规定及技术规范要求；

（6）鉴定意见书的结论是否明确具体，分析过程与结论是否具有逻辑性及确定性，是否与已查明认定的事实存在矛盾的情形；

（7）鉴定程序以及鉴定意见书的形式等是否符合法定要求。

（四）专家辅助人的引入

由于建设工程鉴定的高度专业性，为便于人民法院对鉴定意见的审查，我国民事诉讼法引入了专家辅助人制度。专家辅助人是指具有特殊的专门知识或经验，根据当事人的聘请委托并经法院准许，出庭辅助当事人对诉讼案件事实所涉的专门性问题进行说明或发表专业意见的人。《民事诉讼法》第79条规定："当事人可以申请人民法院通知有专门知识的人出庭，就鉴定人作出的鉴定意见或者专业问题提出意见。"《民事诉讼法司法解释》第122条规定："当事人可以依照民事诉讼法第七十九条的规定，在举证期限届满前申请一至二名具有专门知识的人出庭，代表当事人对鉴定意见进行质证，或者对案件事实所涉及的专业问题提出意见。具有专门知识的人在法庭上就专业问题提出的意见，视为当事人的陈述。"可见，专家辅助人可以协助当事人对鉴定意见进行质证，指出鉴定意见存在的问题，推动鉴定意见的修改、补正或重新启动，其对于保证鉴定结论的科学性以及辅助裁判者对应否采纳鉴定意见作出正确评判起到了有益作用。

最高人民法院再审合议庭成员：张能宝　孙祥壮　贾劲松

（编写人：刘园园*　审稿人：李明）

---

* 刘园园，法学硕士，中华人民共和国最高人民法院审判监督庭，三级高级法官助理。

杭州汽轮工程股份有限公司
与
新疆阿勒泰金昊铁业有限公司、
吐鲁番市裕润钢铁工贸有限公司等
建设工程施工合同纠纷案

——独立担保效力的司法认定

【裁判摘要】

当事人之间如果约定，在主合同无效时，担保人仍愿意继续承担担保责任。如主合同因没有经过招投标程序而罹于无效，故按照担保的从属性这一基本原则，从合同亦应无效。但是独立担保无效，并不意味着不承担任何责任。

【案件基本信息】

1. 诉讼当事人

上诉人（原审原告）：杭州汽轮工程股份有限公司（以下简称汽轮工程公司）

上诉人（原审被告）：新疆阿勒泰金昊铁业有限公司（以下简称金昊铁业公司）

上诉人（原审被告）：吐鲁番市裕润钢铁工贸有限公司（以下简称裕润钢铁工贸公司）

上诉人（原审被告）：新疆金宝矿业有限责任公司（以下简称金宝矿业公司）

上诉人（原审被告）：富蕴金山矿冶有限公司（以下简称金山矿冶公司）

2. 案件索引与裁判日期

一审：新疆维吾尔自治区高级人民法院（2017）新民初40号（2018年9月17日）

二审：最高人民法院（2019）最高法民终193号判决（2019年12月23日）

3. 案由

建设工程施工合同

【简要案情】

2012年11月8日，汽轮工程公司与金昊铁业公司签订发电工程合同。汽轮工程公司作为承包人，为金昊铁业公司建设发电工程和锅炉岛工程，本案涉诉的仅为发电工程。汽轮工程公司施工建设完成并交付验收后，金昊铁业公司欠付汽轮工程公司工程款。另外，在案涉主合同发电工程合同签订后，就工程欠款数额及支付问题双方重新达成会议纪要，金昊铁业公司在另案对会议纪要提起撤销之诉，经过另案审理，生效判决认定会议纪要有效。

一审法院认为，（一）案涉主合同因违反招投标法而无效，会议纪要合法有效；（二）争议工程支付款抵扣问题，双方均未举证证明到底属于支付哪一项工程款时，按照《合同法司法解释（二）》关于抵扣顺序的规定，抵扣无担保的另案工程款；（三）关于案涉连带保证责任书效力问题，属当事人之间意思自治，根据《担保法》第5条第1款“担保合同是主合同的从合同，主合同无效，担保合同无效，担保合同另有约定的，按照约定”① 的规定，虽主合同无效，但并不影响本案所涉担保合同的效力。

---

① 现为《民法典》第388条第1款：“设立担保物权，应当依照本法和其他法律的规定订立担保合同。担保合同包括抵押合同、质押合同和其他具有担保功能的合同。担保合同是主债权债务合同的从合同。主债权债务合同无效的，担保合同无效，但是法律另有规定的除外。”《民法典》第682条第1款：“保证合同是主债权债务合同的从合同。主债权债务合同无效的，保证合同无效，但是法律另有规定的除外。”《民法典有关担保制度的司法解释》第2条进一步规定为：“当事人在担保合同中约定担保合同的效力独立于主合同，或者约定担保人对主合同无效的法律后果承担担保责任，该有关担保独立性的约定无效。主合同有效的，有关担保独立性的约定无效不影响担保合同的效力；主合同无效的，人民法院应当认定担保合同无效，但是法律另有规定的除外。因金融机构开立的独立保函发生的纠纷，适用《最高人民法院关于审理独立保函纠纷案件若干问题的规定》。”以下同。

一审判决后，所有当事人均向本院提起上诉，其中裕润钢铁工贸公司、金宝矿业公司、金山矿冶公司上诉主张因案涉发电工程合同无效，故连带责任担保书亦属无效，请求驳回汽轮工程公司对三保证人的诉讼请求。

【案件焦点】

连带保证责任书效力及三位保证人的责任范围问题。

【裁判结果】

最高人民法院经审理认为，关于案涉连带责任担保书的效力问题。裕润钢铁工贸公司、金宝矿业公司、金山矿冶公司上诉主张，由于本案主合同无效，连带保证责任书亦应归于无效，三保证人不应当对本案工程欠款及利息承担保证责任。《担保法》第5条第1款规定："担保合同是主合同的从合同，主合同无效，担保合同无效，担保合同另有约定的，按照约定。"如前所述，案涉发电工程主合同属无效合同，从属于该合同的担保合同亦应无效，三位保证人签订的连带责任担保书因主合同无效而无效，三位保证人关于案涉保证合同无效的上诉请求，本院依法予以支持。原审法院适用《担保法》第5条第1款规定认定连带责任担保书有效，属适用法律错误，本院依法予以纠正。

关于保证责任的范围问题。由于连带责任担保书无效，三位保证人不依据该连带责任担保书承担相应的保证责任，但并不意味着不承担任何责任。《担保法》第5条第2款规定："担保合同被确认无效后，债务人、担保人、债权人有过错的，应当根据其过错各自承担相应的民事责任。"案涉连带责任担保书系三位保证人作出保证承诺的真实意思表示，而三位保证人又系金昊铁业公司的股东，对于金昊铁业公司与汽轮工程公司签订的案涉发电工程合同应当明知，对于该合同属依法应当予以招投标而未招投标的事实，亦应当明知。故三位保证人在签订连带责任担保书时，对案涉主合同的无效事由明知，存在过错，应当依法承担因主合同无效而导致保证合同无效的相关责任。根据《担保法司法解释》第8条的规定："主合同无效而导致担保合同无效，担保人无过错的，担保人不承担民事责任；担保人有过错的，担保人承担民事责任的部分，不应超过债务人不能清偿部分的三分之一。"另外，三位保证人对于按照持股份额承担连带保证责任的约定，因连带责任担保书无效而归于无效。因此，三位保证人应对金昊铁业公司向汽轮工程公司支付工程款及违约金总额的三分之一承担责任。裕润钢铁工贸公司、金宝矿业公司、金山矿冶公司关于保证合同无效而不承担保证责任的上诉主张及理由，本院不予支持。

关于汽轮工程公司是否在保证期间内主张保证责任问题。由于案涉连带责任担保书因主合同无效而归于无效，故不存在保证合同的保证期间问题，三位保证人对保证合同无效承担责任的时效问题，应当适用诉讼时效的相关规定。汽轮工程公司在金昊铁业公司未按会议纪要约定的时间和数额进行还款，汽轮工程公司亦向金昊铁业公司及三位保证人发出了催收案涉工程欠款及利息的函件，依法主张了权利。三位保证人应当依法对因自身过错导致案涉保证合同无效承担相应的责任。

【裁判摘要评析】

本案裁判结论实质上是对独立担保是否有效的认定问题。对此问题，在司法实践中存在不同的认识，亦存有完全相反的判例。有观点认为，独立担保系担保人自愿承担担保责任，属其自身意愿和意思自治，法律不应予以否定。根据《担保法》第 5 条第 1 款之规定：担保合同是主合同的从合同，主合同无效，担保合同无效。担保合同另有约定的，按照约定。独立担保正是“当事人另有约定”所指的情形，故应当认定独立担保有效。本案一审法院即是按照该思路进行判决和认定：裕润钢铁工贸公司等出具的独立担保有效，并判令其承担相应的连带保证责任。而有的观点认为，从属性是担保的基本属性，保证的有效与否应当根据主合同的效力进行判断，只有在法律明确规定的情形下，方可认定独立保证的有效，当事人之间关于排除担保从属性的约定，应认定无效。

对此问题，在二审审理期间，就最高人民法院作出的相关判例进行了类案检索，着重列明以下几个高度相似的案件（见表 1）：

表 1　类案检索情况

序号	案号	案由	裁判日期	文书性质	当事人	独立担保效力
1	（2007）民二终字第 117 号	借款合同纠纷	2007 年 12 月 26 日	判决	湖南洞庭水殖有限公司、中国光大银行长沙华顺支行、湖南嘉瑞新材料集团股份有限公司、长沙新振升集团有限公司	无效
2	（1998）经终字第 184 号	买卖合同纠纷	1999 年 12 月 31 日	判决	湖南机械进出口海南国际租赁有限公司、宁波东方投资有限公司	无效
3	（2018）最高法民申 6281 号	确认合同无效纠纷	2018 年 12 月 29 日	裁定	北京中铁建物资贸易有限公司与天津市长芦盐业集团有限公司、天津市长芦实业开发公司	无效
4	（2013）民申字第 235 号	借款合同纠纷	2013 年 5 月 24 日	裁定	中国长城资产管理公司大连办事处、营口市老边区交电公司、营口光金服装有限公司、营口市向阳化工总厂	无效
5	（2014）民申字第 1061 号	借款合同纠纷	2014 年 9 月 17 日	裁定	济南市展英实业有限公司、将军担保有限公司、将军控股有限公司企业	无效
6	（2016）最高法民终 221 号	保证合同纠纷	2017 年 1 月 24 日	判决	刘某某、中国工商银行股份有限公司鹰潭分行	有效（银行保函）
7	（2014）民申字第 418 号	其他不当得利纠纷	2014 年 10 月 10 日	裁定	中国建筑第五工程局有限公司、和记黄埔地产（成都）温江有限公司	有效（银行保函）
8	（2014）民申字第 64 号	独立保函纠纷	2014 年 5 月 19 日	裁定	乌兹特拉斯加斯股份有限公司、上海贝尔股份有限公司、中国进出口银行上海分行	有效（银行保函）

从类案检索情况看，最高人民法院的司法裁判尺度相对保持统一，即对于独立担保问题，除银行等金融机构开具的银行保函外，均认定无效。就该问题对本巡回辖区的调研情况看，在部分省（自治区）辖区内，多数判例均认定非银行及金融机构出具的独立担保有效。

一、何谓独立担保

独立担保并非目前我国法律制度意义上的概念，产生于20世纪50年代以后的商业实践中，是担保领域的新现象。与传统担保的从属性不同，当事人在交易过程中，认为担保的独立性能够更有效地促进商事交易的进行，更能够增加信用担保力度。独立担保具有其典型的交易模式，即独立担保的担保人应申请人的申请开出担保文本，当受益人提出的付款请求符合独立担保文本的规定时，担保人向受益人承担担保责任。其中，担保人与申请人的关系属于独立担保的基础关系，担保人与受益人的关系则属于独立担保关系的本体，独立并抽象于基础交易。① 在我国，随着我国国际贸易的不断繁荣和发展，大批企业在境外商事交易业务不断增多，对外贸易的种类、有偿服务范畴等业务量的纵深发展，特别是我国银行机构对外独立担保业务也逐渐增多，国内外银行大多同时开展保函业务和备用信用证业务，并因市场需要的不同而采取不同的形式。在我国国内商事交易中，也有采用独立担保的形式进行交易的实践。

可见，作为商事实践的产物，由于各个国家不同的业务习惯，独立担保在不同的国家体现为不同的形式。然而，这些不同名称的法律工具背后，有着同样的法律性质与特征。第一，独立抽象性。独立担保构成了担保人对受益人所作出的独立付款承诺，这种承诺不但与基础交易相独立，与申请人和担保人的基础关系相独立，也与独立担保的担保人及其关联银行之间的关系相独立。第二，单据性。基于独立抽象性，独立担保得以单据性的规定作为义务履行的条件，从而成为一项单据交易。实际上，单据性与独立性共同构成了独立担保制度的基础。通过将付款条件进行单据化，担保人（通常是银行）可以通过其专业技能判断受益人提交的

---

① 参见刘斌：《独立担保：一个概念的界定》，载《清华法学》2016年第1期。

单据与独立担保的条款是否相符，而无须再就基础交易的履行情况进行调查了解。①

二、独立担保与保证、独立保函的区别

随着当今社会交易的深度和广度不断扩大，商事主体对于交易便捷和效率有了更高的要求，信用度高的担保方式成为商主体在交易中的主要选择。担保制度正是促进交易安全、保障交易顺利进行的重要制度。担保之概念，系指被用以填补债权人因债务人将来不履行债务所受之损害的救济工具。② 从前述独立担保概念内涵的分析可以看出，独立担保的根本特征还是一项具有增信功能的担保制度。但从其本质和初衷看，与保证制度还是有所区别的，因其更侧重于独立性，而非保证的从属性。特别是与保证具有血缘性的“独立保证”，更侧重于担保的从属性，而非独立性。往往容易混淆的是独立保函。所谓独立保函，是指开立人以书面形式向受益人出具的，同意在受益人请求付款并提交符合保函要求的单据时，向其支付特定款项或在保函最高金额内付款的承诺。③ 独立保函的本质属性体现为独立性以及与其密切相连的单据性，根据国际商会《见索即付保函统一规则》规定精神，“独立保函虽然因基础合同而开立，但开立后则成为独立于基础合同的独立担保合同，故独立担保合同有效。”因此独立保函其实是独立担保制度的一项业务模式，包括备用信用证在内，均是不同国家在各自业务模式及术语上的差异，备用信用证和独立保函在法律性质上并无实质区别。

三、我国立法及司法的选择

我国是否规定和建立独立担保制度，一直是理论和实践中的争议问题。沈达明先生很早就将这种新型的人的担保方式称为担保合同，并认为独立担保是不同于保证合同的合同关系，具有非从属性和独立性。④ 费安玲教授

---

① 参见刘斌：《独立担保：一个概念的界定》，载《清华法学》2016年第1期。

② Vgl. Kapellmann/Messerschmidt, VOB Teil A and B § 17, 2. Auflage, 2007, Rn. 1.; Nichlisch/Weick VOB Teil B § 17, 3. Auflage, 2001, Rn. 1.; Weise, Sicherheiten im Baurecht (Praxishandbuch), 1. Auflage, 1999, Rn. 1.

③ 参见最高人民法院民事审判第二庭编著：《〈全国法院民商事审判工作会议纪要〉理解与适用》，人民法院出版社2019年版，第346页。

④ 参见沈达明、冯大同编著：《国际经济贸易中使用的银行担保》，法律出版社1987年版，第4页。

指出，“独立担保合同，系指由有代偿能力的保证人以担保负有债务的第三人的给付为目的，根据受益人的简单请求即向其支付一定的款项，同时放弃对担保受益人与主债务人之间债之关系的存在性、有效性和可强制性的抗辩权的协议。”① 在我国司法实践中，将独立担保涵摄于合同规范之中的做法也非常普遍。比如，在著名的“湖南机械进出口公司、海南国际租赁公司与宁波东方投资公司代理进口合同纠纷案”［最高人民法院（1998）经终字第184号民事判决书］中，最高人民法院将涉案的不可撤销保函认定为“独立担保合同”，并且认为“虽然有‘本担保函不因委托人的原因导致代理进口协议书无效而失去担保责任’的约定，但在国内民事活动中不应采取此种独立担保方式，因此该约定无效，对此应当按照担保法第五条第一款的规定，认定该担保合同因主合同无效而无效。”更有学者将独立担保制度在法理及规范层面进行了构造：理论上应当将其界定为商事保证，并可进一步界定为独立承诺。基于独立担保的商事规则，其法理构造上主要包括三个方面，即独立抽象的债务承诺、严格相符的单据交易以及特殊的修正机制。② 尽管长期存在争论，但目前我国立法及司法实践中并未规定独立担保制度。值得一提的是，虽然没有统一的规范和制度，但不能回避司法实践中存在此类案件及相应的纠纷需要解决。国内市场交易中广泛存在各种形式独立保函的类型，如投标保函、预付款保函、预留金保函、质量保函等，虽然名称上还是以“保函”作为概念的类型界定，但其在功能及实质意义上，接近于独立担保。如何认定此类保函的性质及效力，成为人民法院处理此类案件的难题。特别是在最高人民法院层面，需要充分发挥对下指导功能，就该问题进行裁判尺度的统一，杜绝“同案不同判”现象的发生，十分必要。

第一，《担保法》第5条规定：担保合同是主合同的从合同，主合同无效，担保合同无效。担保合同另有约定的，按照约定。很多支持独立担保制度的观点，认为该条正是独立担保制度的法律依据。持肯定见解的学

---

① 费安玲主编：《比较担保法》，中国政法大学出版社2004年版，第86页。

② 参见刘斌：《独立担保的商事法理构造——兼论民法典视野下的独立担保制度建构》，载《环球法律评论》2016年第2期。

者，虽然论证形式源于文义解释、意思自治等依据，实际上反映了在商事工具的效率与安全之间偏向效率的价值选择。[①] 从最高人民法院的判例看，对此问题的裁判尺度前后基本一致，但其他各级人民法院在处理该问题时，依然存在认定独立担保有效的判例。包括本案一审法院在认定连带责任担保书的效力时，也采用了《担保法》第5条的规定和当事人意思自治的理念，认定为有效。

第二，《物权法》第172条第1款规定："设立担保物权，应当依照本法和其他法律的规定订立担保合同。担保合同是主债权债务合同的从合同。主债权债务合同无效，担保合同无效，但法律另有规定的除外。"[②] 从该规定可以看出，立法机关对于担保的从属性原则，依然持一贯的立场，强调担保从属性。同时特别规定：如果排除该从属性原则，必须法律规定，从而排除了当事人自行约定的例外情形。明确规定只有在法律对担保物权的从属性另行作出规定的情况下，才能突破担保物权的从属性。[③] 立法对于当事人之间的约定排除担保从属性的选择予以否定。

第三，虽然对《担保法》与《物权法》在此问题规范表述上的差异，存在不同的解释和争论，从司法机关的审判职能出发，为了更好地审理独立担保纠纷，最高人民法院民事审判第四庭开始着手起草独立担保司法解释，并于2013年12月就该解释公开征求社会各界意见。尽管在该司法解释出台过程当中，关于备用信用证是否也参照适用独立保函的相关规定，存在概念上的选择和理解差异。独立保函和备用信用证是业务实践中的名称，在法律性质上可统一为"独立担保"，便于统一二者的法律适用。[④] 但最终于2016年12月1日施行的《独立保函纠纷规定》对独立保函进行

---

① 参见曹士兵：《中国担保制度与担保方法》，中国法制出版社2008年版，第12页；高祥：《论国内独立保函与备用信用证在我国的法律地位——兼评最高人民法院独立保函司法解释征求意见稿》，载《比较法研究》2014年第6期。

② 现为《民法典》第388条第1款："设立担保物权，应当依照本法和其他法律的规定订立担保合同。担保合同包括抵押合同、质押合同和其他具有担保功能的合同。担保合同是主债权债务合同的从合同。主债权债务合同无效的，担保合同无效，但是法律另有规定的除外。"

③ 参见最高人民法院民事审判第二庭编著：《〈全国法院民商事审判工作会议纪要〉理解与适用》，人民法院出版社2019年版，第348页。

④ 参见刘斌：《独立担保：一个概念的界定》，载《清华法学》2016年第1期。

了明确规范：本规定所称的独立保函，是指银行或非银行金融机构作为开立人，以书面形式向受益人出具的，同意在受益人请求付款并提交符合保函要求的单据时，向其支付特定款项或在保函最高金额内付款的承诺。该规定明确了独立保函的开立主体为银行或非银行金融机构，并在第3条规定：当事人以独立保函记载了对应的基础交易为由，主张该保函性质为一般保证或连带保证的，主张独立保函适用担保法关于一般保证或连带保证规定的，人民法院不予支持，进一步凸显了独立保函属于完整意义上独立担保的特征。另外，该司法解释也将独立保函局限于银行或非银行金融机构，而对于银行或非银行金融机构之外的其他主体开具的独立保函，并不适用。

第四，2019年11月8日，针对民商事审判中的前沿疑难问题，统一裁判思路，提高司法公信力，最高人民法院出台《全国法院民商事审判工作会议纪要》，在该纪要的答记者问内容中，针对独立担保问题，明确从属性是担保的基本属性，要将独立担保限于独立保函司法解释规定的银行和非银行机构出具的独立保函的范围，不能任意扩大独立保函的适用范围。其他当事人开立的独立保函以及当事人有关排除担保从属性的约定，应当认定无效。[①] 该纪要的出台进一步强调了担保制度的从属性原则，明确了我国司法实践对独立担保制度的选择和态度，即在国内商事交易中，独立担保仅限于银行与非银行金融机构出具的独立保函，其他主体开具的独立保函或者关于排除担保从属性的约定，均属无效。在处理本案裕润钢铁工贸公司等承诺主合同无效，依然自愿承担担保责任的效力时，存在不同的处理意见，但正值《全国法院民商事审判工作会议纪要》的出台和颁布实施，故按照该纪要规定的精神，依法改判本案，认定当事人之间排除担保从属性的约定无效。结合纪要关于“无效法律行为转换”的原理，认定裕润钢铁工贸公司等保证人，虽然不承担担保责任，但其三人作为债务人的股东，对于主合同无效存在过错，根据《担保法》第5条第2款规定：“担

---

① 参见最高人民法院民事审判第二庭编著：《〈全国法院民商事审判工作会议纪要〉理解与适用》，人民法院出版社2019年版，第89页。

保合同被确认无效后，债务人、担保人、债权人有过错的，应当根据其过错各自承担相应的民事责任”；《担保法司法解释》第 8 条的规定：“主合同无效而导致担保合同无效，担保人无过错的，担保人不承担民事责任；担保人有过错的，担保人承担民事责任的部分，不应超过债务人不能清偿部分的三分之一”，判令三保证人承担相应份额的责任。这也是本案就此问题的最终处理结果。

第五，第十三届全国人民代表大会第三次会议于 2020 年 5 月 28 日通过了《民法典》，其中第 388 条第 1 款规定：“……担保合同是主债权债务合同的从合同。主债权债务合同无效的，担保合同无效，但是法律另有规定的除外。”合同编关于保证合同的第 682 条第 1 款规定：“保证合同是主债权债务合同的从合同。主债权债务合同无效的，保证合同无效，但是法律另有规定的除外。”从《民法典》的规定可以看出，立法机关对独立担保及保证的问题，依然坚持从属性的原则，并且在另外情形中明确只有法律另有规定方可改变，同时也排除了当事人之间自行约定排除的情形。立法机关对独立担保问题的立场与《物权法》的规定是一致的，在规范上与《全国法院民商事审判工作会议纪要》处理原则也是一致的。

最高人民法院二审合议庭成员：王东敏　陈纪忠　丁广宇

（编写人：王东敏*　郝晋琪**　审稿人：李明）

---

* 王东敏，法学硕士，中华人民共和国最高人民法院第六巡回法庭，一级高级法官。

** 郝晋琪，法学硕士，中华人民共和国最高人民法院第六巡回法庭，三级高级法官助理。

张某某
与
耿某某、民权县庄周双语小学
及第三人河南民权农村商业银行股份有限公司、
民权县城关镇罗庄村民委员会
返还原物纠纷案

——物权所有人请求有权占有人返还原物的应不予支持

【裁判摘要】

原物权所有人行使返还原物请求权，如果他人无权占有不动产或者动产的，原物权所有人可以请求无权占有人返还原物，但请求有权占有人返还原物的，则不予支持。

【案件基本信息】

1. 诉讼当事人

再审申请人（一审原告、二审上诉人）：张某某

被申请人（一审被告、二审被上诉人）：耿某某

被申请人：（一审被告、二审被上诉人）：民权县庄周双语小学（以下简称庄周双语小学）

原审第三人：河南民权农村商业银行股份有限公司（以下简称民权农商行）

原审第三人：民权县城关镇罗庄村民委员会（以下简称罗庄村委会）

2. 案件索引与裁判日期

一审：河南省商丘市中级人民法院（2017）豫 14 民初 69 号判决

（2017 年 11 月 1 日）

二审：河南省高级人民法院（2018）豫民终 251 号判决（2018 年 4 月 18 日）

再审审查：最高人民法院（2018）最高法民申 5935 号裁定（2019 年 4 月 16 日）

3. 案由

返还原物纠纷

【简要案情】

1994 年 3 月 5 日，张某某和其他案外人一起以 15 万元的价格，从民权县劳动服务公司处买下该县一处土地使用权及附着物房产，并依法办理了土地使用权和房屋产权证。之后，其他案外人退出，张某某成为该案涉土地的登记权利人。1996 年 9 月 9 日，张某某用该案涉地产作抵押在民权县城关信用合作社绿洲分社（后变更为河南民权农村商业银行股份有限公司绿洲分行，权利义务归属民权农商行，以下均以民权农商行作为主体表述）贷款人民币 10 万元，并办理了他项权证，约定借款期限为 3 个月，后又在该行贷款 3000 元。2003 年 8 月 7 日，民权县人民法院判决张某某偿还民权农商行上述借款本息。双方于 2004 年 12 月 8 日达成和解协议，张某某自愿将上述抵押地产抵偿给民权农商行。该县人民法院根据和解协议作出（2005）民民执字第 19 号执行裁定，将上述地产抵偿给民权农商行，折抵张某某所欠该社借款本息。该县房地产管理局于 2006 年 11 月 24 日为民权农商行颁发了房屋所有权证书。2005 年 3 月 28 日，张某某出具证明，称其于 1994 年成立农业开发贸易总公司时，使用了案涉土地而没有支付任何费用，现该公司倒闭，故将该土地退还给罗庄村委会。2007 年 1 月 24 日，罗庄村委会遂以民权农商行侵犯其土地使用权为由向民权县人民法院提起诉讼。罗庄村委会与民权农商行自愿达成调解协议，约定，罗庄村委会自愿替张某某归还贷款本息合计人民币 13 万元，民权农商行同意将案涉土地房产退还给该村委会。民权县人民法院出具（2007）民民初字第 88 号民事调解书予以确认。

2007 年 2 月 10 日，罗庄村委会与耿某某签订一份买卖协议，将案涉土地转让给耿某某，转让价格为人民币30万元。2007年2月14日，罗庄村委会将前述调解款付清后，民权农商行于同日将房屋所有权证书及土地证（注：土地登记权利人为张某某）转交给罗庄村委会。2007年3月8日，耿某某向罗庄村委会支付了协议全部转让款，罗庄村委会将上述土地证及房产证转交给耿某某。耿某某受让涉案土地及房产时，除张某某抵押给民权农商行的土地及房产外，另存在地上附属物房屋及发电机组等其他物品。耿某某将该土地上的建筑物拆除后，于2009年在案涉土地上开办建设了庄周双语小学。

2007年2月24日，商丘银信典当有限公司作为张某某的债权人，以（2005）民民执字第19号执行裁定书内容侵犯了其合法权益为由，向法院申请撤销该裁定。该县人民法院于2007年4月25日裁定撤销了上述执行裁定书。2007年5月22日，民权县房管局向民权农商行下达了收回房屋所有权证书的决定。张某某作为案外人，以上述民事调解书涉及其财产权利为由提出申诉。2007年4月27日，民权县人民法院又撤销该民事调解书。张某某向商丘市中级人民法院起诉耿某某和庄周双语小学，请求：（1）被告返还其面积为2153.8平方米的土地并承担从2007年4月27日起侵占该土地所造成的损失（按照每月5000元计算至起诉之日已经为480,000元）；（2）被告赔偿其经济损失暂计3,439,766元（具体金额以诉讼中评估为准）。

商丘市中级人民法院（原一审法院）认为：关于耿某某及庄周双语小学是否构成侵权的问题。张某某未归还借款，其主张以物抵债协议系受胁迫所签，但未提交证据证明，亦未申请撤销，且其自愿将涉案土地退还给罗庄村委会，其行为可视为对涉案不动产所有权的放弃。罗庄村委会以协议的方式取得对涉案不动产的占有及使用权，并将其对涉案不动产所享有的权利转让给了耿某某，耿某某为此支付了对价。耿某某对涉案房产的占有系基于张某某、罗庄村委会等的一系列处分行为，其主观并无侵权故意。耿某某受让土地时占有了超出张某某抵偿的房屋及发电机、吊葫芦、锅等，属无权占有，应予返还。依照《民法通则》第 117 条第 1 款[①]，《民事诉讼法》第 64 条第 1 款、第 142 条规定，判决：（一）耿某某、庄周双语小学于该判决生效后 10 日内赔偿张某某 32,315 元及利息（利息自 2007 年 2 月 10 日起计付至实际还清之日止，按中国人民银行同期贷款利率计算）；（二）驳回张某某的其他诉讼请求（注：驳回张某某要求返还案涉土地及房产的其他诉讼请求）。

河南省高级人民法院（原二审法院）认为：张某某上诉主张民权农商行和罗庄村委会之间存在恶意串通，但其未提交相应证据予以证明，其上诉理由不能成立。耿某某与罗庄村委会签订案涉不动产买卖协议并支付了相应对价。且张某某亦向罗庄村委会出具证明，自愿将案涉土地退还给罗庄村委会。耿某某在与罗庄村委会进行交易时，基于民权农商行的房屋所有权证书、生效调解书及张某某出具的证明，有理由相信罗庄村委会对案涉不动产享有占有、使用和处分的权利。耿某某与罗庄村委会签订买卖协议的时间在上述系列法律文书被撤销之前，且支付了相应的合理对价，其对案涉不动产占有、使用是基于合理、正当的事由，系合法占有使用，判决：驳回上诉，维持原判。

宣判后，张某某不服上述判决，向最高人民法院申请再审。

【案件焦点】

1. 张某某是否为案涉不动产的权利人；

2. 耿某某、庄周双语小学是否应当向张某某返还案涉不动产并赔偿损失。

【裁判结果】

最高人民法院再审审查认为，案涉土地及其上所附着的房屋原由张某某依法购买，并办理权证登记。虽然案涉不动产现为庄周双语小学占有，其上建有该校教学设施，但无论是耿某某还是庄周双语小学都不是案涉土地的登记权利人，案涉土地使用权证上的登记权利人是张某某。依照《物权法》第 9 条规定："不动产物权的设立、变更、转让和消灭，经依法

---

① 本条在《民法典》中无对应条文。

登记，发生效力；未经登记，不发生效力，但法律另有规定的除外。”① 围绕争议土地虽有相关协议、证明等存在，但均不产生物权变动的效力，故张某某仍是案涉土地的登记权利人。但是，根据《物权法》第 241 条规定：“基于合同关系等产生的占有，有关不动产或者动产的使用、收益、违约责任等，按照合同约定；合同没有约定或者约定不明确的，依照有关法律规定。”② 耿某某占有使用案涉土地系基于合同关系产生的有权占有，其与庄周双语小学可以不向张某某返还案涉不动产。本案存在三个基础合同，即张某某和民权农商行之间的以物抵债协议、民权农商行和罗庄村委会之间的代偿退还土地协议，以及罗庄村委会和耿某某之间的不动产转让协议，均合法有效，且均已履行。罗庄村委会向耿某某提交了案涉土地使用权证、房产证等，能够向买受人说明案涉土地的流转过程，使买受人有理由相信罗庄村委会有权处分案涉土地，故耿某某对取得案涉土地所有权具有合理信赖。耿某某在支付了合理对价之后，对案涉土地实施占有，该占有系有权占有。张某某向耿某某请求返还案涉土地没有法律依据，有违诚信原则。故裁定驳回其再审申请。

【裁判摘要评析】

本案裁判涉及物权保护和准物权理论中的占有保护问题，主要评析的是返还原物请求权与有权占有之拒绝返还抗辩权。

物权的保护旨在通过法律规定的方法和程序，保障所有人在法律许可的范围内，对其所有的财产行使占有、使用、收益、处分权利。民法意义上的物权保护请求权主要包括原权请求权和侵权请求权两种方法。③ 学术界对物上请求权和物权请求权的内涵存在一定争议。本案例评述不拘泥于物上请求权与物权请求权在理论上的区分争议，仅基于《物权法》关于“物权的保护”的规则含义，以及因物权权属而生的物权请求权的一般性认知

---

① 现为《民法典》第 209 条：“不动产物权的设立、变更、转让和消灭，经依法登记，发生效力；未经登记，不发生效力，但是法律另有规定的除外。依法属于国家所有的自然资源，所有权可以不登记。”以下同。

② 现为《民法典》第 458 条。以下同。

③ 参见杨立新：《民事裁判方法》，法律出版社 2008 年版，第 34~35 页。

理论展开。所谓物权请求权是指基于物权而产生的请求权，是保护物权特有的方法，该项请求权的行使不以相对人具有过错为要件。而我国物权的保护规则，是基于物权本身的保护方法而言的原权请求权的方法。我国民法创设的物权请求权，主要包括四种：返还原物请求权、排除妨碍请求权、消除危险请求权、恢复原状请求权，[①] 具体规定在《物权法》第 34 条[②]、第 35 条[③]、第 36 条[④]。在物权受到侵害的情况下，首先应当通过物权请求权对物权进行保护，这是因为物权的请求权具有优先于债权的效力。《物权法》第 37 条[⑤]规定的物权保护方法，是侵权请求权。确定侵害物权的侵权请求权，依照《侵权责任法》[⑥] 第 6 条第 1 款[⑦]或者其他条文的规定，须具备侵权责任构成要件。损害赔偿请求权是指由于他人的非法行为造成了财产的毁损和灭失，侵害了权利人的物权时，权利人所享有的补偿其损失的请求权。[⑧]

被称为准物权的占有是指人对于物具有事实上的管领力的一种状态，故也有人将其比喻为权利的外衣，一般情形下，也应当受到法律的保护。我国法律没有对占有进行定义。理论上认为，占有在物权法上有两种含义：一是指所有权的占有、使用、收益、处分四项权能之一的占有权能；二是指作为一种民事主体对物进行控制的事实的占有，也就是我国《物权法》第五编[⑨]规定的占有制度。[⑩] 依据占有人是否基于本权而对物占有，可以分为无权占有和有权占有两种形态。通说认为，物是一种可“实际控制

① 参见《民法学》编写组：《民法学》，高等教育出版社 2019 年版，第 151~152 页。

② 现为《民法典》第 235 条。以下同。

③ 现为《民法典》第 236 条。

④ 现为《民法典》第 237 条：“造成不动产或者动产毁损的，权利人可以依法请求修理、重作、更换或者恢复原状。”

⑤ 现为《民法典》第 238 条：“侵害物权，造成权利人损害的，权利人可以依法请求损害赔偿，也可以依法请求承担其他民事责任。”以下同。

⑥ 根据《民法典》的规定，《侵权责任法》于 2021 年 1 月 1 日废止。以下同。

⑦ 现为《民法典》第 1165 条第 1 款：“行为人因过错侵害他人民事权益造成损害的，应当承担侵权责任。”

⑧ 参见杨立新：《物权法》，法律出版社 2013 年版，第 54~59 页。

⑨ 现为《民法典》物权编第五分编。

⑩ 参见《民法学》编写组：《民法学》，高等教育出版社 2019 年版，第 240 页。

或支配的物质客体”，占有是“对于物的事实上的控制和支配”。物是可占有的财产；占有是对对象物理属性的具有外观表现形式的全面控制行为。《物权法》中关于有权占有的规则主要是第 241 条规定：“基于合同关系等产生的占有，有关不动产或者动产的使用、收益、违约责任等，按照合同约定；合同没有约定或者约定不明确的，依照有关法律规定。”同时对占有的保护请求权进行了详细的规定，包括占有返还请求权、占有妨碍排除请求权等。对占有的法律保护，主要保护以占有为内容的物权，也保护以占有为内容的债权，如承租权、借用权等，占有是对私力的禁止，是对秩序的维护。本案的争议焦点在于两个方面，一是基于原权请求权的返还原物请求权，二是基于有权占有的拒绝返还抗辩或称排他性抗辩权。

一、关于返还原物请求权

（一）关于本案的性质

返还原物请求权，是指权利人对无权占有或侵夺其所有物的人，有权请求其返还原物的权利。属于物权请求权之一，表现了物权的对世权、绝对权的特征。主要规则是《物权法》第 34 条，即“无权占有不动产或者动产的，权利人可以请求返还原物”。关于返还原物请求权的权利请求范围是否包括孳息及费用，以及权利人提出返还原物请求时可否一并提出损害赔偿请求，我国《物权法》第 242 条关于“恶意占有人应承担的赔偿责任”的规定是，“占有人因使用占有的不动产或者动产，致使该不动产或者动产受到损害的，恶意占有人应当承担赔偿责任”①。第 243 条关于“无权占有人的返还义务及善意占有人的必要费用返还请求权”的规定是：“不动产或者动产被占有人占有的，权利人可以请求返还原物及其孳息，但应当支付善意占有人因维护该不动产或者动产支出的必要费用”②。可见，无论占有者善意或者恶意，孳息应当随原物一并返还。但上述规定是针对无权占有人而言。对有权占有而言，不存在返还原物一说，故不存在不返还原物，但要承担损害赔偿责任的问题。关于侵权请求权，《物权法》第 37 条

① 现为《民法典》第 459 条。

② 现为《民法典》第 460 条：“不动产或者动产被占有人占有的，权利人可以请求返还原物及其孳息；但是，应当支付善意占有人因维护该不动产或者动产支出的必要费用。”

规定："侵害物权，造成权利人损害的，权利人可以请求损害赔偿，也可以请求承担其他民事责任。"该侵权请求权的着眼点不再是对原物权完满状态的维护，而是对原物权灭失或缺损后的利益补偿问题。侵权请求权在本质上属于债权请求权，《物权法》第 37 条与侵权责任规范形式基本相同，只不过作为物权保护方式在物权编予以规定。①

本案中，原告张某某的诉讼请求包含返还原物请求权和侵权请求权两部分，即请求返还土地和赔偿损失。因此，根据原告的诉讼请求，本案应当处理的法律关系既有原权请求权，也有侵权请求权。从程序请求权角度分析，返还原物纠纷是物权保护纠纷案由的二级案由，指的是权利人请求无权占有不动产或者动产的人返还原物的纠纷，即原物返还纠纷包括不动产返还纠纷和动产返还纠纷。当事人基于起诉事实中认为被告属于无权占有，可以享有返还原物诉权的同时，享有一并提出损害赔偿请求的诉权。因此，不论是从物权保护方法的理论分类，还是从请求权规范分析，原审法院将本案定性为返还原物纠纷，将本案定性为返还原物纠纷是符合基本法理的。原审判决第一项，及关于被告赔偿损失的判项，是基于"耿某某受让土地时占有了超出张某某抵偿的房屋及发电机、吊葫芦、锅等，属无权占有"的事实，而不是基于请求返还原物即案涉土地的损害赔偿。

（二）关于物权的设立与变动

本案中，要判定耿某某、庄周双语小学是否应当向张某某返还案涉不动产并赔偿损失，首先要确定张某某请求的物权是否发生变动。需要对张某某请求保护的物权是否设立与变动进行认定。《物权法》第 6 条规定："不动产物权的设立、变更、转让和消灭，应当依照法律规定登记。动产物权的设立和转让，应当依照法律规定交付。"②《物权法》第 9 条规定："不动产物权的设立、变更、转让和消灭，经依法登记，发生效力；未经登记，不发生效力，但法律另有规定的除外。依法属于国家所有的自然资源，所有权可以不登记。"《物权法》第 14 条规定："不动产物权的设立、

① 参见最高人民法院民法典贯彻实施工作领导小组主编：《中华人民共和国民法典物权编理解与适用》（上），人民法院出版社 2020 年版，第 201 页。

② 现为《民法典》第 208 条。

变更、转让和消灭，依照法律规定应当登记的，自记载于不动产登记簿时发生效力。”① 本案中，张某某对案涉土地房产依法办理了土地使用权和房屋产权证，属于物权原始取得。而耿某某通过合同方式取得案涉土地房产，是作为占有人的罗庄村委会以法律行为将其占有的物交付他人耿某某，属于占有的继受取得中的占有让与。土地和房产未经依法登记，不产生物权变动的法律效力。案涉土地使用权证上的登记权利人是张某某，且一直未发生变更、转让或消灭等法律事实，围绕争议土地虽有相关协议、证明等存在，但均不产生物权变动的效力，故张某某仍是案涉土地房产的登记权利人。至于案涉房产，虽登记最初发生变更，但之后被房管部门作出收回房屋所有权证的决定，其物权变动效力归于无效。因此，张某某请求保护的物权仍然没有发生变动。然而，作为物权所有人的张某某请求返还原物能否得到支持，还要看其请求的物是为他人有权占有还是无权占有。

二、关于有权占有的拒绝返还抗辩权

（一）关于占有的成立

如前所述，尽管张某某请求的案涉物权并未发生物权变动，但其返还原物请求权并不能当然得到支持。占有物返还请求权，是占有人在其占有物被他人侵夺后，可依法请求侵夺人返还占有物的权利。② 根据《物权法》第 34 条规定，所有权人只有在其所有物被他人非法占有时，可以向非法占有人请求返还原物，或者请求法院责令非法占有人返还原物。其请求返还所有物的对象只能是没有法律根据而侵占其所有物的人，即非法占有人。如果非所有人对于所有人的财产的占有是合法占有，在其合法占有期间，所有人不能请求返还原物。法律赋予占有以一定的法律效力。通过保护占有事实的方式，提前保护占有背后可能存在的正当权利。学理上一般认为占有的效力主要包括权利推定效力和状态推定效力。所谓占有的权利推定效力，是指法律基于占有人对物的占有事实，而推定其具有占有本权的效力，体现在受权利推定的占有人免负举证责任。即其有无实质权利发

① 现为《民法典》第 214 条。以下同。

② 参见王利明：《物权法研究》（第 3 版 · 下册），中国人民大学出版社 2013 年版，第 1500 页。

生争议时，占有人可以直接援引这一推定予以对抗。[①] 当然，当物权所有人提出争议时，即使占有人对于请求权人的物权归属没有异议，但如其主张自己为合法占有的，仍需要举证证明。

对有权占有的判断基于两个层面的事实，一是是否对物存在事实上的控制和支配，或者说一个人对物产生了事实上的管制力。二是其控制和支配是否有法律根据，即是合法占有还是非法占有，或者是有权占有还是无权占有，有法律根据之占有为有权占有，无法律根据之占有为无权占有。对物的事实上的控制和支配有三个判断标准：（1）占有人与物之间具有空间上的结合关系；（2）占有人与物之间具有时间上的结合关系，具有时间上的稳定性、联系性；（3）占有人与物之间具有某种法律关系上的结合。至于占有是一种权利，还是一种事实状态，各国法律有不同的规定，学术界也存在争论。受罗马法影响，大陆法系的《法国民法典》、《德国民法典》和《瑞士民法典》认为占有是一种事实状态，但也赋予占有人恢复占有或排除妨碍的请求权。英美法系国家和日本，认为占有是一种权利。“占有人具有占有的诉权，所以排除外来的侵害。”[②] 把占有权作为侵权行为的客体。甚至基于占有权可以被推定为对该项财产的所有权。我国有关物权的法律将占有单独成编，作出规定，但没有对占有内涵和性质作出明确规定。理论界认为可以将“占有”归于准物权范畴。“只规定为‘占有’，就已经明确占有就是一种事实状态，而不是一种权利。”[③] 但是，作为法律所保护的占有也是一种具体利益。当事人占有某项财产可能有法律根据，也可能没有法律根据。但是，不管是“权利说”也好，还是“事实说”也好，为保护财产关系的稳定，无论将占有认定为“权利”抑或“事实”状态，于法律规则来说，都可以产生相应的法律效果。本案中，耿某某继受占有取得案涉土地后，对其上附着物房屋进行拆除，并在该土地上开办某小学并加以建设。主观上也有占有的意思表示；在时间和空间上对案涉土地有事实

---

① 参见《民法学》编写组：《民法学》，高等教育出版社 2019 年版，第 246 页。

② ［日］我妻荣等编：《新版新法律学词典》，董璠舆等译，中国政法大学出版社 1991 年版，第 592 页。

③ 杨立新：《物权法》，法律出版社 2013 年版，第 522 页。

上的控制和支配，占有的事实状态即告成立；其对案涉房产的占有是基于合同受让取得的，具有合法依据。因此，耿某某对案涉土地房产的占有成立。

（二）关于有权占有的保护

笔者认为，从权利救济角度分析，物权和作为准物权的占有保护主要有以下三种情形：一是物权所属权利人的物权保护请求权，二是占有人保护请求权，三是物权所属权利人、有权占有人的排他性或拒绝返还抗辩权。我国关于占有的法律规范中有占有保护请求权规范，但没有直接将有权占有人的拒绝返还抗辩权予以明确。如上节所述，在存在占有事实状态的前提下，占有还须具有占有的法律根据。后者而言，有权占有人享有禁止任何人用私力救济或自力救济方式对占有的事实状态加以改变。有权占有人可以采取积极的诉讼行为对侵害其有权占有的行为通过侵权法或不当得利法予以保护，但也可以从消极防御角度，有权占有人可以对物权归属人行使拒绝返还抗辩权。这是占有制度的立法目的使然。占有之诉的立法目的在于维护现存之财产占有秩序，以维护社会和平与物之秩序。[①] 除本权人行使自力救济权等情形外，占有一旦成立，任何人即不得以私力改变占有之现状。占有作为一种事实，可因法律行为、事实行为以及某种自然事件而发生。其中，法律行为诸如通过物权的转移与设定、买卖、租赁、借贷等。对占有人直接取得的占有而言，可以分为原始取得和继受取得。而占有继受取得指的是当事人基于他人的占有转移而取得的占有，主要方式是通过法律行为继受取得。如基于转移财产所有权的合同关系发生的让与占有就属于占有的继受取得。若该合同法律行为有效，可以认为该占有为有权占有。有权占有和无权占有的区别在于占有有无本权。区分有权占有和无权占有的意义在于：无权占有人在权利人请求返还占有物时，负有返还的义务；有权占有人可以拒绝他人包括所有权人在内的返还请求权。

本案中，耿某某占有使用案涉土地符合《物权法》第 241 条规定，系基于合同关系产生的有权占有。除了未办理案涉不动产物权变更登记，案

---

① 参见王泽鉴：《民法物权（二）》，台北，三民书局 2005 年版，第 172 页。

涉有关协议各方均支付了合理对价，土地和房屋实际交付使用，合同义务均已基本履行。罗庄村委会在订立房地产转让协议时，向耿某某提交了案涉土地使用权证、已过户的房产证等，能够向买受人耿某某说明案涉土地的流转过程，使耿某某有理由相信该村委会有权处分案涉土地，耿某某受让土地行为并无主观恶意，同时具有合同法律关系的基础。在上述三协议签订并履行后，尽管案涉民事调解书被撤销，但只是导致了罗庄村委会和民权农商行之间代偿、退还土地协议没有被生效法律文书所确认，而不能否认双方之间形成了代偿债务，转移土地使用权的真实意思表示，也没有否定协议的效力。同时，民权农商行和张某某之间又有以物抵债协议，罗庄村委会处分案涉不动产的行为有民权农商行的认可，且存在张某某向罗庄村委会出具退还土地证明的真实意思表示等事实。由于各方当事人之间就转移案涉地产达成合意，并形成了较为完整的案涉地产约定并实际转移交付的法律行为、法律事实的证据锁链，耿某某也无主观之恶意受让案涉地产。综合上述事实，耿某某在支付了合理对价之后，对案涉土地房产形成了事实上的占有，该占有具有合同法律关系基础，可以认定是基于有效的合同法律行为而成立的有权占有。

本案裁判有利于进一步厘清物权保护和准物权理论的占有问题，明确了对于原物权所有人行使返还原物请求权，如果他人无权占有不动产或者动产，原物权所有人可以请求无权占有人返还原物，但请求有权占有人返还原物的，则不予支持的裁判观点，对于类案具有一定指导意义。

最高人民法院再审审查合议庭成员：宁晟　刘雪梅　刘崇理

（编写人：宁晟* 审稿人：杨奕）

---

* 宁晟，法律硕士，中华人民共和国最高人民法院立案庭，二级高级法官。

六盘水裕民液化石油气有限公司
与
何某某
及一审第三人张某某
承包经营合同纠纷案

——第三人选择受托人主张权利对委托人介入权的影响

【裁判摘要】

1. 在第三人选择受托人之后，若不存在法定限制情形，委托人可以行使介入权，向第三人主张合同权利，承担合同义务。

2. 第三人行使选择权与委托人行使介入权引发两起诉讼案件，且皆进入判决执行阶段时，当事人可以就两案分别确定的权利与金钱给付义务进行互相冲抵。

3. 合同无效的法律后果是返还财产、折价补偿和补偿损失，并未排除间接代理中委托人介入权，因此委托人依然可以行使介入权。

【案件基本信息】

1. 诉讼当事人

再审申请人（一审被告、二审上诉人）：六盘水裕民液化石油气有限公司（以下简称裕民液化石油气公司）

被申请人（一审原告、二审上诉人）：何某某

一审第三人：张某某

2. 案件索引与裁判日期

一审：贵州省六盘水市中级人民法院（2017）黔 02 民初 83 号判决（2017 年 10 月 26 日）

二审：贵州省高级人民法院（2018）黔民终 421 号判决（2018 年 4 月 10 日）

再审审查：最高人民法院（2019）最高法民申 4624 号裁定（2019 年 12 月 28 日）

3. 案由

承包经营合同纠纷

【简要案情】

裕民液化石油气公司依法取得了六盘水市液化石油气的经营权。2016 年 1 月，张某某受何某某的委托，以张某某的名义与裕民液化石油气公司签订承包经营合同，约定裕民液化石油气公司将其在六盘水市液化石油气的经营权交给张某某承包经营，承包期 5 年，张某某每年向裕民液化石油气公司支付承包费 1200 万元，还约定了承包费、转让费的支付方式及违约责任等。协议签订后，六盘水市的相关液化气站由何某某实际经营管理。经营期间，何某某以张某某的名义向裕民液化石油气公司支付各种费用共计 1500 余万元。因经营过程中发生争议，2017 年 1 月，张某某与裕民液化石油气公司签订解除合同协议，并终止履行承包经营合同。①

2017 年 4 月，裕民液化石油气公司起诉张某某，要求张某某返还财产、赔偿损失。在诉讼过程中，张某某向裕民液化石油气公司披露了其受何某某的委托签订、履行合同的事实，裕民液化石油气公司未变更诉讼请求。该案已由贵州省高级人民法院另案审理，并作出（2018）黔民终 420 号判决。

2017 年 5 月，何某某起诉裕民液化石油气公司，请求确认合同无效，要求裕民液化石油气公司返还承包费、转让费等。裕民液化石油气公

① 根据《城镇燃气管理条例》，国家对液化石油气经营实行许可证制度，未经许可、不具备经营资质的企业及个人不得经营液化石油气。

司抗辩，因其在另案中已经行使选择权，选择了张某某作为合同当事人，故何某某不能行使介入权向裕民液化石油气公司主张权利。

一审法院于2017年10月26日作出（2017）黔02民初83号判决，支持何某某的诉讼请求。二审法院于2019年4月10日作出（2018）黔民终421号判决，驳回上诉，维持一审判决。

判决生效后，裕民液化石油气公司不服一审、二审判决，向最高人民法院申请再审，请求撤销二审法院判决，改判驳回何某某的诉讼请求。

【案件焦点】

1. 在何某某与张某某系委托关系，第三人裕民液化石油气公司已经选择受托人张某某主张权利的情形下，委托人何某某能否行使介入权向第三人裕民液化石油气公司主张权利。

2. 另案判决结果为，受托人张某某应向第三人裕民液化石油气公司履行金钱给付义务。本案判决结果为，第三人裕民液化石油气公司应向委托人何某某履行金钱给付义务。在判决执行过程中，裕民液化石油气公司能否就另案所确定的权利抵销本案中相应金额的金钱给付义务。

3. 合同无效情形下，委托人何某某能否行使介入权。

【裁判结果】

最高人民法院经审查认为，何某某与张某某系委托关系。何某某与张某某均主张，张某某系受何某某的委托而与裕民液化石油气公司签订承包经营合同等协议。

在另案中，裕民液化石油气公司作为原告起诉被告张某某，要求其返还财产、赔偿损失等，何某某作为第三人参加了该案的一审、二审诉讼。在另案审理中，张某某亦主张其系受何某某的委托而签订合同。张某某在诉讼中向裕民液化石油气公司披露了委托人何某某之后，裕民液化石油气公司并未因此变更诉讼请求以选择委托人何某某主张权利，而是继续选择张某某作为被告主张权利，直至该案二审终结时仍未变更。根据《合同法》第403条第2款关于“受托人因委托人的原因对第三人不履行义务，受托人应当向第三人披露委托人，第三人因此可以选择受托人或者委托人作为相对人主张其权利，但第三人不得变更选定的相对人”① 之规定，虽然张某某系受何某某的委托与裕民液化石油气公司签订合同，但裕民液化石油气公司依法可以选择向受托人张某某主张权利，与本案中何某某向裕民液化石油气公司主张权利并不矛盾。

另外，双方当事人陈述本案以及（2018）黔民终 420 号判决的权利人均已向人民法院申请执行。根据《合同法》第 403 条第 3 款关于“委托人行使受托人对第三人的权利的，第三人可以向委托人主张其对受托人的抗辩。第三人选定委托人作为其相对人的，委托人可以向第三人主张其对受托人的抗辩以及受托人对第三人的抗辩”② 之规定，（2018）黔民终 420 号判决所确定的裕民液化石油气公司对于张某某享有的权利，裕民液化石油气公司可以在本案的执行过程中，向何某某进行主张，除非张某某已经履行了该判决所确定的义务。综上所述，最高人民法院裁定驳回六盘水裕民液化石油天然气有限公司的再审申请。

【裁判摘要评析】

本案裁判结论实质上是间接代理中第三人选择受托人主张权利对委托人介入权的影响。一般认为，大陆法系将代理分为直接代理和间接代理，我国在《合同法》第 403 条规定了间接代理，故本文主要着眼于对该条的理解与适用。

一、间接代理制度的历史背景

我国确立间接代理制度是为了解决外贸代理制度的相关问题。1984 年，国务院批转中华人民共和国对外经济贸易部③（以下简称外经贸部）《关于外贸体制改革意见的报告》④，明确了外贸代理制度的建立：进口经营原则上全部实行代理制，出口经营基本上实行代理制。1991 年，外经贸部

① 现为《民法典》第 926 条第 2 款：“受托人因委托人的原因对第三人不履行义务，受托人应当向第三人披露委托人，第三人因此可以选择受托人或者委托人作为相对人主张其权利，但是第三人不得变更选定的相对人”。以下同。

② 现为《民法典》第 926 条第 3 款。

③ 中华人民共和国对外经济贸易部为国务院原有组成部门，1993 年更名为对外贸易经济合作部。根据 2003 年国务院机构改革方案，组建商务部，不再保留对外贸易经济合作部。

④ 已废止。

发布《关于对外贸易代理制的暂行规定》[1]（以下简称《外贸代理规定》），以部门规章的形式，明确外贸代理制度的基本规则是：不具有外贸经营权的公司、企业及个人，在进行进出口贸易时，须与具有外贸经营权的公司、企业签订委托协议，约定由代理人以自己的名义与外商签订进出口合同。1994 年颁布的《对外贸易法》[2]，以立法的形式正式承认了对外贸易中的委托经营方式，但不涉及委托经营情形下当事人具体的权利义务关系，因此《外贸代理规定》所确定的基本规则继续沿用。而 1987 年实施的《民法通则》仅规定了直接代理制度，未规定间接代理制度。

因此，在外贸活动中被广泛应用的间接代理制度实际上并未在法律上予以确立。由此所带来的后果是，外贸企业以自己的名义对外签约，在法律上就必须对合同的履行承担责任，但是，合同的实际履行是国内的委托单位和外商，合同能否按照约定履行，完全取决于国内委托单位和外商的信誉及履约能力，外贸企业无法保证合同的履行。一旦发生纠纷，就会不合理地增加外贸企业的业务负担和经济负担。为了解决外贸代理人风险和利益失衡的问题，促进对外贸易，提高交易效率，保障交易安全，《合同法》借鉴了英美法系的隐名代理和委托人身份不公开的代理制度，以及《国际货物销售代理公约》的相关规定，以法律的形式正式确立了隐名代理和间接代理制度，在一定程度上弥补了《合同法》颁布以前外贸代理制度上的不足。

二、第三人选择权的行使条件及限制

根据《合同法》第 403 条第 2 款之规定，第三人行使选择权除了第三人在订立合同时，不知道受托人与委托人之间有代理关系之外，还必须具备以下前提条件：

第一，受托人因委托人的原因对第三人不履行义务，或者说受托人不履行对第三人的义务的原因在于委托人。换言之，一方面，委托人对第三人未履行义务，而不是受托人对委托人未履行义务；另一方面，受托人不

① 已废止。
② 已于 2016 年修订。

履行义务的原因在于委托人。如果是因为受托人自身的原因导致合同不能履行，则第三人只能直接向受托人提出请求，而不能向委托人提出请求。

第二，受托人已经向第三人披露了委托人。受托人一旦向第三人作出披露，将使第三人享有选择权。当然，第三人作出的选择是否能够成立，还取决于委托人的抗辩是否能够成立。在受托人未向第三人披露委托人的情况下，第三人也只能向受托人提出请求，而不能向委托人提出请求。

第三，第三人作出了选择。第三人的选择权属于形成权，其行使与否完全由第三人决定，无须经受托人或委托人的同意。需要注意的是，第三人作出的选择必须是明确选择，必须明确表示究竟是选择委托人还是受托人主张合同，即选择向哪一方提出请求。如果第三人同时向受托人和委托人提出请求，则不能构成选择。如果第三人选择了一个当事人，但并没有直接向该当事人提起诉讼或提出请求，而只是表示了其选择的结果，则不能认为第三人已经作出了选择。只有在明确地向一方当事人提出请求后，才能表明其已经行使了选择权。

由于选择权属于形成权，第三人选定之后就不得变更选定的相对人，即第三人的选择权只能行使一次。即使被选择的相对人欠缺履行能力而不能承担责任，第三人也不能再向未被选择的人主张权利。法律上作出此种限制的主要原因在于：一方面，允许第三人作出选择，实际上是要求第三人在因委托人造成违约的情况下，再次明确其缔约的伙伴和承担合同责任的当事人。第三人选择任何一方当事人承担责任，都表明该当事人是第三人所确定的责任承担主体。但如果第三人可以重复作出选择，则承担责任的主体将很难确定。另一方面，从效率上考虑，第三人在作出选择以后，已经针对该当事人提出请求或提起诉讼，如果允许其再次作出选择，则会造成重复诉讼的现象。①

由此可见，第三人选择受托人主张权利，不以排斥委托人的介入权为要件。第三人选择受托人主张权利的直接法律后果及于第三人和受托

---

① 参见王利明：《合同法研究（第三卷）》（第 2 版），中国人民大学出版社 2015 年版，第 723~724 页。

人，即第三人和受托人要受到该选择的约束，成为合同的权利义务主体。《合同法》没有规定第三人选择受托人的法律后果直接及于委托人。

三、委托人行使介入权的条件及限制

关于委托人行使介入权的条件，根据《合同法》第403条第1款[①]之规定，委托人行使介入权有以下三个要件。

第一，受托人因第三人的原因对委托人不履行义务，或者说受托人不履行对委托人的义务的原因在于第三人。换言之，一方面，是受托人对委托人未履行义务，而不是受托人对第三人未履行义务；另一方面，受托人不履行义务的原因在于第三人，即受托人非因自己的过错，而仅是因第三人不按约履行合同导致受托人违约。

第二，受托人已经向委托人披露了第三人。受托人以自己的名义与第三人订立合同时，因为第三人不知道委托人与受托人之间的代理关系，当因第三人或委托人的原因造成受托人不能履行义务时，受托人应当向委托人或第三人披露造成其违约的第三人或委托人。如前所述，此处的披露仍然必须是明确告知了具体的第三人以后，委托人才能行使介入权，向第三人提出请求。

第三，委托人行使介入权的限制，即第三人与受托人订立合同时，如果知道委托人就不会订立合同的情形。因为法律设立间接代理制度，使委托人介入受托人与第三人的合同之中，是基于这样一种推定：这种介入是不违反第三人的意愿和利益的。但如果有证据证明第三人在与受托人订约时知道委托人的存在就不会订立合同，则表明委托人的介入完全是违反第三人的意愿的。故委托人在此种情况下就不得介入，[②] 即委托人行使介入权的除外情形为：第三人在订立合同时如果知道委托人就不会订立合同。

综上所述，在间接代理的相关立法和理论中，关于委托人行使介入权

---

① 现为《民法典》第926条第1款："受托人以自己的名义与第三人订立合同时，第三人不知道受托人与委托人之间的代理关系的，受托人因第三人的原因对委托人不履行义务，受托人应当向委托人披露第三人，委托人因此可以行使受托人对第三人的权利。但是，第三人与受托人订立合同时如果知道该委托人就不会订立合同的除外。"

② 参见王利明：《合同法研究（第三卷）》（第2版），中国人民大学出版社2015年版，第721~723页。

的限制条件，均不包括第三人已经选择受托人主张权利的情形。因此，在第三人已经选择受托人主张权利的情形下，委托人已经丧失介入权的观点没有法律依据，在法理上也得不到支持。

四、间接代理制度对合同相对性原则的突破

合同相对性原则是指合同仅对缔约各方产生效力，除合同当事人以外，任何其他人不得享有合同上的权利，也不承担合同上的义务。合同相对性原则是合同法的基本规则，在合同法中具有十分重要的地位。前已述及，在第三人选择受托人主张权利后，即意味着第三人选择受托人作为合同当事人，由受托人向第三人履行合同义务。根据合同相对性原则，在此情形下，合同的权利义务不能及于委托人。

但随着市场经济的不断发展，交易活动日趋复杂，诸多新问题、新困难不断出现，使合同相对性原则在防止合同当事人的不法行为和第三人信赖利益的保障等方面存在诸多不足，严格的合同相对性原则已经无法满足社会和司法公正的需要。为更好地适应新经济形势下交易活动的变化，诸多国家通过立法与司法实践开始积极地探讨和设计新的制度、规定，以弥补合同相对性原则的缺陷，衡平合同当事人和第三人间的利益，理论界将此称为“合同相对性突破”。突破理论实质上是对相对性原则在某些特定情况下，由于违反了正义、衡平的理念，而作出的例外规定和补充，是在承认相对性原则存在的前提下，就特定事实否定相对性原则，而不是对该制度的存在给予全面否定。① 合同相对性突破是合同相对性原则的例外规则，是对合同相对性原则的一种补充。

《合同法》第403条所确立的间接代理制度，合同的缔约方为受托人和第三人，且第三人在缔约时并不知道委托人与受托人之间的关系。但是，通过在一定条件下赋予委托人介入权和第三人选择权，使非合同缔约方的委托人可以直接介入合同，向第三人主张权利；或者，第三人也可以越过受托人，直接向委托人主张权利。委托人介入权和第三人选择权规则

---

① 参见袁合川：《合同相对性原则及其突破间关系之法理分析》，载《行政与法（吉林省行政学院学报）》2004年第3期。

是典型的突破合同相对性原则的例外规则，使合同缔约方以外的当事人可以直接行使合同权利，或者使合同能够直接约束非缔约方当事人。故，以突破合同相对性为由而限制委托人介入权的行使，违背了确立间接代理制度的立法本意。

五、委托人行使介入权的积极效应

首先是保护委托人利益。间接代理制度的基础是被代理人与代理人的等同论。所谓等同论，是指代理人的行为等同于被代理人的行为。在该理论下，代理人仅是委托人和第三人之间架构法律关系的一种手段，其中委托人利益应为代理关系之核心，因而当由于第三人原因而致委托人合同利益受损害之时，为了保护委托人的合同利益，防止代理人懈怠之可能，委托人的介入成为法律之应然选择，[①] 即设置介入权的主要目的在于保护委托人的利益，只要受托人不对委托人履行义务，委托人就可直接介入合同，向第三人主张权利。《合同法》第403条虽然对于委托人的介入权规定了更为严格的条件，但毫无疑问，赋予委托人介入权的主要目的同样是为了保护委托人的利益。若在第三人选择受托人主张权利的情形下，否定委托人享有介入权，与合同法设立委托人介入权制度的立法目的相悖，不利于保护委托人的利益。

其次是减少当事人诉累。通过间接代理方式所订立的合同，在理想状态下，第三人与受托人按照合同履行完毕后，受托人根据其与委托人之间的约定，向委托人交付代理行为所取得的成果，实现委托人的合同目的。所以，当讨论关于介入权、选择权的有关问题时，必然是以合同处于非正常履行的状态作为背景的。因此，当委托人和第三人处于合同目的可能无法实现，利益可能受损的情形之下，第三人选择受托人主张权利时，若否定委托人享有介入权，则委托人只能通过受托人向第三人主张权利。此时可能出现两种情形，一是受托人勤勉尽责，积极向第三人主张权利；二是受托人懈怠懒散，怠于向第三人主张权利。在第一种情形下，委托人可以

① 参见刘芳：《论间接代理委托人介入权的行使——兼谈〈合同法〉第403条第1款的完善》，载《湘潭大学学报（哲学社会科学版）》2012年第3期。

根据其与受托人之间的约定，确定各自的权利义务，委托人的权利不会因此而受损。但在第二种情形下，若委托人不能行使介入权直接向第三人主张权利，则其只能根据《民法总则》第 164 条第 1 款[①]或者《合同法》第 406 条第 1 款[②]之规定，要求受托人承担民事责任或者赔偿损失。根据前述法律规定，委托人若向受托人主张权利，必须证明因受托人怠于向第三人主张权利给委托人造成的损失大小。而损失的大小依赖于第三人向受托人主张权利才能确定。但逻辑不能周延之处在于，一旦损失得以确定，也就意味着同时确定了受托人和第三人的责任。基于趋利避害的本能，受托人和第三人显然不会配合委托人确定其损失大小。因此，委托人将陷入举证不能的不利境地。即便确定了损失大小，委托人向受托人主张权利得以实现，受托人也会向第三人主张权利，以减少其损失。如此，则增加了当事人诉累，不符合效率和经济原则。

反之，当合同处于履行异常状态时，应允许作为合同一方的实际权利义务承受者的委托人及时介入合同，主张权利，如此既提高了效率，又避免了引发多次诉讼。

六、合同无效情形下，委托人介入权的行使

案涉承包经营合同因违反了《城镇燃气管理条例》被依法认定为无效合同。《合同法》第 58 条规定："合同无效或者被撤销后，因该合同取得的财产，应当予以返还；不能返还或者没有必要返还的，应当折价补偿。有过错的一方应当赔偿对方因此所受到的损失，双方都有过错的，应当各自承担相应的责任。"[③] 合同无效的法律后果为：首先是返还财产，在合同被确认为无效以后，对已经交付给对方的财产，享有返还财产的请求权，对方当事人对于已经接受的财产负有返还财产的义务。其次是折价补偿，在

---

① 现为《民法典》第 164 条第 1 款。

② 现为《民法典》第 929 条第 1 款："有偿的委托合同，因受托人的过错造成委托人损失的，委托人可以请求赔偿损失。无偿的委托合同，因受托人的故意或者重大过失造成委托人损失的，委托人可以请求赔偿损失。"

③ 现为《民法典》第 157 条："民事法律行为无效、被撤销或者确定不发生效力后，行为人因该行为取得的财产，应当予以返还；不能返还或者没有必要返还的，应当折价补偿。有过错的一方应当赔偿对方由此所受到的损失；各方都有过错的，应当各自承担相应的责任。法律另有规定的，依照其规定。"

所取得的对方当事人的财产不能返还或者没有必要返还时，按照所取得的财产的价值进行折算，以金钱的方式对对方当事人进行补偿。最后是赔偿损失，当合同被确认为无效后，如果由于一方或者双方的过错给对方造成损失时，还要根据过错程度承担相应的损害赔偿责任。

委托人行使介入权的条件之一，是受托人因第三人的原因对委托人不履行义务。此处所规定的义务并未限定为合同约定的义务，当然应当包括合同无效情形下，合同当事人依照法律规定应当向对方履行的义务。因此，合同无效情形下，委托人仍然可以依照《合同法》第403条之规定行使介入权。

最高人民法院再审合议庭成员：黄年　王海峰　葛洪涛

（编写人：王海峰* 审稿人：杨奕）

* 王海峰，法律硕士，中华人民共和国最高人民法院第五巡回法庭，二级高级法官。

兰某甲
与
戴某、兰某乙等
民间借贷纠纷案

——诉讼中当事人死亡的程序适用

【裁判摘要】

1. 诉讼程序中，一方当事人死亡，法院应及时判断诉讼程序能否继续。符合《民事诉讼法》第151条相关规定的，裁定终结诉讼。需要等待继承人表明是否参加诉讼的，裁定中止诉讼。

2. 裁定中止诉讼后，法院应及时查找死亡当事人的继承人，并参考相关文书规范制作参加诉讼通知书，通知继承人参加诉讼。继承人未书面明确表示放弃继承的，将继承人列为当事人继续参加诉讼，已死亡的当事人不再列入。继承人以书面方式明确表示放弃继承且不参加诉讼的，可不列其为当事人，但如查明该继承人已实际继承遗产，仍应将其列为当事人。被列为当事人的继承人如未出席庭审，应依法缺席判决。

3. 以二审程序审理的案件，原判决认定事实和适用法律正确，但因当事人死亡导致主体变更而改判的，应区别于一般改判案件，并在统计中予以特别关注。

【案件基本信息】

1. 抗诉机关与当事人

抗诉机关：中华人民共和国最高人民检察院

申诉人（一审被告，二审上诉人）：兰某甲

被申诉人（一审原告，二审被上诉人）：戴某

被申诉人（一审被告，二审被上诉人）：兰某乙

被申诉人（一审被告，二审被上诉人）：兰某丙

被申诉人（一审被告，二审被上诉人）：周某

被申诉人（一审被告，二审被上诉人）：余某

被申诉人（一审被告，二审被上诉人）：兰某丁

2. 案件索引与裁判日期

一审：云南省昆明市中级人民法院（2012）昆民四初字第194号判决（2012年12月10日）

二审：云南省高级人民法院（2013）云高民一终字第93号判决（2013年7月17日）

再审：最高人民法院（2016）最高法民再257号判决（2019年5月16日）

3. 案由

民间借贷纠纷

【简要案情】

2012年7月30日，戴某起诉至一审法院，请求判令：（1）兰某甲、兰某乙偿还本金2500万元；（2）兰某甲、兰某乙偿付违约赔偿金2,733,373元（以2500万元为基数，自2012年3月1日起按中国人民银行同期贷款利率四倍计算至起诉之日2012年7月30日止）；（3）兰某甲、兰某乙支付2500万元自提起诉讼后次日即2012年7月31日起至实际还清款项之日止的利息（按中国人民银行同期贷款利率计算）；（4）兰某甲、兰某乙承担本案诉讼费用。

一审法院于2012年12月10日作出（2012）昆民四初字第194号判决：（一）兰某乙于判决生效之日起10日内偿还戴某借款本金1990万元及利息（截至2012年7月30日尚欠利息957,029.48元，自2012年7月31日起至本判决确定的履行期限届满之日止按中国人民银行同期贷款利率计算）；（二）兰某甲对兰某乙上述债务承担连带保证责任，其承担保证责任后，有权向兰某乙追偿；（三）驳回戴某的其他诉讼请求。如果未按判决指定的期间履行给付金钱义务，应当依照《民事诉讼法》第229条之规定，加倍支

付迟延履行期间的债务利息。案件受理费 180,466.66 元，保全费 5000 元，合计 185,466.66 元，由戴某承担 36,000 元，由兰某乙、兰某甲承担 149,466.66 元。

兰某甲不服一审判决，向二审法院提出上诉。

二审法院于 2013 年 7 月 17 日作出（2013）云高民一终字第 93 号判决：驳回上诉，维持原判。案件受理费 180,466.66 元，由兰某甲负担。

兰某甲不服二审判决，向二审法院申请再审未获支持。

兰某甲仍不服，向检察机关申请监督。

最高人民检察院以高检民监（2015）204 号抗诉书，向最高人民法院提出抗诉。

最高人民法院于 2016 年 3 月 28 日作出（2016）最高法民抗 30 号裁定提审本案。

本案再审审理中，兰某乙于 2017 年 1 月 17 日死亡。

【案件焦点】

1. 兰某乙的死亡是否导致诉讼终结，本案是否应裁定中止诉讼；
2. 兰某乙是否有继承人，是否有遗产，是否应将其继承人列为当事人；
3. 列为当事人的继承人应如何承担责任；
4. 保证人的保证责任是否因债务人死亡受到影响。

【裁判结果】

最高人民法院经审理认为，依据《继承法》① 第 10 条第 1 款②的规定，兰某乙死亡时的第一顺序法定继承人为其父兰某丙、其母周某、配偶余某、其子兰某丁。经依法向上述四位继承人送达参加诉讼通知书，该四人均未提交书面声明放弃遗产继承，应视为以兰某乙继承人身份继续参加本案诉讼。上述四位继承人经本院合法传唤未到庭参加庭审，将依法缺席判决。

原判决认定事实清楚，适用法律正确，检察机关抗诉意见不予采纳。

---

① 根据《民法典》的规定，《继承法》于 2021 年 1 月 1 日废止。以下同。

② 现为《民法典》第 1127 条第 1 款："遗产按照下列顺序继承：（一）第一顺序：配偶、子女、父母；（二）第二顺序：兄弟姐妹、祖父母、外祖父母。"

鉴于本院再审期间兰某乙死亡，其第一顺序法定继承人兰某丙、周某、余某、兰某丁应在继承遗产范围内承担债务。据此，最高人民法院依照《继承法》第33条第1款[①]，《民事诉讼法》第207条第1款、第170条第1款第2项之规定，判决如下：（一）撤销云南省高级人民法院（2013）云高民一终字第93号判决；（二）维持云南省昆明市中级人民法院（2012）昆民四初字第194号判决第三项即：驳回戴某的其他诉讼请求；（三）变更云南省昆明市中级人民法院（2012）昆民四初字第194号判决第一项为：兰某丙、周某、余某、兰某丁在继承兰某乙遗产范围内与兰某甲于本判决生效之日起10日内连带偿还戴某借款本金1990万元及利息（截至2012年7月30日尚欠利息957,029.48元，自2012年7月31日起至本判决确定的履行期限届满之日止按中国人民银行同期同类贷款利率计算）；（四）变更云南省昆明市中级人民法院（2012）昆民四初字第194号判决第二项为：兰某甲对上述债务承担连带保证责任，其承担保证责任后，有权向兰某丙、周某、余某、兰某丁在继承兰某乙遗产范围内追偿。如果未按本判决指定的期间履行给付金钱义务，应当依照《民事诉讼法》第253条之规定，加倍支付迟延履行期间的债务利息。一审案件受理费180,466.66元，保全费5000元，合计185,466.66元，由戴某承担36,000元，由兰某丙、周某、余某、兰某丁在继承兰某乙遗产范围内与兰某甲连带承担149,466.66元；二审案件受理费180,466.66元，由兰某甲承担。

【裁判摘要评析】

诉讼中当事人死亡，不仅影响诉讼程序的推进，亦可导致当事人权利义务的承担产生实质性变化。本案的核心问题是债务人兰某乙死亡将对诉讼程序及实体权利义务承担造成何种影响。

一、债务人兰某乙的死亡是否导致诉讼终结，本案是否应裁定中止诉讼

《民事诉讼法》第151条规定："有下列情形之一的，终结诉讼：（一）原告死亡，没有继承人，或者继承人放弃诉讼权利的；（二）被告死

---

① 现为《民法典》第1161条第1款："继承人以所得遗产实际价值为限清偿被继承人依法应当缴纳的税款和债务。超过遗产实际价值部分，继承人自愿偿还的不在此限。"

亡，没有遗产，也没有应当承担义务的人的；（三）离婚案件一方当事人死亡的；（四）追索赡养费、扶养费、抚育费以及解除收养关系案件的一方当事人死亡的。”可见，诉讼中债务人死亡，应至少满足无遗产以及无义务承继人两个条件，才导致诉讼程序终结。

就本案而言，因兰某甲作为保证人参加案件诉讼，即使债务人兰某乙死亡后没有遗产亦没有承继权利义务的主体，本案也不因兰某乙的死亡导致诉讼终结。兰某乙死亡后，兰某甲提交了中止审理申请书。因需对兰某乙遗产以及权利义务继承人进一步调查，依照《民事诉讼法》第150条“有下列情形之一的，中止诉讼：（一）一方当事人死亡，需要等待继承人表明是否参加诉讼的……中止诉讼的原因消除后，恢复诉讼”以及《民事诉讼法司法解释》第55条“在诉讼中，一方当事人死亡，需要等待继承人表明是否参加诉讼的，裁定中止诉讼。人民法院应当及时通知继承人作为当事人承担诉讼，被继承人已经进行的诉讼行为对承担诉讼的继承人有效”之规定，法院应裁定中止诉讼，及时对兰某乙的继承人及遗产情况进行调查确认，尽快推进诉讼程序。

二、兰某乙是否有继承人，是否有遗产，是否应将其继承人列为当事人

诉讼中被告死亡，除终结诉讼的情形外，还有以下几种情形：（一）有继承人有遗产；（二）有继承人无遗产；（三）无继承人有遗产。由于目前我国法律规定并不十分明确，司法实践中对此存在不同的处理方式。针对上述不同情形，本文将分别作如下论述。

（一）有继承人且有遗产

《继承法》第33条规定：“继承遗产应当清偿被继承人依法应当缴纳的税款和债务，缴纳税款和清偿债务以他的遗产实际价值为限。超过遗产实际价值部分，继承人自愿偿还的不在此限。继承人放弃继承的，对被继承人依法应当缴纳的税款和债务可以不负偿还责任。”[①] 依据上述规定，继承人仅在实际继承遗产的范围内承担清偿债务的责任，自愿清偿部分不以遗

---

① 现为《民法典》第1161条：“继承人以所得遗产实际价值为限清偿被继承人依法应当缴纳的税款和债务。超过遗产实际价值部分，继承人自愿偿还的不在此限。继承人放弃继承的，对被继承人依法应当缴纳的税款和债务可以不负清偿责任。”

产范围为限。虽然法律赋予继承人可以放弃继承以及选择是否参加诉讼的权利，但基于继承人放弃继承可能存在反悔而导致法律状态的不确定，如继承人未明确表示放弃继承或仅以口头形式声明放弃继承，法院均应将其列为当事人参加诉讼。如继承人以书面形式明确表示放弃继承，且不参加诉讼，法院可以不列其为当事人，但如查明该继承人已经实际继承了遗产，仍应将其列为当事人。

（二）有继承人但无遗产

虽然严格意义上，无遗产并不产生继承的法律关系。但因诉讼程序中对遗产线索的调查手段有限，为避免将来新发现遗产以及可能产生的继承关系，应参照（一）中的处理方式，决定是否将继承人列为当事人。

（三）无继承人但有遗产

在无继承人但存在遗赠人的情况下，法院在查明遗赠已执行的情形下，可依据《继承法》第 34 条关于“执行遗赠不得妨碍清偿遗赠人依法应当缴纳的税款和债务”[①] 之规定，追加遗赠人为当事人参加诉讼。无人继承又无人受遗赠的遗产，可依据《继承法》第 32 条关于“无人继承又无人受遗赠的遗产，归国家所有；死者生前是集体所有制组织成员的，归所在集体所有制组织所有”[②] 之规定，追加资产管理部门和集体组织参加诉讼。

为调查本案继承人及遗产的相关情况，合议庭多次赴兰某乙住所地、经常居住地调取户籍档案以及入户走访，最终确认兰某乙未留遗嘱，其父母、妻子及儿子为第一顺序法定继承人。虽然兰某乙的四位继承人均表示，兰某乙无可继承遗产，合议庭到本案原执行部门调查亦未发现兰某乙名下有可供执行的财产，但为保护债权人合法权益，在兰某乙财产状况未完全查清的情况下，为避免未来发现新的财产线索而无执行依据，合议庭参考最高人民法院制定的《人民法院民事裁判文书制作规范》《民事诉讼文

① 现为《民法典》第 1162 条。

② 现为《民法典》第 1160 条：“无人继承又无人受遗赠的遗产，归国家所有，用于公益事业；死者生前是集体所有制组织成员的，归所在集体所有制组织所有。”

书样式》制作了参加诉讼通知书通知兰某乙的四位继承人参加诉讼，并作为当事人列入。兰某乙的诉讼权利义务由继承人承担后，不再作为当事人列入文书。由于兰某乙的四位继承人未实际出席庭审，最高人民法院依法进行了缺席判决。

三、列为当事人的继承人应如何承担责任

在二审程序审理的案件中，因当事人发生变更，权利义务的承担也随之发生变化，必然面临对原审判决的改写。对于当事人实体权利义务的承担，依据权利义务对等的基本原则，遗产继承人、受遗赠人、应在其继承、遗赠的遗产价值范围内承担相应的债务清偿责任。一般可表述为“法定继承人在遗产承继范围内连带清偿……不足部分由遗嘱继承人甲（受遗赠人甲）承担×分之×、遗嘱继承人乙（受遗赠人乙）承担×分之×……”本案中仅存在法定继承人情形，因此参照上述表述方式，判决四位继承人在继承兰某乙遗产范围内连带偿还戴某借款本金 1990 万元及利息。另外，继承人、受遗赠人作为当事人应承担的诉讼费用亦应在其继承、受遗赠范围内承担。

对于判项本身的表述方式，司法实践中存在较多差异。主要存在以下形式：从是否写明主体变更原因及继承关系来看，大部分判决会写明基于当事人变更或当事人死亡原因对判决予以改判，并对死亡当事人的继承关系予以简单陈述。从改判的表述方式来看，大部分判决采用改判原审判项的方式来表述，也有一些判决采用撤销原审判决，直接改判的方式予以表述。从判决引用的法律及司法解释来看，大部分判决引用《民事诉讼法》第 170 条第 1 款第 2 项关于改判的相关规定作为判决依据，有些亦引用了《继承法》的相关规定。本案采用变更原审判项的方式，并引用《民事诉讼法》《继承法》的相关规定进行了改判。

需要注意的是，虽然此种情况下，判决采取改判的方式，但在原审正确的情况下，大部分判决会在改判时写明原审正确。以本案为例，再审判决明确肯定了原审判决认定事实清楚，适用法律正确，对最高人民检察院抗诉意见不予支持。

四、保证人的保证责任是否因债务人死亡受到影响

保证责任作为从债务，以主债务的有效成立为前提。当主债务灭失时，保证责任亦随之消灭。但债务人的死亡并不必然导致债务的消灭。无论从债务人死亡后当事人变更的事实还是从相关法律规定来看，保证人均应在债务人无法履行债务时，承担清偿债务责任，以实现对债权人权益的保护。在保证人承担保证责任后，可依据追偿权向债务人的权利义务承继人主张权利。本案中，因兰某乙的遗产并未完全查清，且兰某甲系连带保证责任的保证人，因此判决兰某乙的四位继承人在继承遗产范围内与兰某甲连带承担偿还义务。兰某甲承担保证责任后，如未来发现兰某乙的其他遗产，可以向兰某乙的继承人主张追偿权利。

五、结语

司法实践中，因诉讼中债务人死亡而引发的程序及实体权利变化存在多种复杂情形。目前我国法律及司法解释虽有原则性规定，但缺乏详细程序指引性规范。2021 年 1 月 1 日，《民法典》正式生效，《继承法》随即废止。《民法典》中创设的遗产管理人制度，不仅是对继承制度的重大创新与改革，更为司法实践中妥善解决被继承人清偿债务问题引入了新的机制。《民法典》第 1145 条规定："继承开始后，遗嘱执行人为遗产管理人；没有遗嘱执行人的，继承人应当及时推选遗产管理人；继承人未推选的，由继承人共同担任遗产管理人；没有继承人或者继承人均放弃继承的，由被继承人生前住所地的民政部门或者村民委员会担任遗产管理人。"第 1146 条规定："对遗产管理人的确定有争议的，利害关系人可以向人民法院申请指定遗产管理人。"第 1147 条规定："遗产管理人应当履行下列职责……（四）处理被继承人的债权债务……（六）实施与管理遗产有关的其他必要行为。"依据上述规定，今后债务人在诉讼中死亡，建议可由债权人主动申请或由法院直接追加遗产管理人作为当事人参加诉讼，以妥善解决债权债务问题。遗产管理人参加诉讼不仅能够明确并简化诉讼参加人，有助于诉讼程序的有效推进，亦有利于专业高效地厘清遗产以及债权债务的清偿及执行，对债权人权益的实现起到积极的促进作用。

另外，此类因权利义务承继主体变更而引发的改判，并非对原审认定事实及适用法律的否定，在审判管理及司法统计中，应将此类案件与“实质性”改判案件加以区分，以免影响真实改判率及审判人员绩效的认定。

最高人民法院再审合议庭成员：孙祥壮　何波　王朝辉

（编写人：刘园园* 审稿人：杨奕）

* 刘园园，法学硕士，中华人民共和国最高人民法院审判监督庭，三级高级法官助理。

深圳市瑞征物业管理有限公司
与
深圳市元盛实业有限公司
物业服务合同纠纷案

——地下车位的权属与使用收益

【裁判摘要】

开发商投资建设地下车库，但是相应的车位并未办理产权登记，开发商在房屋销售初始并未与业主约定地下车库的归属或者使用，而是通过签订物业服务合同委托交付给物业公司进行管理和收取相关的费用。在开发商与小区业主并未约定地下车库的归属或者使用，亦无法证明地下停车场的建设款项列入由业主分摊的涉案小区的建设成本时，地下车位由开发商建设、投资的，仍归开发商所有。因地下车位在没有计入容积率即并未占用涉案小区土地的使用权，不宜认定地下车库已随案涉小区项目土地使用权的转让，一并转移给全体业主所有。物业服务合同到期后，开发商有权依据合同约定收回地下车位及相应的收益。

【案件基本信息】

1. 抗诉机关与当事人

抗诉机关：中华人民共和国最高人民检察院

申诉人（一审被告、二审被上诉人）：深圳市瑞征物业管理有限公司（以下简称瑞征物业管理公司）

被申诉人（一审原告、二审上诉人）：深圳市元盛实业有限公司（以下简称元盛实业公司）

2. 案件索引与裁判日期

一审：广东省深圳市南山区人民法院（2012）深南法民三初字第201号判决（2012年9月20日）

二审：广东省深圳市中级人民法院（2012）深中法房终字第3158号判决（2013年5月20日）

再审：广东省高级人民法院（2014）粤高法民一提字第30号判决（2014年11月18日）

再审审查：最高人民法院（2018）最高法民抗4号裁定（2018年3月26日）

再审：最高人民法院（2018）最高法民再263号判决（2019年9月18日）

3. 案由

物业服务合同纠纷

【简要案情】

元盛实业公司作为开发商，建立了小区楼盘和地下车库，并为地下车库向有关部门办理了停车许可证。元盛实业公司在房产销售初始阶段已将部分车位以长期租赁的方式租赁给部分小区业主，一次性收取租金，车位使用年限等同于房屋的产权年限。瑞征物业管理公司作为该小区的物业服务公司，与元盛实业公司签订了物业委托管理合同，约定元盛实业公司委托瑞征物业管理公司进行物业管理，其中包括剩余的地下车位，由瑞征物业管理公司委托管理和收取停车费，并约定五年之后瑞征物业管理公司要把所有的物业和地下车位予以返还。合同到期后双方未再续约和签订任何协议，但瑞征物业管理公司仍继续提供物业服务。

之后，瑞征物业管理公司与该小区业主委员会签订物业委托管理合同，瑞征物业管理公司受小区业主委员会委托进行物业管理。在此期间，元盛实业公司与小区业主委员会签订协议书，约定元盛实业公司因资金困难无力支付小区房屋公用设施专用基金，将部分出售或长期出租地下车位，价格由元盛实业公司自行合理拟定并保证本次处置车位的收入首先支付大修基金，小区业主委员会有权监督大修基金的支付情况。根据上述协议约定，元盛实业公司又与部分小区业主签订租赁合同，将部分车位长期出租给小区业主。地下车库分为地下一层和地下二层，其中地下二层属于人防工程，地下车库的车位均未办理产权登记手续。元盛实业公司起诉到法院称，根据其与瑞征物业管理公司签订的物业服务合同约定，合同到期后，元盛实业公司有权要求瑞征物业管理公司返还剩余的115个车位和收取的停车费，双方争议主要是对地下车位的归属和收益权的问题。

一审法院于2012年9月20日作出判决：驳回元盛实业公司的全部诉讼请求。元盛实业公司不服一审判决，提出上诉，二审法院于2013年5月20日作出判决，驳回上诉、维持原判。元盛实业公司不服二审判决，向广东省高级人民法院申请再审，该院提审本案，并于2014年11月18日作出判决，撤销原一审、二审判决，支持元盛实业公司的诉讼请求。

瑞征物业管理公司不服再审判决，向检察机关申请监督。最高人民检察院抗诉认为再审判决适用法律错误，主要理由是：（1）案涉车位的所有权归全体业主所有，元盛实业公司无权要求瑞征物业管理公司归还案涉车位。本案中，元盛实业公司在与涉诉小区业主签订房地产预售合同之时并未对地下停车库的权益进行特别约定。地下停车库的权益根据“房地一体”原则已随房地产同时转移，即案涉车位应属于全体业主共有。（2）瑞征物业管理公司有权收取案涉车位的租金。根据《物权法》及有关法律规定，业主委员会系由业主选举产生，是代表业主利益的组织，其有权依据法定程序与物业服务企业签订物业管理合同。[①] 本案中，美加广场业主委员会先后于2008年4月和2011年3月与瑞征物业管理公司签订了美加广场物

① 参见《民法典》第277条第1款：“业主可以设立业主大会，选举业主委员会。业主大会、业主委员会成立的具体条件和程序，依照法律、法规的规定。”《民法典》第278条：“下列事项由业主共同决定：（一）制定和修改业主大会议事规则；（二）制定和修改管理规约；（三）选举业主委员会或者更换业主委员会成员；（四）选聘和解聘物业服务企业或者其他管理人；（五）使用建筑物及其附属设施的维修资金；（六）筹集建筑物及其附属设施的维修资金；（七）改建、重建建筑物及其附属设施；（八）改变共有部分的用途或者利用共有部分从事经营活动；（九）有关共有和共同管理权利的其他重大事项。业主共同决定事项，应当由专有部分面积占比三分之二以上的业主且人数占比三分之二以上的业主参与表决。决定前款第六项至第八项规定的事项，应当经参与表决专有部分面积四分之三以上的业主且参与表决人数四分之三以上的业主同意。决定前款其他事项，应当经参与表决专有部分面积过半数的业主且参与表决人数过半数的业主同意。”

业委托管理合同。因此，瑞征物业管理公司收取案涉车位的租金，依据的是与美加广场业主委员会之间的委托管理合同，该合同合法有效。而元盛实业公司并非案涉车位的所有权人，无权要求瑞征物业管理公司返还收取的案涉车位租金。

【案件焦点】

地下车位未办理产权登记的，该如何确定其归属与使用收益，开发商是否有权要求物业服务公司予以返还？

【裁判结果】

最高人民法院经审理认为：经查明，案涉地下停车场没有计入容积率即并未占用案涉小区土地的使用权，各户房屋的分摊公用面积亦不包括地下一、二层的建筑面积。因此，案涉地下停车场也未计入公用建筑面积及作为分摊公用面积销售给业主，现在也没有证据证实地下停车场的成本以其他方式实际计入业主的购房款中，即案涉地下停车场开发成本并未相应分摊到各个商品房的出售价格之中，因此，不宜认定案涉车位已随美加广场项目所有权的转让，一并转移给全体业主。案涉 115 个地下停车位分属于地下一层、地下二层，其中 100 个停车位位于地下二层。地下二层属于民防工程，经查明该人防工程系元盛实业公司投资和建设，战时作为一般城市居民掩蔽所，平时可作为停车场。根据《人民防空法》第 5 条第 2 款“国家鼓励、支持企业事业组织、社会团体和个人，通过多种途径，投资进行人民防空工程建设；人民防空工程平时由投资者使用管理，收益归投资者所有”的规定，元盛实业公司作为该人防工程的投资者享有相关的收益即对案涉车位中位于地下二层的 100 个停车位享有收益。因并无事实和法律依据证明业主有处置车位的权利，故瑞征物业管理公司关于其与业主委员会之间签订新的委托合同而占有案涉车位的主张不能成立。因瑞征物业管理公司与元盛实业公司之间的委托合同期满后，双方当事人并未就委托事宜重新签订相关协议，瑞征物业管理公司不再是案涉停车位管理委托人，应当依照约定归还元盛实业公司委托其管理的地下车位和收取的停车费。综上所述，检察机关的抗诉理由，不予采纳，最高人民法院维持了广东省高级人民法院的再审判决。

【裁判摘要评析】

已生效的《民法典》对于车位、车库的权属以及对于“占用业主共有的道路或者其他场地用于停放汽车的车位，属于业主共有”有明确规定，其余的车位、车库的归属仅规定“由当事人通过出售、附赠或者出租等方式约定，但应当首先满足业主的需要”,① 即由当事人协商解决，但是对于没有约定的或者约定不明的，并没有作出清晰明确的规定，只是明确“建筑区划内，规划用于停放汽车的车位、车库应当首先满足业主的需要”。

地下车位一般因历史原因很少办理产权登记手续，而且又涉及人防工程，现行法律法规对于地下车位的所有权归属又无明确规定，造成理论上和审判实物分歧较大。本案中，因案涉地下车位均未办理产权登记手续，一直由开发商交由物业服务公司进行管理。对此，地下车位的争议，小区业主委员会和瑞征物业管理公司均主张剩余的115个地下车位归业主共有，元盛实业公司认为地下车库由其开发建设应该归其所有。案涉争议的115个地下停车位分属于地下一层、地下二层，地下二层属于人防工程。

一、人防车位的归属和收益

开发商投资建设地下停车场，包括人防工程。人防工程战时作为一般城市居民掩蔽所，经过相关的人防部门批准平时可作为停车场使用。《人民防空法》第5条第2款规定“国家鼓励、支持企业事业组织、社会团体和个人，通过多种途径，投资进行人民防空工程建设；人民防空工程平时由投资者使用管理，收益归投资者所有”，实践中对于人防车位权属，既有认定归国家所有，也有归全体业主共有或开发商所有的判决。人防车位的另外一层职能是服务战时所需，从战时对于保障人防工程的管理、高效投入使用，人防车位的所有权归国家更符合人防工程建设的初衷。对于投资建

---

① 参见《民法典》第275条：“建筑区划内，规划用于停放汽车的车位、车库的归属，由当事人通过出售、附赠或者出租等方式约定。占用业主共有的道路或者其他场地用于停放汽车的车位，属于业主共有。”《民法典》第276条：“建筑区划内，规划用于停放汽车的车位、车库应当首先满足业主的需要。”

设单位而言，取得平时人防车位的收益使用权平衡了其利益，也可以最大限度地发挥设施的效用。鉴于人防车位归属于国家的特殊性，还需考量租赁、转让人防车位使用权是否经过人防主管部门的批准或者报备。

二、一般车位的权属和收益

《物权法》第136条规定“建设用地使用权可以在土地的地表、地上或者地下分别设立”①，2021年生效的《民法典》也沿用了该条规定，从基本法的角度明确了土地为立体空间，土地概念的外延逐渐由平面发展为立体。虽然目前我国还没有全国性的规范地下建设用地使用权设立和登记问题的法律、法规，仅有一些地方依据本地情况颁布了地下建设用地使用权设立和登记的规章或规范，但是对于土地的使用、收益也应当作为立体空间予以考虑，不宜按照“房地一致”原则，默认已随着房地产项目出售转让，地下空间的使用权一并转移给全体业主，而是需要查证地下车库是否计入了容积率即占用对应的土地使用权份额，不计入容积率也可能存在合法的土地权利，只有合法的土地使用权存在，地下车库方能成为区分专有权的客体。经查证，涉案地下停车场没有计入容积率即并未占用涉案小区土地的使用权，不能按照“房地一致”原则，不宜认定已随美加广场项目所有权的转让，一并转移给全体业主。

根据建设部②发布的建房《商品房销售面积计算及公用建筑面积分摊规则（试行）》第9条关于公用建筑面积计算原则规定：“凡已作为独立使用空间销售或出租的地下室、车棚等，不应计入公用建筑面积部分。作为人防工程的地下室也不计入公用建筑面积。”元盛实业公司在原审中提交了证据能够证明各户房屋的分摊公用面积不包括地下一、二层的建筑面积，即涉案地下一、二层的建筑面积没有作为公摊面积销售给业主。因此，涉案地下停车场也未计入公用建筑面积也没有作为分摊公用面积销售给业主。也没有其他证据证实地下停车场的成本以其他方式实际计入业主的购房款

---

① 现为《民法典》第345条：“建设用地使用权可以在土地的地表、地上或者地下分别设立。”

② 根据2008年国务院机构改革方案，组建住房和城乡建设部，不再保留建设部。

中即案涉地下停车场开发成本并未相应分摊到各个商品房的出售价格之中，也不能认定案涉地下停车场已经一并转让给全体业主。

另外，元盛实业公司提交了证据证明，在案涉房产销售阶段，元盛实业公司已将案涉小区地下停车场的部分车位长期出租给小区业主，约定通过租赁 70 年的方式将部分车位转让给业主使用。随后，元盛实业公司又与小区业主委员会（乙方）签订协议书，约定元盛实业公司以自己的名义再出让一部分车位，价格由元盛实业公司自行合理拟定，保证本次处置车位的收入首先支付大修基金，小区业主委员会有权监督大修基金的支付情况。大修基金支付完毕后，元盛实业公司有权自行处置其余收入。依据上述协议，元盛实业公司又与业主签订租赁合同将车位长期出租给涉案小区业主。因此，上述事实可以认定开发商在商品房初始销售时已经通过签订车位租赁合同的方式对停车场的权益进行了明确约定，也表明案涉小区业主委员会、瑞征物业管理公司和部分业主对元盛实业公司将其拥有的车位出租不持异议，从而也否认开发商在小区销售时将地下停车场一并转移给全体业主。因并无事实和法律依据证明业主有处置车位的权利，故瑞征物业管理公司关于其与业主之间签订新的委托合同而占有案涉车位的主张不能成立。

综上所述，根据现行法律规定，如果在房地产原审销售初始，开发商通过租赁或者转让的方式将车位转给业主或者其他人都属于约定明确，就应当按照约定处理。如果没有约定，就应当让开发商对于车位是否合法建造而原始取得所有权的事实承担举证责任，结合是否占用容积率、是否计入公摊面积、地下车库的成本是否以其他方式分摊到各个商品房的出售价格中等多种因素，综合考虑判断业主是否通过继受取得的方式获得一般车位的所有权，而不能仅仅根据案涉小区项目整体销售给全体业主，地下车库的所有权就转移给全体业主共有。从这个角度，笔者倾向于认为一般车位归属于开发商，也符合《物权法》第 142 条“建设用地使用权人建造的建筑物、构筑物及其附属设施的所有权属于建设用地使用权人，但有相反证据证明的除外”① 的规定。特别说明，虽然对于地下车位的归属可予判断，但是能否办理产权登记还需符合相关主管部门的规定。

最高人民法院再审合议庭成员：孙祥壮　张能宝　何波

（编写人：孙祥壮*　许冬冬**　审稿人：杨奕）

---

① 现为《民法典》第352条：“建设用地使用权人建造的建筑物、构筑物及其附属设施的所有权属于建设用地使用权人，但是有相反证据证明的除外。”

* 孙祥壮，法学博士，中华人民共和国最高人民法院审判监督庭，二级高级法官。

** 许冬冬，法学学士，中华人民共和国最高人民法院审判监督庭，法官助理。

舟山外代货运有限公司
与
大连丰海远洋渔业有限公司
申请诉中财产保全损害责任纠纷案

——如何把握当事人申请保全错误的裁判尺度

【裁判摘要】

1. 因申请财产保全错误侵害他人合法权益的行为属于一般侵权行为，应当适用过错责任原则，即申请保全错误须以申请人主观存在过错、客观行为具有违法性、损害事实客观存在以及损害事实与申请行为之间具有因果关系为要件。依据“谁主张，谁举证”之责任分配规则，保全损害赔偿请求人应就申请保全行为具备以上要件进行充分举证。

2. 因申请人在提出财产保全时，并不知晓也无从知晓案件的最终判决结果，当事人对诉争事实和权利义务的判断未必与法院的裁判结果一致。如果仅以保全申请人的诉讼请求是否得到支持作为判断申请保全是否错误的依据，则对当事人申请保全所应尽到的注意义务要求过于严苛，将有碍于善意当事人依法通过诉讼保全程序维护自己的合法权益。

3. 申请人基于合理的认识，为了维护其自身合法权益申请法院扣押、拍卖涉案船舶，已尽到了一般人应尽到的合理、谨慎的注意义务，无故意或重大过失，不应认定申请人存在过错。

【案件基本信息】

1. 诉讼当事人

再审申请人（一审原告、二审上诉人）：舟山外代货运有限公司（以下简称舟山外代货运公司）

被申请人（一审被告、二审被上诉人）：大连丰海远洋渔业有限公司（以下简称丰海远洋渔业公司）

2. 案件索引与裁判日期

一审：大连海事法院（2011）大海长事外初字第1号判决（2017年12月20日）

二审：辽宁省高级人民法院（2018）辽民终332号判决（2018年6月7日）

再审：最高人民法院（2018）最高法民申6289号裁定（2019年10月29日）

3. 案由

申请财产保全损害责任纠纷

【简要案情】

丰海远洋渔业公司与舟山外代货运公司因海上货物运输损害赔偿纠纷一案，于2004年3月3日向大连海事法院起诉舟山外代货运公司并提出诉讼保全申请，请求扣押舟山外代货运公司所有的“盛福”轮并责令其提供120万元人民币的可靠担保。2004年3月7日，大连海事法院扣押了“盛福”轮，责令“盛福”轮所有人舟山外代货运公司（实为经营人及共有人）提供120万元的可靠担保。因为舟山外代货运公司没有提供可靠担保，6月12日丰海远洋渔业公司向大连海事法院提出拍卖船舶申请。6月21日，大连海事法院对停泊在舟山港的“盛福”轮予以拍卖。“盛福”轮拍卖所得款项扣除相关费用（评估费、公告费、差旅费）后，未进行债权分配，余款8,214,006.50元一直存放于大连海事法院账户。

关于以上案件的裁判情况，大连海事法院于2005年8月11日作出一审判决：舟山外代货运公司向丰海远洋渔业公司支付赔偿款770,200元。舟山外代货运公司不服提出上诉。辽宁省高级人民法院发回重审。大连海事法院经重审认为丰海远洋渔业公司索要鱼货款不属于请求赔偿，无须适用诉讼时效，遂判决：舟山外代货运公司于本判决生效之日起30日内向丰海远洋渔业公司交付119.7吨鱼货的拍卖款167,837,141印尼盾，折合人民币131,564元。舟山外代货运公司不服提起上诉。2010年3月17日，辽宁省高级人民法院作出（2008）辽民三终字第 215 号判决，认为丰海远洋渔业公司与舟山外代货运公司之间法律关系为海上货物运输合同关系，适用一年的诉讼时效，丰海远洋渔业公司起诉已过诉讼时效，遂撤销一审判决，驳回丰海远洋渔业公司的诉讼请求。但该判决中认定“舟山货运（本案中舟山外代货运公司）对丰海远洋渔业公司的货损应承担赔偿责任”。

舟山外代货运公司认为丰海远洋渔业公司错误申请法院扣押、拍卖船舶的行为，造成舟山外代货运公司扣船期间船期损失，遂向大连海事法院起诉请求丰海远洋渔业公司赔偿其相关损失及本案诉讼费用。

一审法院于 2017 年 12 月 20 日作出（2011）大海长事外初字第 1 号判决，驳回舟山外代货运公司的诉讼请求；二审法院于 2018 年 6 月 7 日作出（2018）辽民终 332 号判决，驳回上诉，维持原判。

判决生效后，舟山外代货运公司向最高人民法院申请再审，请求撤销一审、二审判决，依法改判丰海远洋渔业公司赔偿舟山外代货运公司相关损失。

【案件焦点】

丰海远洋渔业公司申请扣押、拍卖涉案船舶的诉讼保全行为是否存在错误。

【裁判结果】

最高人民法院经审查认为，对于因申请财产保全错误侵害他人合法权益的，因为该行为属于一般侵权行为，应当适用过错责任原则。依据“谁主张，谁举证”之举证责任分配规则，保全损害赔偿请求人应就申请保全行为具备一般侵权行为构成要件进行充分举证。（2008）辽民三终字第 215 号案件经过一审、二审法院各两次审理，历经多年方作出终审判决。其争议的核心问题即是丰海远洋渔业公司的诉讼请求权是否超过了诉讼时效期间。对于该问题，专业法官尚且有争议，如要求申请人在案件审结之前即知晓该争议法律问题的结论无疑是对申请人苛予了过于严格的注意义务要求。根据辽宁省高级人民法院（2008）辽民三终字第 215 号判决的认定，舟山外代货运公司应承担赔偿责任。从主观方面来看，丰海远洋渔业公司提出保全申请系基于舟山外代货运公司对涉案海事请求负有责任的认识，该认识得到了法院生效判决的认可，系具备一定证据和法律支持的合理认识。丰海远洋渔业公司基于合理的认识，为了维护其自身合法权益申请法院扣押、拍卖涉案船舶，已尽到了一般人应尽到的合理、谨慎的注意义务，无故意或重大过失。从客观方面来看，丰海远洋渔业公司依据《海事诉讼特别程序法》第 21 条、第 29 条、第 30 条的规定，提出海事请求保全申请，符合法律规定，未有证据证明丰海远洋渔业公司提出海事请求保全申请存在明显违法或程序不当。因丰海远洋渔业公司申请保全没有错误，舟山外代货运公司称二审判决未采信证明其损失的证据材料属事实认定不清，不能成立。因此，裁定驳回舟山外代货运公司的再审申请。

【裁判摘要评析】

财产保全是我国民事诉讼的一项重要制度，是人民法院在诉讼过程中，为了保证将来生效判决得到全部执行或避免财产遭受损失，根据利害关系人或当事人的申请，或依职权对当事人的财产采取的保护措施。为了较好地发挥财产保全的制度功能，法院一般鼓励当事人依法申请财产保全，但如果当事人滥用申请保全的诉讼权利，也会给保全财产的权利人造成损失。《民事诉讼法》第 105 条关于保全错误的规定即是对保全制度合理运用的制约机制。

一、申请财产保全错误行为的性质

（一）申请财产保全错误行为属于侵权行为的范畴

我国法律关于申请保全错误的规定主要体现在《民事诉讼法》第 105 条。该条规定："申请有错误的，申请人应当赔偿被申请人因保全所遭受的损失。"《海事诉讼特别程序法》第 20 条规定了申请海事请求保全错误，该条的表述与《民事诉讼法》第 105 条的表述基本一致，强调了申请诉讼保全错误的损害赔偿责任同样适用于海事诉讼中。除此之外，法律并未就何为申请错误作进一步规定。民事法律关系中，债的发生原因包括侵权行为、合同、不当得利、无因管理。申请保全错误的，申请人应承担赔偿责任。该责任并非因合同、不当得利或无因管理而产生，属于典型的侵权责任，申请保全错误行为相应地属于侵权行为的范畴。

（二）一般侵权行为与特殊侵权行为之分

侵权行为是侵害他人受保护的民事权益，依法应承担侵权责任的行为。

侵权行为最重要的分类为一般侵权行为与特殊侵权行为。二者区分的标准在于适用的归责原则不同。归责原则是指确定侵权人承担侵权损害赔偿责任的一般准则，它是在损害事实已经发生的情况下，为确定侵权人对自己的行为所造成的损害是否需要承担赔偿责任的原则。[①] 按照我国侵权相关法律规定，归责原则包括过错责任原则、过错推定责任原则、无过错责任原则，并以公平责任作为补充适用。也有人认为过错推定责任原则从属于过错责任原则，仅是过错责任原则中当事人举证责任分配特殊化的一种例外情形。笔者认为，归责原则是追究侵权责任的基本依据，其应用于民事诉讼中对当事人最大的影响即在于举证责任分配不同。因此，虽然《民法典》将过错责任原则和过错推定责任原则规定在一条之中，但鉴于二者举证责任分配不同，我们姑且将他们当作两种不同的归责原则进行讨论。

一般侵权行为系由行为人基于自己的过错而实施的行为，适用过错责任原则和侵权责任的一般构成要件。特殊侵权行为具有归责原则适用的特殊性，适用过错推定责任原则或无过错责任原则。对于公平责任，严格来说，在行为人对损害的发生没有过错的情况下，行为人依法承担的补偿责任是法律基于分配正义作出的强制性要求。该种补偿责任不是严格意义上的侵权责任，一般也不将行为人应承担公平责任之行为纳入一般侵权行为或特殊侵权行为之范畴。判断某一行为属于一般侵权行为还是特殊侵权行为，应着重考量该行为应适用的归责原则。

（三）申请财产保全错误行为属于一般侵权行为

通过考量申请保全错误行为应适用何种归责原则，该行为的侵权法属性可得以判断。

首先，依据法律的体系解释方法，申请保全错误行为应属于一般侵权行为。近代以来各国的侵权法律体系中，过错责任原则无一例外的都是最基本的归责原则。过错责任原则被规定为一般条款，是在没有例外规定的情况下就应当被适用的条款。凡是适用过错责任原则的侵权行为都属于一般侵权行为，这些侵权行为无须也无法由法律逐一列举并予以规定。相

① 参见杨立新：《侵权法论》（第 5 版），人民法院出版社 2013 年版，第 163 页。

反，作为过错责任原则的例外，无过错责任、过错推定责任、公平责任，必须由法律逐一规定。[①]《民法典》侵权责任编的相关规定即体现了以过错责任原则为一般归责原则，无过错责任原则、过错推定、公平责任为特殊归责原则的侵权法体系安排。《民法典》第1165条规定："行为人因过错侵害他人民事权益造成损害的，应当承担侵权责任。依照法律规定推定行为人有过错，其不能证明自己没有过错的，应当承担侵权责任。"《民法典》第1166条规定："行为人造成他人民事权益损害，不论行为人有无过错，法律规定应当承担侵权责任的，依照其规定。"《民法典》第1186条规定："受害人和行为人对损害的发生都没有过错的，依照法律的规定由双方分担损失。"以上规定中，《民法典》第1165条第1款规定了过错责任原则，该条没有出现"依照法律规定"类似的表述，说明过错责任原则为侵权行为的一般归责原则，在法律无特别列举的情况下，均应适用过错责任原则。《民法典》第1165条第2款规定了过错推定原则、第1166条规定了无过错责任原则、第1186条规定了公平责任，以上规定中均出现了"法律规定"或"依照法律规定"的表述，说明过错推定责任原则、无过错责任原则及公平责任均系特殊的归责原则或补充规则，仅在法律存在具体规定的情况下，才予以适用。如《民法典》第1236条对高度危险责任进行了具体规定："从事高度危险作业造成他人损害的，应当承担侵权责任。"即只要造成他人损害了，而不论从事高度危险作业者是否有过错，都要承担侵权责任。因此，高度危险责任采用的是无过错责任原则。如《民法典》第1222条规定了患者在诊疗活动中受到损害的情形适用过错推定责任原则，该条具体表述为："患者在诊疗活动中受到损害，有下列情形之一的，推定医疗机构有过错……"又如《民法典》第1190条规定："完全民事行为能力人对自己的行为暂时没有意识或者失去控制造成他人损害有过错的，应当承担侵权责任；没有过错的，根据行为人的经济状况对受害人适当补偿。"该条规定了公平责任的具体适用情形。而关于申请保全错误行为的规定，法律中仅有《民事诉讼法》第105条和《海事诉讼特别程序法》

---

① 参见程啸：《侵权责任法》（第2版），法律出版社2015年版，第55页。

第 20 条的规定。该两条均规定了申请人存在申请保全错误的情况下，才需要就被申请人或利害关系人的损失承担赔偿责任。相关法律规定并未表述为申请人只要造成损失了一律需要予以赔偿，亦未规定在何种情形下应推定申请人有过错，也未规定申请人即便无过错的，也应当对被申请人的损失进行补偿。《民事诉讼法》第 105 条与《民法典》以上关于无过错责任原则、过错推定责任原则和公平责任具体规定的表述完全不同，且该条强调了申请人承担责任的前提为其申请行为具有错误，故仅依据《民事诉讼法》第 105 条或《海事诉讼特别程序法》第 20 条的规定，尚不足以认定申请保全错误行为属于特殊侵权行为。在法律未进一步规定的情况下，该侵权行为应适用一般归责原则，即过错责任原则。

其次，将申请保全错误行为理解为特殊侵权行为也不符合侵权法归责原则体系设置的立法宗旨。第一，申请保全错误行为不应适用过错推定责任原则。过错推定责任原则适用于法律有特别规定的场合，从损害事实的本身推定加害人有过错。过错推定是工业革命时代的产物，当受害人特别是大量工人遭受侵害的事故频繁出现后，由于证明行为人主观过错难度很大，在受害人往往无法得到救济的情况下，在程序法上产生的一项补救措施。[①] 过错推定原则在于通过适当加重加害人的举证责任，将原本相对弱势的受害人提升至比较有利的诉讼地位，以矫正双方有所失衡的实际地位，使双方当事人处于较为平衡的诉讼地位，有效地保护受害人的权益。如《民法典》第 1199 条无民事行为能力人在教育机构受到损害的责任、第 1222 条患者在诊疗活动中受到损害的责任、第 1248 条动物园的动物造成他人损害的责任等，都是通过适用过错推定责任原则，加强对较为弱势的无民事行为能力人、患者及游客的权利保护。而申请财产保全诉讼活动中，申请人和被申请人为诉讼活动中的双方当事人，其诉讼地位是平等的。被申请人并非天然弱势的一方，亦无须通过调整举证责任分配规则才能较为公平地保护该方的合法权益。故从立法宗旨考量，申请财产保全错误行

---

① 参见最高人民法院侵权责任法研究小组编著:《〈中华人民共和国侵权责任法〉条文理解与适用》，人民法院出版社 2010 年版，第 49 页。

为不应属于适用过错推定责任原则的特殊侵权行为。第二，申请财产保全错误行为不应适用无过错责任原则。无过错责任主要包括危险责任和替代责任。危险责任随着现代科学技术的发展而兴起。现代科学技术的发展催生了越来越多威胁到公众安全的隐患。因为这些活动对社会发展整体有益，法律并未予以禁止。但危险活动不可避免地导致一部分民事主体遭受侵害，受害者不应当成为社会发展副作用的买单者。考虑到开展危险活动之人因此享受到经济收益，获得利益方也应当承担因实施危险行为给他人造成的损害赔偿责任。此外，加重从事危险活动行为人的责任，也可以督促他们加强管理，提高活动的安全性，避免损害事故的发生。因此，“特定企业、特定装置、特定物品之所有人或持有人，在一定条件下，不问其有无过失，对于因企业、装置、物品本身所具有危害而生之损害，应负赔偿责任”①。替代责任是由于责任人对加害人的行为具有控制力，如监护人有权控制、监管被监护人的行为，责任人对加害人的侵权行为应负赔偿责任而不论责任人对此是否存在过错。综观无过错责任的两种基本类型，行为人承担危险责任的依据在于其从事的活动或保有的物件具有特定的危险，而当事人申请财产保全仅仅是确保当事人的实体权利得到保障的一种诉讼手段，有益于判决得到顺利执行，该行为本身并不存在特定的社会危险性。故从危险责任的理论基础而言，申请财产保全错误行为不应适用该项归责原则。而替代责任均具有责任人对于加害行为人具有强大控制力的特征，申请保全行为中并不存在一方对另一方具有控制力的情况，与替代责任适用的情形相去甚远，该行为自然没有适用替代责任归责原则的余地。因此，申请财产保全错误行为不具有适用无过错责任原则的理论基础。第三，申请保全错误行为不应适用公平责任。公平责任适用于受害人和行为人都没有过错的情况，旨在对损失进行合理分担。按照立法机关的解读，有关公平分担的规则产生于未成年人和精神病人的赔偿案件。19 世纪以来，由于过错责任的勃兴，许多国家认为未成年人或者精神病人不具备意思能力，不能被确定有过错，因此对其造成的损害不负责任。但由于完

① 王泽鉴：《民法学说与判例研究（第 5 册）》，北京大学出版社 2009 年版，第 187 页。

全免责的做法对于受害人而言有些显失公平，一些国家和地区从规则上对此作了矫正，采用了公平分担损失的做法。[①] 公平责任完全是以财产之有无、多寡作为责任分担的依据，是道德规范的法律化，实践的是分配正义而非矫正正义。[②] 为防止造成强势的一方当事人承担社会保障的任务，《民法典》对公平责任的适用范围作了进一步的限缩。原《侵权责任法》规定"可以根据实际情况"分担损失，《民法典》将适用范围限缩于"依照法律的规定"。至此，公平责任只适用于诸如自然原因引起的紧急避险、见义勇为受益人对受害人的补偿责任等少数情况。不少学者认为公平责任并非一项独立的归责原则，仅是补充适用的规则。《民事诉讼法》第105条明确规定申请人应就申请保全错误赔偿被申请人损失，并不存在法律基于公平的考虑，需要在申请人和被申请人之间强制进行损失分摊的情形，申请保全错误行为当不适用公平责任。综上所述，申请保全错误不具有适用侵权法特殊归责原则或规则的理论基础，将其划入特殊侵权行为的范畴亦不符合侵权法归责原则的立法宗旨。

最后，将申请保全错误行为认定为一般侵权行为符合司法实践需求。申请财产保全制度是一把"双刃剑"，一方面，该项制度满足了法院的裁判文书得以顺利执行的紧迫性需要，对于法院判决的实现具有十分重要的意义。保全制度还可以降低判决实现的成本，迫使义务人自动履行义务，有利于促进纠纷的顺利解决，全面保护申请人一方的合法权益。另一方面，如果申请人一方滥用保全制度，则会侵害被申请人一方的合法权益。如申请人进行恶意诉讼，或者保全价值明显大于请求数额且申请人对于保全财产价值有合理的预见能力，可能造成被申请人较大的损失。任何一项法律制度，都应当物尽其用，如果制度执行不力，可能导致制度价值难以体现，无法解决现实社会问题。同时，法律制度也应当在其效用最大化的限度范围内予以实行，一旦超过了界限，可能涉及权利滥用的问题，反而滋生其他社会问题。财产保全制度即是如此。如果将申请财产保全错误行

① 参见最高人民法院民法典贯彻实施工作领导小组主编：《中华人民共和国民法典侵权责任编理解与适用》，人民法院出版社2020年版，第202页。

② 参见王泽鉴：《侵权行为》，北京大学出版社2009年版，第401页。

为的认定标准设定过低，无疑大大增加了申请人承担保全错误赔偿责任的可能性，影响了当事人申请财产保全的积极性，为裁判文书的执行留下隐患。如果将申请财产保全错误行为的认定标准设定过高，则在鼓励当事人积极利用保全制度的同时也给申请人滥用该制度侵害被申请人的权利以可乘之机。《民事诉讼法》对于保全制度的规定多为程序性规定，对于限制申请人滥用保全制度的规定仅有该法第 105 条一条，缺乏进一步的法律或司法解释的规定。目前，对于申请保全错误如何界定完全有赖于司法实践中的法官裁判尺度。理想的状态是，通过统一申请保全错误认定标准，尽量发挥保全制度保障申请人一方合法权益，确保法院判决实现之效用，又不致损害被申请一方当事人的权利的制度功能。考虑到因申请人滥用申请保全之诉讼权利侵害被申请人权利显然尚未成为现象级社会问题，而保障裁判文书的有效实现是更为紧迫的司法实践需求，将申请保全错误行为界定为特殊侵权行为会导致认定保全错误的门槛过低，不利于发挥保全的制度功能，将申请保全错误行为界定为一般侵权行为更符合当前的社会实践需求。

二、申请财产保全错误行为的构成要件

一般侵权行为的构成要件包括加害行为、损害后果、因果关系及主观过错。前三个要件均通过客观情况予以判断，可以归入客观构成要件一类。虽然法学界越来越倾向于利用客观标准来衡量一个人的过错程度，但过错始终难以与行为人的主观状态完全割离，目前通说仍将过错作为一般侵权行为的主观构成要件。

（一）客观构成要件

申请保全错误行为属于一般侵权行为，判断申请保全行为是否具备《民事诉讼法》第 105 条规定的“申请有错误的”，应视该行为是否具备一般侵权行为的构成要件，即加害行为、受害人的损害后果、加害行为与损害后果之间的因果关系、行为人具有过错。四个构成要件中，前三项为客观构成要件。没有加害行为，就不会产生侵权责任，在认定申请保全错误行为过程中，只要一方当事人申请法院进行财产保全，即可认定申请人实施了客观行为。但客观申请行为并不直接等同于加害行为，加害行为较客观申请行为增加了违法性及致害性这一价值判断，申请行为是否属于“加害”行为，可通过申请人申请保全是否违反了程序法的相关规定，是否具有侵权法意义上的致害性进行判断。有时候，若申请行为符合程序法的相关规定，则致害性还应通过其他一般侵权行为构成要件进行综合价值判断。该事实是比较客观易判的，这一环节一般不存在争议。受害人的民事权益遭受侵害也是侵权责任成立的前提，倘若申请保全行为并未导致民事权益遭受侵害，则侵权责任不能成立。如一方当事人向法院申请财产保全，而法院并未批准该申请，则权益的侵害无从谈起，申请人无须承担侵权责任。加害行为侵害的需是法律保护的民事权益。如在中国建筑第八工程局有限公司大连分公司诉润德集团有限公司等案，最高人民法院（2014）民申字第2006号裁定中，保全的被申请人起诉请求保全的申请人赔偿被查封房屋不能出租的损失。经法院查明，案涉房屋在查封期间及解封后尚处于未竣工验收状态，属于依法不能出租使用的工程，被申请人主张的“租金损失”并非受法律保护的权利，法院终未支持被申请人关于租金损失的主张。虽然有加害行为和侵害的后果，但是如果民事权益被侵害的后果并非加害行为所致，而是由于其他原因造成的，则行为人也无须承担侵权责任。至于如何判断加害行为与损害结果之间的因果关系，法学界和司法实践中逐渐接受相当因果关系说。相当因果关系说要求法院依一般社会见解，按照社会所达到的知识和经验，只要一般人认为在同样情形有发生同样结果之可能性即可。[①] 在认定申请财产保全错误行为过程中，申请财产保全行为需按照通常社会见解判定其与损害后果之间存在因果关系，申请人才具有被追责的可能性。如黔东南州兴源建筑工程有限责任公司诉张某某案，最高人民法院（2017）最高法民申3673号民事裁定书中，该案被保全的工程保证金在工程竣工验收前不能挪作他用，因此，案涉财产保全行为与保全被申请人不能清偿他人债务造成的损失不存在因果关系，法院未支持保全被申请人的赔偿请求。

---

① 参见梁慧星：《雇主承包厂房拆除工程违章施工致雇工受伤感染死亡案评释》，载《法学研究》1989年第4期。

（二）主观构成要件

因申请财产保全错误行为属于一般侵权行为，申请人须具有过错，才就受害人的损失承担责任。当加害行为、损害结果和因果关系三个客观要件均满足后，即应当考虑主观要件。过错的判断并非如客观要件那般直观，一般而言，过错是对行为人主观心理状态的评价，司法实践中往往难以直视人的内心，而是通过行为判断行为人的心理。随着社会的发展，过错的判断标准日益客观化，过错背后更多体现的是对各种法律价值的取舍和各种利益冲突的衡量。换言之，表面上是对有无过错的认定，实际上是法官的价值判断与权衡。① 承上所述，在权衡将财产保全错误行为界定为一般侵权行为还是特殊侵权行为时，除了考虑侵权法基础理论及实体法体系规定外，已经加入了关于保全申请人和保全财产权利人之间利益权衡的考量。在确定申请财产保全错误行为主观过错程度时，依然要进行这种价值判断。考虑到便于判决的执行相较于避免保全财产权利人利益受到侵害属于更为紧迫的司法实践需求，不宜将过错的程度定得过低。

过错一般分为故意和过失。故意是行为人预见自己行为的结果，仍然希望它发生或者听任它发生的主观心理状态。② 故意分为直接故意和间接故意，这种区分意义不大，因为即便申请人存在重大过失，依然可以认定申请保全错误，故不论直接故意或者间接故意，都可认定申请人具有侵权责任。过失是一种不注意的心理状态，即对自己应付注意义务的违反，不同程度的过失对应当事人违反不同程度的注意义务。通说认为注意义务有以下三种：一为普通人的注意义务，将按照一般人在通常情况下能够注意到作为标准；二为善良管理人注意义务，即具有相当知识经验的人对于一定事件的所用注意作为标准，客观地加以认定；三为同一注意义务，即与处理自己事务为同一注意，以行为人平日处理自己事务所用的注意为标准。依据过失的程度，可以将过失分为三类，包括重大过失、一般过失和具体过失。重大过失是行为人连普通人的注意义务都没有尽到。一般过失，有

① 参见程啸：《侵权责任法》（第2版），法律出版社2015年版，第264页。

② 参见杨立新：《侵权责任法》，法律出版社2011年版，第120页。

的学者也称为抽象过失，是指违反善良管理人注意义务之过失。这种过失是抽象的，不依行为人的主观意志为标准，而以客观上应不应当作到为标准。善良管理人注意义务标准最高，行为人未尽注意义务的过失也相对较轻，属于轻过失。具体过失指违反应与处理自己事务为同一注意义务的过失。[①] 具体过失采取主观化的判断标准，需要考虑行为人通常的行为和秉性，[②] 其程度因人而异，未必就轻于一般过失。通常，《侵权责任法》中都是以一般过失作为主观构成要件，具体过失只是在特定的情形下适用。[③] 因此，对申请财产保全错误行为主观要件的认定问题应集中在其过错程度是否包括重大过失和一般过失。重大过失是程度最为严重的一类过失，申请人连最普通人的注意义务都没有尽到，这种情况下认定申请人应承担侵权责任当无异议。司法实践中争议的焦点问题集中在申请财产保全错误的过错程度是否包括一般过失。一般过失要求行为人违反善良管理人的注意义务，这种注意义务一般包括专家的注意义务，对于专家之外的其他职业或团体的成员，也应当尽到该职业或团体应有的注意义务。善良管理人的注意义务依行为人的职业衡量其应尽的注意程度，是一种客观化的评价，至于行为人有无尽此注意的知识和经验，以及他向来处理该类事物所用的注意程度在所不问。因此，善良管理人的注意义务是最高标准的注意义务。承上所述，根据当前的司法实践需求，不宜对保全申请人苛以过高的注意义务要求。申请财产保全是诉讼行为，如果要求申请人应尽到善良管理人的注意义务，无外乎要求申请人均须具备法官的智识。虽然一部分当事人在诉讼过程中会聘请专业律师，但其一，律师仅是诉讼委托代理人，他们按照当事人的意愿行事，不能因此认定当事人具有了专家的水准；其二，当前，律师的水准也千差万别，如果统一对他们苛以专家注意义务，则会使认定申请保全错误行为的门槛过低，有碍该制度的功能实现；其三，双方当事人在诉讼中应具有平等的地位，不能因一方当事人聘请了律师就应具备更高的注意义务，这样也不利于鼓励当事人聘请律师以推动

---

① 参见杨立新:《侵权责任法》，法律出版社 2011 年版，第 120~121 页。

② 参见邱聪智:《民法研究（一）》（增订版），中国人民大学出版社 2002 年版，第 102 页。

③ 参见程啸:《侵权责任法》（第 2 版），法律出版社 2015 年版，第 264 页。

诉讼程序顺利开展。因此，基于目前司法实践的现实状况，一般情况下，不宜将申请保全错误行为的过错程度包括一般过失，而仅应包括故意和重大过失。

三、保全错误的裁判尺度

上文分析了申请保全错误行为的性质及其构成要件等问题，这些问题投射于审判实践中体现于法官对于两个问题的把握，其一，是否可以保全申请人的诉讼请求有无得到支持作为判断申请保全是否错误的唯一依据？其二，保全错误的举证责任分配问题。

（一）申请保全错误的认定依据

第一个问题在审判实践中分歧很大。如通过检索最高人民法院的类案，黔东南州兴源建筑工程有限责任公司诉张某某案［最高人民法院（2017）最高法民申3673号裁定］、宜兴市建工建筑安装有限责任公司诉张某等案［最高人民法院（2018）最高法民申2027号裁定］认为，不能仅以保全申请人的诉讼请求是否得到法院支持作为申请保全是否错误的依据，而应审查申请是否符合侵权责任的一般构成要件，否则会影响诉讼保全制度功能的发挥。但天津市乐业房地产开发有限公司诉天津千宇房地产开发有限公司案［最高人民法院（2015）民申字第517号裁定］则认为，申请人的诉请没有得到法院支持，可以认定其保全申请是错误的。本文所列舟山外代货运公司一案经过最高人民法院审委会讨论，得出结论认为，因申请人在提出财产保全时，并不知晓也无从知晓案件的最终判决结果，当事人对诉争事实和权利义务的判断未必与法院的裁判结果一致，如果仅以保全申请人的诉讼请求是否得到支持作为判断申请保全是否错误的依据，则对当事人申请保全所应尽到的注意义务要求过于严苛，将有碍于善意当事人依法通过诉讼保全程序维护自己的合法权益。该案中，辽宁省高级人民法院（2008）辽民三终字第215号判决认定丰海远洋渔业公司的诉讼请求超过了诉讼时效期间，驳回其诉讼请求。舟山外代货运公司因此认为丰海远洋渔业公司的赔偿请求权已超过法定诉讼时效期间却坚持申请扣押、拍卖涉案船舶构成申请保全错误。辽宁省高级人民法院（2008）辽民三终字第215号案件经过一审、二审法院各两次审理，历经多年方作出终审判决。其争议的核心问题即是丰海远洋渔业公司的诉讼请求权是否超过了诉讼时效期间。对于该问题，专业法官尚且有争议，如要求申请人在案件审结之前即知晓该争议法律问题的结论无疑要求申请人具备和一般法官一样甚至超过一般法官的法律素养，是对申请人苛以了过于严格的注意义务要求。因此，不能仅以保全申请人的诉讼请求是否得到法院支持作为申请保全是否错误的唯一依据。

（二）保全错误的举证责任分配

保全错误的举证责任分配问题在司法实践中亦存在不同声音。通过类案检索，最高人民法院的相关案例中，大部分均认为受害方应承担证明申请错误的举证责任。也有个别案例持不同观点认为，申请人负有证明其在申请财产保全时尽到了合理注意义务的举证责任。因该案中申请人未提供有效证据予以证明，故该裁定书认定申请人应当承担申请财产保全错误赔偿责任。举证责任看似法官在诉讼程序中对于证据相关问题的把握，实则是侵权法归责原则这一实体问题在诉讼过程中的实践性应用。过错责任原则要求受害人承担证明侵权人的行为具备一般侵权行为构成要件的举证责任；过错推定责任原则并未改变责任构成要件的数量，只是发生了举证责任倒置的效果。在过错推定的情况下，受害人需就加害行为、损害结果、因果关系承担举证责任，一旦受害人证明客观要件具备，即可推定侵权人具有过错。侵权人可通过证明己方无过错以免责；无过错责任原则不以侵权人的过错为要件，受害人同样需就加害行为、损害结果、因果关系承担举证责任，一旦受害人证明客观要件具备，侵权人即应承担侵权责任。侵权人可通过证明损害结果是由受害人的故意或重大过失造成的，来减免己方责任；公平责任下，受害人依然需就加害行为、损害结果、因果关系承担举证责任，至于责任如何分配，则由法官自由裁量。申请保全错误行为属于一般侵权行为，应适用过错责任原则，举证责任即应由受害人承担。受害人应就申请人实施了加害行为，存在损害结果，加害行为与损害结果存在因果关系及申请人对损害结果具有故意或重大过失进行举证。本文列举案例中，舟山外代货运公司举证证明了丰海远洋渔业公司实施了申请法院扣押、拍卖案涉船舶的行为，因该行为造成了舟山外代货运公司一定损失，但未能举出足够证据证明丰海远洋渔业公司对于舟山外代货运公司的损失具有主观故意或者重大过失。与该案关联的另案中，丰海远洋渔业公司起诉请求舟山外代货运公司对于其鱼货损失承担赔偿责任，根据辽宁省高级人民法院（2008）辽民三终字第215号判决的认定，舟山外代货运公司应承担该赔偿责任。从主观方面来看，丰海远洋渔业公司提出保全申请系基于舟山外代货运公司对涉案海事请求负有责任的认识，该认识得到了法院生效判决的认可，系具备一定证据和法律支持的合理认识。丰海远洋渔业公司基于合理的认识，为了维护其自身合法权益申请法院扣押、拍卖涉案船舶，已尽到了一般人应尽到的合理、谨慎的注意义务，无故意或重大过失。从客观方面来看，丰海远洋渔业公司提出海事请求保全申请，符合《海事诉讼特别程序法》的相关规定，未有证据证明丰海远洋渔业公司提出海事请求保全申请存在明显违法或程序不当。故最高人民法院基于受害人应承担对保全错误的举证责任，认定舟山外代货运公司的举证不足以证明丰海远洋渔业公司具有主观过错，不认为丰海远洋渔业公司应承担侵权责任，最终驳回了舟山外代货运公司的再审申请。

最高人民法院再审合议庭成员：王淑梅　余晓汉　黄西武

（编写人：赵珂*　审稿人：杨奕）

---

* 赵珂，法学硕士，中华人民共和国最高人民法院民事审判第四庭，法官助理。

冯某、车某某 与 李某某、张某甲 案外人执行异议之诉案

——被执行人到期债权的债务人是否具有案外人执行异议之诉原告主体资格的认定

【裁判摘要】

针对“对他人的到期债权”享有执行异议之诉起诉主体资格的，须是针对执行标的“对他人的到期债权”享有实体权利的人。申请执行人可以通过代位诉讼救济其权利。

【案件基本信息】

1. 诉讼当事人

再审申请人（一审原告、二审上诉人）：冯某

再审申请人（一审原告、二审上诉人）：车某某

被申请人（一审被告、二审被上诉人）：李某某

被申请人（一审被告、二审被上诉人）：张某甲

2. 案件索引与裁判日期

一审：山西省吕梁市中级人民法院（2016）晋11民初3号判决（2017年11月21日）

二审：山西省高级人民法院（2018）晋民终586号判决（2018年8月23日）

再审：最高人民法院（2020）最高法民再3号裁定（2020年3月25日）

3. 案由

案外人执行异议之诉

【简要案情】

2012 年 7 月 23 日，甲公司实际控股人张某甲、法定代表人张某乙作为转让方与冯某、车某某作为受让方就甲公司股权转让事宜签订煤矿股权转让协议，该协议约定：张某甲、张某乙将其拥有的甲公司 100%股权全部转让给冯某、车某某，转让总价款为 150,000,000.00 元。自该协议订立之日前该煤矿发生的债权、债务均由张某甲处置，该协议签订之日起所发生的债权、债务均由冯某、车某某负责。

冯某、车某某以张某甲、张某乙为被告向 Y 区人民法院提起诉讼，诉讼请求为确认煤矿股权转让协议合法有效。Y 区人民法院于 2014 年 4 月 10 日作出民事判决，确认煤矿股权转让协议合法有效。Y 区人民法院查明，张某甲、张某乙实际持有甲公司 74.7899%股权。Y 区人民法院认为张某甲、张某乙实际是将其持有的 74.7899%股权转让给冯某、车某某，且双方对股权登记依法进行了变更，故折合相应股权转让价款为 112,184,850.00 元。另查明，冯某、车某某已支付股权转让款 85,000,000.00 元，张某甲、张某乙认可 2012 年 10 月 29 日收到股权转让款 3,755,761.10 元，同年 11 月 8 日收到股权转让款 8,500,000 元。除李某某认可上述转让金额共计 97,255,761.10 元外，尚余 14,929,088.90 元股权转让价款双方当事人存在争议。

李某某诉张某甲民间借贷纠纷一案，L 中级人民法院于 2015 年 2 月 11 日以调解书结案。在执行该民间借贷纠纷一案过程中，L 中级人民法院于 2015 年 4 月 9 日作出执行裁定，并依据该裁定向案外人冯某、车某某发出协助执行通知，冻结张某甲对冯某、车某某的债权 13,080,000.00 元。之后，冯某、车某某向 L 中级人民法院提出案外人异议申请。2015 年 12 月 30 日，L 中级人民法院作出执行裁定，驳回冯某、车某某的案外人异议，并告知其可提起案外人执行异议之诉。

2015 年 10 月 12 日，冯某、车某某与张某甲、张某乙签订调解协议，对双方之间债权债务进行明确。确认冯某、车某某已经通过现汇打款方式支付张某甲、张某乙股权转让价款 100,410,000.00 元，张某甲、张某乙委托冯某、车某某垫付款项 12,019,444.00 元，冯某、车某某共计支付张某甲、张某乙 112,429,444.00 元，股权转让款已支付完毕。S 省 T 市 Y 区 G 镇人民调解委员会对该调解协议予以确认，Y 区人民法院作出民事裁定，对上述调解协议予以确认。

2016 年 1 月，冯某、车某某以李某某、张某甲为被告提起本案案外人执行异议之诉，请求撤销 L 中级人民法院作出的执行裁定及协助执行通知。

一审法院认为，冯某、车某某的诉讼请求缺乏事实与法律依据。经该院审判委员会讨论决定，依照《合同法》第 60 条①、《执行异议复议规定》第 26 第 2 款、《民事诉讼法》第 227 条、《民事诉讼法司法解释》第 312 条的规定，判决驳回冯某、车某某的诉讼请求。

二审法院驳回冯某、车某某的上诉，维持判决。

【案件焦点】

执行被执行人对第三人的到期债权，第三人是否具有提起案外人执行异议之诉的主体资格，能否通过提起案外人执行异议之诉主张权利。

【裁判结果】

最高人民法院经审理认为，人民法院执行被执行人对他人的到期债权时，《民事诉讼法司法解释》第 501 条对“他人”“利害关系人”的救济途径作出了不同规定。即第三人（条文中的“他人”）对其与被执行人之间的债权债务关系提出异议的，执行法院不得继续执行该债权。如果相关权利人（条文中的“利害关系人”）对该到期债权有异议的，比如主张是该到期债权的真实权利人，可以按照《民事诉讼法》第 227 条的规定进行救济。该条文对“他人”“利害关系人”加以区别，“利害关系人”并非《民事诉讼法》第 225 条中的“利害关系人”，而是《民事诉讼法》第 227 条中的“案外人”。冯某、车某某属于条文中的“他人”，而不是“利害关系人”，不能按照《民事诉讼法》第 227 条规定提起本案案外人执行异议之诉。针对“对他人的到期债权”享有案外人执行异议之诉起诉主体资格

---

① 现为《民法典》第 509 条：“当事人应当按照约定全面履行自己的义务。当事人应当遵循诚信原则，根据合同的性质、目的和交易习惯履行通知、协助、保密等义务。当事人在履行合同过程中，应当避免浪费资源、污染环境和破坏生态。”

的，须是针对执行标的“对他人的到期债权”享有实体权利的人。案外人提起执行异议之诉，其理由须是针对执行标的享有实体权利提出异议，而不是针对执行行为本身提出异议。冯某、车某某否定其与张某甲、张某乙间存在到期债权，客观上，其不存在对“到期债权”主张实体权利的问题。冯某、车某某没有提出明确的排除执行标的的诉讼请求，不符合《民事诉讼法司法解释》第305条第1款第2项规定的提起执行异议之诉的起诉条件之一“有明确的排除对执行标的执行的诉讼请求，且诉讼请求与原判决、裁定无关”。山西省吕梁市中级人民法院（2015）吕执异字第14号执行裁定驳回了冯某、车某某的异议申请，并在该裁定中告知冯某、车某某可提起执行异议之诉，该裁定不符合《民事诉讼法司法解释》第501条第2款规定，应由冯某、车某某通过执行申诉程序进行纠正。李某某若想取得张某乙对冯某、车某某的到期债权利益，可以提起代位权诉讼主张权利。冯某、车某某不能通过提起本案案外人执行异议之诉主张权利。因此，裁定撤销一审、二审判决，驳回冯某、车某某的起诉。

【裁判摘要评析】

一、案外人执行异议之诉的原告主体资格

对该原告主体资格的一般判别标准有两点：一是原告是否为本案执行当事人以外的主体；二是原告是否对标的物享有足以排除执行的实体权利。1998年《关于人民法院执行工作若干问题的规定（试行）》第61条规定：“被执行人不能清偿债务，但对本案以外的第三人享有到期债权的，人民法院可以依申请执行人或被执行人的申请，向第三人发出履行到期债务的通知（以下简称履行通知）。履行通知必须直接送达第三人。”[①] 第63条规定：“第三人在履行通知指定的期间内提出异议的，人民法院不得对第三人强制执行，对提出的异议不进行审查。”[②] 按照上述规定，被申请执行的到期债权债务人可以提出异议且法院无权审查，异议一旦提出即应停止执行，该类主体自然无案外人执行异议之诉原告资格。但是，到期债权债务人主张

---

① 现为2020年《关于人民法院执行工作若干问题的规定（试行）》第45条。

② 现为2020年《关于人民法院执行工作若干问题的规定（试行）》第47条。

债权债务关系真实性、期限、数额、有无抵销事实，均属于实体争议。申请执行人、被执行人、被执行人债务人之间关于债权债务关系的实体争议依然未得到根本解决。《民事诉讼法司法解释》第 501 条一定程度上对此予以修正，规定："人民法院执行被执行人对他人的到期债权，可以作出冻结债权的裁定，并通知该他人向申请执行人履行。该他人对到期债权有异议，申请执行人请求对异议部分强制执行的，人民法院不予支持。利害关系人对到期债权有异议的，人民法院应当按照民事诉讼法第二百二十七条规定处理。对生效法律文书确定的到期债权，该他人予以否认的，人民法院不予支持。"该条文分别针对第三人（条文中的"他人"）及相关实体权利人（条文中的"利害关系人"）规定了救济途径。即第三人对其与被执行人之间的债权债务关系提出异议的，执行法院不得继续执行该债权。相关实体权利人对该到期债权有异议的，比如主张是该到期债权的真实权利人，可以按照《民事诉讼法》第 227 条的规定进行救济。有学者认为，该条文并未明确"利害关系人"是否包括"该他人"，从该条文规定上下文的字义解释看，此处应理解为："利害关系人"不包含"该他人"，也不包含申请执行人、被执行人，"利害关系人"实质上是案外人，如果把到期债权的债务人理解为案外人，则"利害关系人"应为此案外人之外的彼案外人。① 有学者认为，从《民事诉讼法》的用语习惯上看，利害关系人是指在争议的法律关系与特别事项中有自身利益，或者争议的法律关系与特别事项的最终处理结果将给其带来弊害的人。利害关系人在诉前财产保全制度，宣告失踪、宣告死亡制度，认定行为能力制度以及公示催告程序中都有相应的法律地位。② 笔者认为，对于条文中"利害关系人"的理解，不能作为广义"利害关系人"进行解释，应结合该条文的前后语境进行解释。如前所述，该条文规定了"他人"的救济途径为按照《民事诉讼法》第 225 条规定在执行程序中提出执行异议，而对于"利害关系人"则是按照《民事诉讼法》第 227 条提起案外人执行异议之诉。该条文中的"利害关系

① 参见朱腾飞：《案外人异议之诉研究》，中国政法大学出版社 2016 年版，第 98 页。
② 参见韩波：《论执行异议之诉中的"利害关系人"》，载《中国政法大学学报》2011 年第 3 期。

人”应理解为可以提起执行异议之诉的案外人。该“利害关系人”包括对执行标的所有权人、用益物权人、担保物权人等。《最高人民法院民事诉讼法司法解释理解与适用》中亦明确条文中的“利害关系人”并非《民事诉讼法》第225条中的“利害关系人”，而是《民事诉讼法》第227条中的“案外人”。[①]

因此，本案中冯某、车某某属于执行程序以外的第三人，属于广义上的利害关系人，但其不属于《民事诉讼法》第227条中的“案外人”，不具有提起案外人执行异议之诉的原告主体资格，不能提起本案诉讼。冯某、车某某认为被执行人不存在对其到期债权，客观上，冯某、车某某也否认了“到期债权”作为实体性权利的存在。因此，从对案外人执行异议之诉的原告主体资格的两点一般判别标准分析，冯某、车某某均不具有本案的原告主体资格。

二、申请执行人的代位权救济

如上所述，《民事诉讼法司法解释》第501条中的“他人”提出执行异议，主要因为“他人”对被申请执行人的到期债权存在异议。严格执行司法解释规定，被申请执行的到期债权的债务人只要提出异议则不予审查，自然无案外人执行异议之诉原告资格。申请执行人只能寻求代位诉讼制度以求救济。事实上，对被执行人的到期债权执行理论就是源于代位权制度，赋予对到期债权的强制执行是基于执行程序制度的设计。而能否通过案外人执行异议之诉排除执行，要依据实体权利的性质与效力等因素综合判断。但是代位申请执行权不等同于代位权。有学者认为，债务人对于第三人的到期债权可以成为强制执行标的，但其仅适用于债权人与债务人之间的诉讼已经终结（或者仲裁裁决已经作出）并已进入强制执行程序的情形。并且，一旦第三人对债务提出异议，人民法院应当停止执行，申请人还是需要通过代位权诉讼解决问题。[②] 于本案涉及的申请执行人提出的到期债权主张而言，就真实的债权成立与否，并不能因为异议第三人不具有

---

① 参见最高人民法院修改后民事诉讼法贯彻实施领导小组编著：《最高人民法院民事诉讼法司法解释理解与适用》（下），人民法院出版社2015年版，第1328页、第1329页。

② 参见贾玉平：《论债权人代位权》，载《法学评论》2001年第4期。

原告主体资格而实体上否认申请执行人对该到期债权的实体权益，申请执行人仍可以通过对异议第三人另案行使代位权诉讼获得确权和救济。

笔者认为，《民事诉讼法司法解释》第 501 条第 2 款如此规定，主要是因为：在申请执行人未提起代位权诉讼的前提下，债权人（申请执行人）、债务人（被执行人）、次债务人（第三人）之间的债权债务关系未经生效法律文书所确认，直接执行到期债权存在以执行程序代替代位权诉讼的问题。在代位权诉讼确认债权债务关系前，直接执行债务人对次债务人的到期债权会突破合同相对性。因此，次债务人只要在执行程序中提出异议，人民法院不得执行该到期债权，申请执行人可以通过代位权诉讼对其与次债务人之间的债权债务关系进行确认。本案中冯某、车某某在执行程序中向 L 中级人民法院提出异议，L 中级人民法院裁定驳回冯某、车某某的异议，并告知可提起案外人执行异议之诉。该裁定不符合上述法律规定，导致冯某、车某某提起本案诉讼。此外，本案审理过程中，是否可以从减少当事人的诉累，就债权人（申请执行人）、债务人（被执行人）、次债务人（第三人）之间的债权债务关系进行审理并作出判决。笔者认为，代位权诉讼与案外人执行异议之诉在制度设计上存在本质的不同，审查方向各异。代位权诉讼成立有严格的实体审查标准，而案外人执行异议之诉侧重于实体权益形式要件的审查。在次债务人（案外人）提出执行异议被驳回后，认可其选择提起案外人执行异议之诉也没有明确的法律依据，同时也会造成法律程序制度运行上的混乱。

三、从民事权益类型审查案外人执行异议之诉的起诉条件

《民事诉讼法司法解释》第 312 条规定："对案外人提起的执行异议之诉，人民法院经审理，按照下列情形分别处理：（一）案外人就执行标的享有足以排除强制执行的民事权益的，判决不得执行该执行标的；（二）案外人就执行标的不享有足以排除强制执行的民事权益的，判决驳回诉讼请求。案外人同时提出确认其权利的诉讼请求的，人民法院可以在判决中一并作出裁判。"审理案外人执行异议之诉案件，一般情况下，应首先就案外人是否享有足以排除强制执行的民事权益进行认定。足以排除强制执行的"民事权益"的主要类型包括所有权、所有权保留、担保物权、租赁权、例外情况下的债权、用益物权等。[①]《民事诉讼法司法解释》第305条规定了案外人执行异议之诉的起诉条件之二“有明确的排除对执行标的执行的诉讼请求，且诉讼请求与原判决、裁定无关”。笔者认为，案外人提起执行异议之诉应以其对执行标的主张前述类型化的民事权益为前提。案外人执行异议之诉本质上是对案外人与申请执行人对执行标的享有的民事权益进行比较，而案外人未就执行标的主张民事权益，就无从进行比较。本案中，冯某、车某某否认其与张某甲之间的债权债务关系，根本上否认到期债权的存在。同时也没有提出明确的排除执行标的的诉讼请求。冯某、车某某未对执行标的主张前述类型化的民事权益，不符合案外人执行异议之诉的起诉条件。对“被申请执行的到期债权”予以执行，性质上等同于将“被申请执行的到期债权的债务人”作为了协助执行人。在现有法律框架下，该债务人作为第三人（他人）提出执行异议并被驳回的，只能按照《民事诉讼法》第225条规定寻求救济。

最高人民法院再审合议庭成员：宁晟　李相波　方芳

（编写人：宁晟[*]　张杨民[**]　审稿人：杨奕）

① 参见汤维建、陈爱飞：《“足以排除强制执行民事权益”的类型化分析》，载《苏州大学学报（哲学社会科学版）》2018年第2期。

* 宁晟，法律硕士，中华人民共和国最高人民法院立案庭，二级高级法官。

** 张杨民，法律硕士，中华人民共和国最高人民法院立案庭，三级高级法官。

河南宏光正商置业有限公司
与
周某某、刘某某
案外人执行异议之诉案

——执行标的被查封后案外人依据另案生效裁判提出执行异议是否应予支持

【裁判摘要】

房地产开发企业因执行标的被查封，人民法院作出解除合同另案生效法律文书，而提出案外人执行异议之诉，请求排除强制执行的，人民法院不予支持。房地产开发企业为被执行人的按揭贷款提供反担保或阶段性担保并为被执行人偿还的按揭贷款部分，可以从该房屋变价款中优先支付。

【案件基本信息】

1. 诉讼当事人

再审申请人（一审原告、执行案外人、二审上诉人）：河南宏光正商置业有限公司（以下简称宏光正商置业公司）

被申请人（一审被告、申请执行人、二审被上诉人）：周某某

被申请人（一审第三人、被执行人、二审被上诉人）：刘某某

2. 案件索引与裁判日期

一审：河南省郑州市中级人民法院（2018）豫01民初3148号判决（2019年2月18日）

二审：河南省高级人民法院（2019）豫民终637号判决（2019年6月12日）

再审：最高人民法院（2020）最高法民申1103号（2020年3月31日）

3. 案由

案外人执行异议之诉

【简要案情】

周某某诉刘某某、孔某某借款担保合同纠纷一案，郑州仲裁委员会作出的（2015）郑仲裁字第031号裁决书已发生法律效力。周某某向郑州市中级人民法院（以下简称一审法院）申请强制执行，该院于2016年4月6日立案执行，执行案号为（2016）豫01执400号。在仲裁案件审理过程中，河南省郑州市金水区人民法院（以下简称金水区法院）于2015年1月21日作出（2015）金执字第948号执行裁定书和（2015）金执字第948号协助执行通知书，查封：（1）担保人尚某某名下位于郑东新区CBD商务内环路北、艺术中心东1号楼13层1303，商品房买卖合同编号为D10621413项下的办公房产、郑东新区商务内环路22号楼2单元10层1001号房产（产权证号为07××82）各一套。（2）被执行人刘某某名下的房产：郑东新区湖心一路北、博学路东2号楼22层2201、2202、2203、2204、2205、2206、2207、2208，共计八套房产。查封期限自2015年1月22日起至2017年1月21日止。

在执行过程中，一审法院于2016年11月7日作出（2016）豫01执400号之三裁定及（2016）豫01执400号之三协助执行通知书，继续查封本案仲裁期间金水区法院查封的第二项八套房屋，查封期限从2016年11月8日起至2019年11月7日止。2016年4月20日，一审法院作出（2016）豫01执400号裁定，裁定评估、拍卖被执行人刘某某名下位于郑东新区湖心一路北、博学路东2号楼22层的上述八套房产。宏光正商置业公司对上述八套房屋被查封不服，向一审法院提交异议，该院于2018年8月1日作出（2018）豫01执异256号裁定，驳回了案外人宏光正商置业公司的异议请求。宏光正商置业公司对驳回其异议请求不服，诉至一审法院。一审法院于2019年2月18日作出（2018）豫01民初3148号判决，判决驳回宏光正商置业公司的诉讼请求。宏光正商置业公司不服一审判决，向河南省高级人民法院提起上诉，河南省高级人民法院于2019年6月12日作出（2019）豫民终637号判决，判决驳回上诉，维持原判。

一审、二审法院查明，2014 年 8 月 31 日宏光正商置业公司与刘某某分别签订了八份商品房买卖合同，分别为河南省郑州市郑东新区湖心一路北、博学路东 2 号楼 22 层 2201（商品房买卖合同编号为 D140××××4274），2202（商品房买卖合同编号为 D140××××4281），2203（商品房买卖合同编号为 D140××××4295），2204（商品房买卖合同编号为 D140××××4303），2205（商品房买卖合同编号为 D140××××4315），2206（商品房买卖合同编号为 D140××××4321），2207（商品房买卖合同编号为 D140××××4331），2208（商品房买卖合同编号为 D140××××4342）。房屋用途为办公用房，单价统一为每平方米 10,400 元。约定每套购房款合同签订当日交付现金 50.55%，剩余 49.45%款项通过向招商银行房屋抵押贷款支付，付款时间为 2014 年 10 月 21 日，房屋交付时间为 2016 年 6 月 15 日。2015 年 1 月 21 日法院查封时上述八套房屋均备案登记在刘某某名下。

宏光正商置业公司诉刘某某房屋买卖合同纠纷一案，河南省郑州高新技术产业开发区人民法院（以下简称郑州高新区法院）于 2016 年 1 月 11 日作出（2015）开民初字第 12385 号调解书，确认如下调解协议：（一）经双方协商确认，刘某某与宏光正商置业公司于 2014 年 8 月 31 日签订的编号为 D140××××4274 的商品房买卖合同自愿解除……

郑州高新区法院于 2016 年 6 月 2 日作出（2016）豫 0191 民初 6377 号判决，判决：（一）解除双方之间签订的合同编号为 D140××××4295 的商品房买卖合同……

因刘某某未及时履行涉案房屋的贷款，招商银行股份有限公司郑州分行将刘某某、苏某、宏光正商置业公司诉至法院，要求偿还贷款本金及利息，郑州高新区法院作出（2017）豫 0191 民初 10566 号判决，判决：（一）刘某某、苏某于本判决生效之日起 10 日内向招商银行股份有限公司郑州分行偿还借款本金 5,361,494.06 元、利息 49,419.40 元、罚息 255.22 元、复息 166.96 元，共计 5,411,336.40 元（暂计算至 2017 年 4 月 6 日，自 2017 年 4 月 7 日起至本息清偿之日止的利息、复息、罚息按合同约定计算）；（二）刘某某、苏某于本判决生效之日起 10 日内支付招商银行股份有限公司郑州分行律师费 198,301.89 元；（三）宏光正商置业公司对上述判决内容承担连带保证责任；（四）驳回招商银行股份有限公司郑州分行的其他诉讼请求。

最高人民法院审查再审申请时查明，郑州高新区法院于2018年9月19日作出（2018）豫0191民初14001号判决，判决解除宏光正商置业公司与刘某某签订的其余六套商品房买卖合同。涉案八套商品房买卖合同约定，本案商品房买卖合同签订当日，刘某某应支付八套房屋购房款的50.55%现金。在审查再审申请期间，宏光正商置业公司提出刘某某未支付2203号房屋首付款和贷款共计2,803,424元，刘某某已支付购房款6,030,432元和银行按揭贷款634万元，以上共计12,370,432元。上述商品房买卖合同已经于2014年10月21日以宏光正商置业公司作为出卖人，刘某某作为买受人在郑州市住房保障和房地产管理局登记备案。对于预告登记，双方签订的补充合同也进行了约定。刘某某因非法吸收公众存款罪被郑州市中级人民法院（2017）豫01刑终958号判决，判处有期徒刑七年，并处罚金人民币三十万元。

宏光正商置业公司不服一审、二审判决，向最高人民法院申请再审。

【案件焦点】

刘某某对被查封的八套房屋是否享有物权期待权利，涉案房屋能否排除执行。

【裁判结果】

最高人民法院经审理认为，刘某某在合同签订后通过现金转账和银行按揭贷款支付了购房款，应视为其与宏光正商置业公司的商品房买卖合同关系成立。根据刘某某与宏光正商置业公司签订的商品房买卖合同约定，宏光正商置业公司应当在2016年6月15日交房，并在8月15日前（房屋交付的60日内）办理房屋权属的初始登记。涉案房屋2014年10月21日在郑州市住房保障和房地产管理局直属分局办理合同信息备案，该合同信息备案登记具有对外的公示效力，刘某某对于涉案的房产也享有相应的财产权利，当刘某某成为被执行人时，涉案的房产可以成为人民法院执行的对象。

宏光正商置业公司以刘某某违约，商品房买卖合同的目的不能实现为由，向郑州高新区法院起诉请求解除八套房屋的商品房买卖合同，获得了相应的生效调解书和判决书，要求排除执行。但因宏光正商置业公司起诉，郑州高新区法院作出解除商品房买卖合同判决书、调解书的时间均在执行法院 2015 年 1 月 21 日查封涉案房产之后，依据《执行异议复议规定》第 26 条第 2 款“金钱债权执行中，案外人依据执行标的被查封、扣押、冻结后作出的另案生效法律文书提出排除执行异议的，人民法院不予支持”的规定，依法不能对抗人民法院的执行。但经人民法院的生效裁判认定，宏光正商置业公司已为被执行人刘某某偿还的按揭贷款部分，应当从拍卖房产的变价款中优先支付给宏光正商置业公司。

最高人民法院于 2020 年 3 月 31 日作出（2020）最高法民申 1103 号裁定：驳回宏光正商置业公司的再审申请。

【裁判摘要评析】

一、物权期待权的排除执行效力

《物权法》第 9 条规定：“不动产物权的设立、变更、转让和消灭，经依法登记，发生效力；未经登记，不发生效力，但法律另有规定的除外。”《执行异议复议规定》第 24 条规定：“对案外人提出的排除执行异议，人民法院应当审查下列内容：（一）案外人是否系权利人；（二）该权利的合法性与真实性；（三）该权利能否排除执行。”能够产生排除效力的实体权利主要包括四类，即所有权、物权期待权、特殊的担保物权和租赁权及用益物权。根据《关于人民法院民事执行中查封、扣押、冻结财产的规定》第 17 条的规定和《关于建设工程价款优先受偿权的批复》精神，登记财产的无过错买受人和商品房的消费者对购买的标的物虽然并不拥有所有权，仅享有物的登记请求权或者交付请求权，但与一般债权仅是向相对人的请求权不同，法律基于特殊的价值取向赋予其具有排除一般债权，甚至是抵押权执行的效力，该种权利即为物权期待权。对于签订买卖合同的买受人，在已经履行合同部分义务的情况下，虽然尚未取得合同标的物的所有权，但赋予其类似所有权人的地位，其物权的期待权具有排除执行等物权效力。

二、案外人对已购买且支付全部或部分价款的不动产被查封提出执行异议的审理路径

关于宏光正商置业公司能否依据查封后的生效法律文书阻却执行的问题。宏光正商置业公司起诉后八套房屋买卖合同已经解除。《关于人民法院民事执行中查封、扣押、冻结财产的规定》（2020 年修正）第 16 条规定："被执行人购买第三人的财产，已经支付部分价款并实际占有该财产，第三人依合同约定保留所有权的，人民法院可以查封、扣押、冻结。保留所有权已办理登记的，第三人的剩余价款从该财产变价款中优先支付；第三人主张取回该财产的，可以依据民事诉讼法第二百二十七条规定提出异议。"第 17 条规定："被执行人购买需要办理过户登记的第三人的财产，已经支付部分或者全部价款并实际占有该财产，虽未办理产权过户登记手续，但申请执行人已向第三人支付剩余价款或者第三人同意剩余价款从该财产变价款中优先支付的，人民法院可以查封、扣押、冻结。"

根据上述规定，执行法院对被执行人向案外人购买且已支付部分或全部价款的不动产采取执行措施，案外人在提出执行异议以及执行异议之诉的同时，请求解除合同、撤销合同或者赔偿损失等其他诉讼请求的，应由执行法院分别立案，合并审理。是否支持其解除或撤销合同的请求，应根据下列情形处理：（1）案外人以行使约定解除权为由，请求解除合同、撤销合同的，不予支持；（2）案外人主张行使法定解除权、撤销权的，应根据案件具体情况依法审理认定；（3）判决支持解除或撤销合同的，裁判理由中应载明案外人应当将被执行人已经支付的购房价款交付执行。

执行法院对被执行人向案外人购买且已支付全部或部分价款的不动产采取查封或其他执行措施，案外人提出执行异议，请求解除查封或排除执行的，根据下列情形处理：（1）申请执行人愿意支付剩余价款或者同意从不动产变价款中优先支付剩余价款的，应驳回其异议申请；案外人因此提起执行异议之诉的，驳回其诉讼请求。案外人同时提出的解除或撤销合同请求，不予支持。（2）被执行人购买房地产开发企业的不动产，已通过银行按揭贷款支付购房款，房地产开发企业作为案外人以其为被执行人的按揭贷款提供反担保或阶段性担保为由，提出执行异议以及执行异议之诉，请求解除查封或停止执行的，不予支持。案外人同时提出解除或撤销合同请求的，不予支持。但案外人已为被执行人偿还的按揭贷款部分，可从该房屋变价款中优先支付。

最高人民法院再审合议庭成员：包剑平　杜军　关晓海

（编写人：包剑平*　审稿人：杨奕）

---

* 包剑平，法学硕士，中华人民共和国最高人民法院立案庭、第四巡回法庭，二级高级法官。

上海瑞新恒捷投资有限公司
与
烟台和美经贸有限公司
申请破产清算案

——申请人对不予受理破产申请的裁定，可以申请再审

【裁判摘要】

申请人对不予受理破产申请的裁定，可以申请再审。经审查，虽不属于依据《民事诉讼法》第200条第4项、第5项或者第9项裁定再审的情形，但为作好受理破产申请后的衔接工作，可以指令原审人民法院再审。

【案件基本信息】

1. 诉讼当事人

再审申请人（一审申请人、二审上诉人）：上海瑞新恒捷投资有限公司（以下简称瑞新恒捷投资公司）

被申请人（一审被申请人、二审被上诉人）：烟台和美经贸有限公司（以下简称和美经贸公司）

2. 案件索引与裁判日期

一审：山东省烟台市中级人民法院（2018）鲁06破申4号裁定（2018年7月12日）

二审：山东省高级人民法院（2018）鲁民终1873号裁定（2018年11月29日）

再审：最高人民法院（2019）最高法民申3125号裁定（2020年3月5日）

3. 案由

申请破产清算

【简要案情】

2000 年 3 月 30 日，山东省高级人民法院作出（2000）鲁经终字第 62 号判决，判决和美经贸公司、烟台和美矿产有限公司共同偿还中信宁波公司烟台代表处借款本金 6,877,991.20 元及相应利息。判决生效后，中信宁波公司烟台代表处于 2000 年 4 月 17 日向山东省烟台市中级人民法院申请执行。执行过程中，中信宁波公司与和美经贸公司于 2003 年 2 月 20 日达成执行和解协议，烟台市中级人民法院裁定中止执行。因和美经贸公司未能履行该协议，中信宁波公司烟台代表处与瑞新恒捷投资公司于 2015 年 2 月 6 日签订债权转让协议，中信宁波公司烟台代表处将（2000）鲁经终字第 62 号判决项下全部债权转让给瑞新恒捷投资公司，并将债权转让事宜书面通知了各被执行人。2015 年 10 月 30 日，烟台市中级人民法院裁定变更瑞新恒捷投资公司为申请执行人。2016 年 8 月 18 日，烟台市中级人民法院作出（2015）烟执恢字第 17-3 号裁定，指定该案由烟台市莱山区人民法院执行。执行过程中，瑞新恒捷投资公司向烟台市中级人民法院提出对和美经贸公司进行破产清算的申请。根据国家企业信用信息公示系统显示，和美经贸公司于 2005 年 8 月 15 日被工商机关吊销营业执照。一审审查过程中，和美经贸公司表示公司现已不经营，也无财产。

一审法院于 2018 年 7 月 12 日作出（2018）鲁 06 破申 4 号裁定，对瑞新恒捷公司的申请，不予受理；二审法院于 2018 年 11 月 29 日作出（2018）鲁民终 1873 号裁定，驳回上诉，维持一审裁定。

裁定生效后，瑞新恒捷投资公司向最高人民法院申请再审，请求撤销一审、二审法院裁定，指令烟台市中级人民法院受理对和美经贸公司进行破产清算的申请。

【案件焦点】

对于人民法院不予受理破产申请的裁定，能否适用审判监督程序以及具体处理方式。

【裁判结果】

最高人民法院经审查认为，瑞新恒捷投资公司经受让合法取得对和美经贸公司的债权，债权至今未获清偿，符合破产申请人资格。2016 年 8 月 16 日，烟台市中级人民法院出具执行裁定书，指定烟台市莱山区人民法院执行。然而和美经贸公司一直并未向瑞新恒捷投资公司清偿债务，且公司尚无财产可供执行。根据国家企业信用信息公示系统显示，和美经贸公司于 2005 年 8 月 15 日被工商行政管理机关吊销营业执照。在一审询问笔录中，和美经贸公司表示公司现已不经营，也无财产。根据《企业破产法》第 2 条第 1 款、《企业破产法司法解释（一）》第 4 条第 1 款第 3 项的规定，应认定债务人和美经贸公司已经具备破产原因。二审法院以执行案件尚未终结，和美经贸公司是否资不抵债或丧失清偿能力尚不能确定为由裁定不予受理，不符合《企业破产法》及其司法解释的规定，属于法律适用不当。据此，经最高人民法院审判委员会民事行政审判专业委员会会议讨论决定，裁定指令山东省高级人民法院再审本案。

【裁判摘要评析】

本案的争议问题有两个：一是关于破产原因的审查认定；二是不予受理破产申请的裁定能否适用审判监督程序，以及在符合再审条件的情形下，本案应裁定提审并作出指定受理裁定，还是可以指令原审法院再审。前一个问题是瑞新恒捷投资公司再审申请中涉及的主要问题；后一个问题虽未完整体现在再审申请中，却是审理中关注的重点问题。具体分析如下：

一、破产原因的审查认定

破产原因，又称破产界限，“是指认定债务人丧失清偿能力，当事人得以提出破产申请，法院据此启动破产程序的法律事实”①。国际上通行的破产原因认定标准主要包括“清偿力、现金流量或全面停止付款标准”和“资产负债表标准”。前者指“债务人已全面停止偿付到期债务，而且没有

① 王欣新：《破产法》（第 4 版），中国人民大学出版社 2019 年版，第 37 页。此外，破产原因同时也是宣告债务人破产的根据。参见王卫国：《破产法精义》（第 2 版），法律出版社 2020 年版，第 6 页；许德风：《破产法论——解释与功能比较的视角》，北京大学出版社 2015 年版，第 100~101 页。

充足的现金流量偿付正常营业过程中到期的现有债务”，这一标准使得判断破产的要素基本在债权人的控制范围之内；后者即通常所说的“资不抵债”，指债务人的资产负债表上，全部资产之和小于其对外的全部债务，表明债务人遇到财务困境。总的来说，各国破产立法或是对上述两个标准进行组成使用，或是附加条件后单独使用，但基本未超出上述两个标准的范畴。在立法模式上，有的采用列举主义，明确列举当债务人出现某些行为或发生某些状况时，便可认定其发生破产原因，此种方式主要为英美法系国家采用；有的采用概括主义，将破产原因抽象为一个或数个条件，此种方式主要为大陆法系国家采用。

根据《企业破产法》第 2 条 1 款、《企业破产法司法解释（一）》第 1 条第 1 款的规定，我国将破产原因分为两种情形：（1）债务人不能清偿到期债务，且资产不足以清偿全部债务；（2）债务人不能清偿到期债务，且明显缺乏清偿能力。不难看出，我国采用的是概括主义的立法模式；而关于破产原因的第一种情形，采取的是将“清偿力、现金流量或全面停止付款标准”和“资产负债表标准”结合起来的办法。根据参与《企业破产法》立法的人员讲述，因破产原因的第一种情形落脚在“资不抵债”上，而债务人是否资不抵债依赖于债务人控制的材料，债权人无法举证证明，也不能通过推定解决，为避免破产程序启动的延误和困难，全国人大常委会法工委又补充规定了“债务人不能清偿到期债务，且明显缺乏清偿能力”作为破产原因的第二种情形，目的在于扩大债务人破产原因的认定。[①]《企业破产法》施行后，为推动破产案件的受理，最高人民法院于 2011 年 9 月发布《企业破产法司法解释（一）》，对“不能清偿到期债务”“资产不足以偿付全部负债”“明显缺乏清偿能力”作了进一步细化的规定。根据《企业破产法司法解释（一）》第 4 条的规定，债务人账面资产虽大于负债，但存在下列情形之一的，人民法院应当认定其“明显缺乏清偿能力”：（1）因资金严重不足或者财产不能变现等原因，无法清偿债务；

① 关于《企业破产法》立法过程中，对破产原因的相关争议和审议过程，参见王欣新：《破产法》（第 4 版），中国人民大学出版社 2019 年版，第 48～49 页；安建主编：《中华人民共和国企业破产法释义》，法律出版社 2006 年版，第 378 页。

（2）法定代表人下落不明且无其他人员负责管理财产，无法清偿债务；（3）经人民法院强制执行，无法清偿债务；（4）长期亏损且经营扭亏困难，无法清偿债务；（5）导致债务人丧失清偿能力的其他情形。本案自2000年作出生效判决已逾十年，自2016年8月16日烟台市中级人民法院指定烟台市莱山区人民法院执行也已逾两年，和美经贸公司经人民法院强制执行，仍未执行到任何款项，在一审询问笔录中，和美经贸公司也表示公司现已不经营、已无财产，虽然在瑞新恒捷投资公司提出破产申请时，相关执行案件尚未裁定终结本次执行，但和美经贸公司已然符合《企业破产法司法解释（一）》第4条第1款第3项“经人民法院强制执行，无法清偿债务”的情形，应认定其明显缺乏清偿能力。

另外，需要说明的是关于“不能清偿到期债务”的认定问题，在法理上是指债务人对请求偿还的到期债务因丧失清偿能力而无法偿还的客观情况，强调债务人不能以财产、信用或者能力等任何方法清偿债务才属于丧失清偿能力。各国立法以此作为普遍适用的破产原因时，通常均规定债务人停止支付可以推定为“不能清偿到期债务”，以解决债权人申请破产时的举证责任问题。而我国破产法在立法审议过程中将“停止支付”这一概念删除，从而导致债权人提出破产申请时难以对法理上的“不能清偿”进行严格举证。为解决这一问题，保障债权人的破产申请权，《企业破产法司法解释（一）》第2条对“不能清偿到期债务”的认定从审判实务的角度进行了界定。根据该条的规定，“不能清偿到期债务”是指债务人以明示或者默示的形式表示其不能支付到期债务，强调的是债务人不能清偿债务的外部客观行为，而不是债务人的财产客观状况。①

据此，债权人在根据《企业破产法》第7条第2款的规定申请债务人破产时，只要证明债务人存在不能清偿到期债务的外部客观行为即可推定债务人出现破产原因，如果债务人不能推翻存在破产原因的推定，即举证证明其既非“资产不足以偿付全部负债”，也非“明显缺乏清偿能力”，法

---

① 参见《依法受理审理案件 充分发挥企业破产法应有作用——最高人民法院民二庭负责人就〈破产法司法解释（一）〉答记者问》，载《人民法院报》2011年9月26日，第02版。

院应当依法受理破产申请。《企业破产法司法解释（一）》第 5 条、第 6 条第 1 款均是这一思路的体现。从这个角度讲，本案中，因和美经贸公司在法定期限内未提出异议，人民法院应当依法受理该案。

二、对不予受理破产申请裁定的再审申请权

一种观点认为，债权人申请破产的通道是畅通的，不予受理破产申请并不影响其再次申请；如果债务人的情况继续恶化，债权人可以再行申请，没有申请再审的必要。赞同该观点的一般援引《民事诉讼法司法解释》第 380 条作为理论依据，“适用特别程序、督促程序、公示催告程序、破产程序等非讼程序审理的案件，当事人不得申请再审”。笔者认为，应当赋予申请人对不予受理破产申请裁定的再审申请权，主要理由如下：

第一，《民事诉讼法司法解释》第 380 条之所以规定上述四类案件，当事人不得申请再审，原因在于该四类案件的性质均为非讼程序，程序功能并非解决民事权益争议，与再审系民事争讼程序的性质存在根本差异。非讼程序的判决、裁定作为申请再审的对象，既无必要，也与其价值功能相悖。[①] 但破产程序以人民法院受理破产申请为起点，不予受理破产申请，则意味着尚未启动破产程序，其不属于《民事诉讼法司法解释》第 380 条所规定的适用“破产程序等非诉程序审理的案件”。也正是基于此，《企业破产法》第 12 条规定了申请人对不予受理破产申请和裁定驳回申请的上诉权。除此之外，破产程序中作出的其他裁定均不可以上诉。2016 年 7 月 6 日发布的《关于调整强制清算与破产案件类型划分的通知》亦明确“对强制清算或破产申请的不予受理、驳回申请裁定以及强制清算与破产上诉案件的监督，作为强制清算与破产监督案件。”

第二，赋予申请人对不予受理破产申请裁定的再审申请权有现行法律依据。《企业破产法》第 4 条规定：“破产案件审理程序，本法没有规定的，适用民事诉讼法的有关规定。”根据《民事诉讼法司法解释》第 381 条的规定，“当事人认为发生法律效力的不予受理、驳回起诉的裁定错误的，可以申请再审。”虽然如前述观点所言，在出现新事实的情况下，例如

---

① 参见最高人民法院修改后民事诉讼法贯彻实施领导小组编著：《最高人民法院民事诉讼法司法解释理解与适用》（下），人民法院出版社 2015 年版，第 1007 页。

债务人的情况继续恶化，债权人可以再行提出破产申请，但不予受理裁定生效后即产生当事人不得再以同样的请求、事实理由起诉的效力。而及时启动破产程序对保全债务人财产、避免债权人争夺财产意义重大，一旦不予受理的裁定存在错误，且无法得到及时纠正，对当事人利益的损害将难以弥补甚至扩大，故应赋予申请人再审申请权。

第三，为推动法院正确适用或准确把握破产案件受理条件，最高人民法院也通过发布《关于破产案件立案受理有关问题的通知》等司法文件的形式，强调“不得在法定条件之外设置附加条件，限制剥夺当事人的破产申请权，阻止破产案件立案受理，影响破产程序正常启动。”赋予申请人对不予受理破产申请裁定的再审申请权，通过上级法院对个案的审判监督，对推动破产案件的依法及时受理将产生更为直接的效果。另外，司法实践中，还应注意将对不予受理破产申请的审判监督程序与对不依法裁定是否受理破产申请的审判监督程序区分开来，后者依据的是《企业破产法司法解释（一）》第9条的规定。

三、破产申请再审审查的处理方式

司法实践中，对于破产申请的再审审查，若当事人的再审申请符合法定条件，一般做法是裁定提审后作出指令受理的裁定。① 对于能否指令原审法院再审，有意见认为，本案不符合《民事严格指令再审和发回重审的规定》规定的指令再审的条件。该规定第2条第1款规定：“因当事人申请裁定再审的案件一般应当由裁定再审的人民法院审理。有下列情形之一的，最高人民法院、高级人民法院可以指令原审人民法院再审：（一）依据民事诉讼法第二百条第（四）项、第（五）项或者第（九）项裁定再审的；（二）发生法律效力的判决、裁定、调解书是由第一审法院作出的；（三）当事人一方人数众多或者当事人双方为公民的；（四）经审判委员会讨论决定的其他情形。”

最高人民法院经审查认为，企业破产是一项系统工程，破产案件的受

---

① 参见再审申请人宝鸡市周原房地产开发有限责任公司申请破产清算纠纷案，最高人民法院（2019）最高法民申4434号民事裁定书、（2020）最高法民再283号民事裁定书；再审申请人浙江稠州商业银行股份有限公司上海分行与被申请人上海融真资产管理有限公司申请破产清算纠纷案，上海市高级人民法院（2019）沪破监1号民事裁定书、（2019）沪民再32号民事裁定书。

理需要综合考虑各方利益的平衡与协调，与普通诉讼案件不同，受理破产申请后破产程序的推进仍须由具有管辖权的人民法院具体负责，如果直接由本院裁定提审并作出指令受理裁定，对于下级法院而言，后续指定管理人①、企业职工安置等具体工作可能难以衔接。故建议指令由下级法院再审，给予一个缓冲期间，由具有管辖权的人民法院与当地相关部门作好沟通协调，依法作好破产案件受理的准备工作。基于此，根据《民事严格指定再审和发回重审的规定》第 2 条第 1 款第 4 项的规定，决定指令再审。

本案结合破产案件不同于一般民事案件的特点，为破产申请的再审审查提供了另一种处理方式。需要注意的是，山东省高级人民法院在后续再审过程中，即应加强对后续破产案件审理法院的指导，作好管理人指定等准备工作。另外衍生出的一个问题是，若山东省高级人民法院再审撤销一审、二审法院的裁定，并指定下级法院裁定受理破产申请，下级法院是否仍须作出受理裁定？若仍须作出受理裁定，是以上级法院指定受理的日期为破产申请受理时间，还是以下级法院作出受理裁定的日期为破产申请受理时间？笔者认为，下级法院仍应作出“破”字号受理裁定，在下级法院作出的“破”字号受理裁定中未载明上级法院指令受理的日期，并明确以该日期作为破产申请受理时间的情况下，原则上仍应以下级法院作出“破”字号受理裁定的日期作为破产申请受理的时间。因破产申请受理的时间直接带来解除保全、中止执行、中断债务人对外享有债权的诉讼时效的法律效力，并影响到管理人破产撤销权等权利的行使，所以在此过程中，上下级法院间应作好衔接，保持沟通，以保障破产程序的顺利推进。

最高人民法院再审合议庭成员：刘崇理　张雪楳　郁琳

（编写人：郁琳*　审稿人：李明）

---

① 《企业破产法》第 13 条规定：“人民法院裁定受理破产申请的，应当同时指定管理人。”司法实践中，为实现受理破产申请与指定管理人同步，破产申请审查法院一般利用审查期间提前完成管理人的选任工作。

* 郁琳，法学博士，中华人民共和国最高人民法院民事审判第二庭，三级高级法官。

EEI公司、意利埃新能源科技（天津）有限公司与北京万源工业有限公司申请撤销仲裁裁决案

——保证合同未约定仲裁且保证人未在主合同签字的，主合同的仲裁条款对保证人不具有拘束力

【裁判摘要】

主合同约定有仲裁条款且保证合同未约定仲裁，保证人仅在保证合同上签字而未在主合同上签字的，即使主合同载明保证合同系其组成部分，且保证人知悉主合同中的仲裁条款，因保证人并无请求仲裁的意思表示，主合同的仲裁条款对保证人亦不具有拘束力。

【案件基本信息】

1. 诉讼当事人

申请人（仲裁被申请人）：EEI公司（Equipaggiamenti Elettronici Industriali S. P. A.）

申请人（仲裁被申请人）：意利埃新能源科技（天津）有限公司（以下简称意利埃新能源科技公司）

被申请人（仲裁申请人）：北京万源工业有限公司（以下简称万源工业公司）

2. 案件索引与裁判日期

最高人民法院（2019）最高法民他14号复函（2019年6月26日）

3. 案由

申请撤销仲裁裁决

【简要案情】

2011 年 3 月 9 日，万源工业公司与意利埃新能源科技公司签订采购合同，约定万源工业公司向意利埃新能源科技公司购买 2. 0MW 航天直驱风机变流器以及与合同产品有关的技术文件、技术服务和技术培训。该合同第 12. 1 条约定：“所有与合同有关或在执行合同时产生的纠纷，将通过双方友好协商解决，如协商无法解决，则需提交仲裁解决。”第 12. 2 条约定：“仲裁应由中国国际经济贸易仲裁委员会（以下简称贸仲）按其仲裁规则和程序在北京进行。”采购合同另约定：“本合同的附件是合同不可分割的一部分，与合同具有同等效力。”该合同附件七为担保函格式。合同签订当日，EEI 公司未在担保函上签字盖章。2011 年 4 月 5 日，EEI 公司签署了附件七担保函格式，承诺为该合同担保，与意利埃新能源科技公司承担相同责任。

后万源工业公司与意利埃新能源科技公司因履行上述合同产生纠纷。2014 年 8 月 19 日，万源工业公司以意利埃新能源科技公司、EEI 公司为仲裁被申请人，向贸仲提出仲裁申请。贸仲根据申请人万源工业公司与被申请人意利埃新能源科技公司签订的采购合同中的仲裁条款及上述合同附件七的规定，受理了仲裁申请。

2014 年 9 月 24 日，贸仲秘书局以中国邮政特快专递（EMS）的方式分别向双方当事人寄送了本案仲裁通知、仲裁规则和仲裁员名册，并向意利埃新能源科技公司、EEI 公司寄送了万源工业公司提交的仲裁申请书及其附件。2014 年 12 月 1 日，EEI 公司向贸仲秘书局提交了仲裁管辖权异议申请书。2015 年 4 月 30 日，贸仲作出管辖权决定：（1）本案合同中的仲裁条款合法有效；（2）仲裁委员会对本案具有管辖权，EEI 公司应受本案仲裁条款的约束；（3）本案仲裁程序在万源工业公司和意利埃新能源科技公司、EEI 公司之间继续进行。2017 年 5 月 12 日，贸仲作出 0578 号仲裁裁决，裁令意利埃新能源科技公司、EEI 公司对万源工业公司承担返还相应款项及利息等责任。

EEI 公司、意利埃新能源科技公司认为，仲裁和诉讼在主从合同的管辖方面有所区别，诉讼时从合同的管辖可根据主合同确定；但是在仲裁时则不能简单套用上述规则，如要将从合同约定的事项提交仲裁，从合同自身也须含有仲裁的意思表示。本案中，采购合同约定的仲裁条款仅能约束买卖双方，而不能约束为卖方意利埃新能源科技公司之履约行为提供担保的EEI公司，因此仲裁条款对EEI公司没有约束力。故，EEI公司、意利埃新能源科技公司共同向北京市第四中级人民法院申请撤销0578号裁决。

北京市第四中级人民法院经审查认为，0578号裁决应予撤销。后该院根据《关于仲裁司法审查案件报核问题的有关规定》第2条第1款之规定①向北京市高级人民法院报核。北京市高级人民法院经审查同意该报核意见，遂根据上述司法解释之规定，向最高人民法院报核。

【案件焦点】

主合同有仲裁条款且明确约定担保函等附件系主合同不可分割的组成部分，但附件中的担保函未约定仲裁条款，且保证人仅在担保函上签字而未在主合同上签字的，主合同中的仲裁条款对保证人是否具有约束力。

【裁判结果】

最高人民法院经审查认为，本案系当事人申请撤销我国仲裁机构作出的涉外仲裁裁决案件。根据请示所述事实，申请人意利埃新能源科技公司与被申请人万源工业公司于2011年3月9日签订的采购合同第12条为仲裁条款，采购合同附件七为担保函格式。申请人EEI公司于2011年4月5日签署附件七担保函格式，该担保函中未约定仲裁条款。当事人通过仲裁方式解决纠纷应当有明确约定，不能当然推定主合同的仲裁条款对担保合同当事人具有约束力。由于EEI公司仅签署担保函格式，而未在采购合同中签字，故该合同中的仲裁条款对EEI公司不具有约束力。仲裁庭关于采购合同中的仲裁条款应同样适用于该担保函的意见，缺乏事实和法律依据。2019年6月26日，最高人民法院根据《民事诉讼法》第274条第1项、第4项，《仲裁法》第70条之规定，作出（2019）最高法民他14号复函，同

---

① 《关于仲裁司法审查案件报核问题的有关规定》第2条第1款规定："各中级人民法院或者专门人民法院办理涉外涉港澳台仲裁司法审查案件，经审查拟认定仲裁协议无效，不予执行或者撤销我国内地仲裁机构的仲裁裁决，不予认可和执行香港特别行政区、澳门特别行政区、台湾地区仲裁裁决，不予承认和执行外国仲裁裁决，应当向本辖区所属高级人民法院报核；高级人民法院经审查拟同意的，应当向最高人民法院报核。待最高人民法院审核后，方可依最高人民法院的审核意见作出裁定。"

意北京市高级人民法院有关案涉仲裁裁决应予撤销的意见。后北京市第四中级人民法院根据该复函，裁定撤销0578号仲裁裁决。

【裁判摘要评析】

一、自愿仲裁原则是仲裁制度建立的基础

仲裁作为纠纷解决的重要方式之一，是对意思自治原则的充分运用和发展。而自愿仲裁是当事人意思自治原则的集中体现，其最根本的特点在于尊重当事人意愿，主要表现为根据双方当事人达成的体现仲裁合意的仲裁协议或仲裁条款，确定通过仲裁方式解决特定范围内的纠纷。请求仲裁的意思表示是构成仲裁协议或仲裁条款的基石，也是当事人提请仲裁的根本要素。

据此，仲裁机构对案件的管辖权建立在双方当事人自愿达成仲裁协议或仲裁条款的基础上，即只有双方当事人合意达成仲裁协议或仲裁条款，仲裁委员会才具有管辖权。如果双方当事人在争议发生前后未达成仲裁协议或仲裁条款，即使当事人提出申请，仲裁机构也无权仲裁。从这一角度，仲裁与诉讼形成了鲜明的对比。法院对诉讼案件的管辖权来源于法律的规定，即只要一方当事人向有管辖权的人民法院起诉，人民法院就应依法受理争议案件而无须另一方当事人的同意。

二、主从合同法律关系中的仲裁条款效力扩张

就主从合同法律关系中的仲裁条款效力扩张问题，我国现行法律未作明确规定。2004年最高人民法院发布的《仲裁法司法解释（征求意见稿）》第7条第2款曾规定："人民法院或者仲裁委员会受理主合同纠纷，当事人同时向连带责任保证人主张权利的，人民法院或者仲裁委员会可以一并审理。主合同和连带责任保证约定有不同的仲裁委员会的，债权人向债务人和保证人同时主张权利，先受理的仲裁委员会依当事人申请可以一并仲裁。"该规定认可了主合同仲裁条款的效力向从合同的扩张，同时提出了主从合同的仲裁条款存在积极冲突时的解决方案。但该解释最终发布时，上述条款并未保留。

就主从合同的诉讼管辖问题，《担保法司法解释》第129条规定："主合同和担保合同发生纠纷提起诉讼的，应当根据主合同确定案件管辖。担保人承担连带责任的担保合同发生纠纷，债权人向担保人主张权利的，应当由担保人住所地的法院管辖。主合同和担保合同选择管辖的法院不一致的，应当根据主合同确定案件管辖。”① 实践中有观点认为，可参照上述司法解释就诉讼管辖的规定，确定主从合同的仲裁管辖问题。但这种观点混淆了诉讼和仲裁在管辖问题上的区别。诉讼是由公权力强制性地介入到私权纠纷中，不允许当事人随意排除诉讼管辖；而仲裁的管辖权源于当事人在自愿基础上达成的合意。在从合同当事人不具有请求仲裁之意思表示的情况下，直接将主合同的仲裁条款适用于从合同当事人，有违自愿仲裁的原则。同理，在从合同约定了仲裁条款而主合同未作出相应约定的情况下，从合同中的仲裁条款对主合同当事人亦不具有拘束力。实践中，在惠州纬通房产有限公司与惠州市人民政府担保纠纷案［（2001）民二终字第177号裁定］、成伟投资有限公司申请不予执行仲裁裁决案［（2006）民四他字第25号］、优邦文具有限公司申请撤销仲裁裁决案［（2013）民四他字第9号］、谢某某申请确认仲裁协议效力案［（2019）最高法民他3号］等案件中，最高人民法院较为一致地认为，担保合同作为从合同，在未约定仲裁条款的情况下，不受主合同仲裁条款的约束。

就本案而言，还有观点认为基于以下两点因素主合同仲裁条款的效力当及于从合同。一是采购合同明确约定：“本合同的附件是合同不可分割的一部分，与合同具有同等效力。”担保函格式系采购合同附件七，故该担保函应作为主合同的一部分，当然适用主合同的争议解决条款。二是担保人EEI公司是债务人意利埃新能源科技公司的母公司，可推定EEI公司知悉意利埃新能源科技公司和万源工业公司之间的合同约定，因此主合同的仲裁条款应约束担保人。笔者认为，首先，采购合同中有关担保函格式系采购合同组成部分的约定对于主合同当事人确有约束力，但该约定并不能约束未在采购合同上签字的EEI公司。即使担保函格式确系采购合同的组成部

① 现为《民法典有关担保制度的司法解释》第21条：“主合同或者担保合同约定了仲裁条款的，人民法院对约定仲裁条款的合同当事人之间的纠纷无管辖权。债权人一并起诉债务人和担保人的，应当根据主合同确定管辖法院。债权人依法可以单独起诉担保人且仅起诉担保人的，应当根据担保合同确定管辖法院。”

分，后者的仲裁条款也不能当然约束 EEI 公司。其次，当事人通过仲裁方式解决纠纷应当有明确的意思表示，EEI 公司虽确有可能知悉主合同中约定的仲裁条款，但“知悉”这一事实本身并不代表其亦同意以仲裁的方式解决保证合同的纠纷。最后，实践中，母子公司等具有关联关系的企业之间相互提供担保的情况并不罕见，在无关债权人利益保护而仅涉及主从合同纠纷解决方式确定的情况下，不宜动辄依据《公司法》第 20 条有关“刺破公司面纱”之规定，而否认母子公司的独立人格，将一方请求仲裁的意思表示当然地视作另一方的意思表示。

最高人民法院审查合议庭成员：陈宏宇　马东旭　黄西武

（编写人：陈宏宇 *　任玲 **　审稿人：丁文严）

---

* 陈宏宇，法学硕士，中华人民共和国最高人民法院民事审判第四庭，三级高级法官。

** 任玲，法律硕士，中华人民共和国最高人民法院民事审判第四庭，法官助理。

知识产权

华为技术有限公司
与
康文森无线许可有限公司
确认不侵害专利权及标准必要专利许可纠纷案

——禁诉令性质的行为保全裁定之考量因素及保障措施

【裁判摘要】

1. 对于禁止申请执行域外法院裁决的行为保全申请，人民法院应当综合考虑以下因素作出判断：被申请人申请执行域外法院判决对中国诉讼的审理和执行是否会产生实质影响；采取行为保全措施是否确属必要；不采取行为保全措施对申请人造成的损害是否超过采取行为保全措施对被申请人造成的损害；采取行为保全措施是否损害公共利益；采取行为保全措施是否符合国际礼让原则；其他应予考虑的因素。

关于被申请人申请执行域外法院判决对中国诉讼的审理和执行是否会产生实质影响，可以考虑中外诉讼的当事人是否基本相同、审理对象是否存在重叠、被申请人的域外诉讼行为效果是否会对中国诉讼造成干扰等。关于采取行为保全措施是否确属必要，应着重审查不采取行为保全措施是否会使申请人的合法权益受到难以弥补的损害，该损害包括在华和在域外的经济利益损害和诉讼利益损害等。关于国际礼让原则，可以考虑案件受理时间先后、案件管辖适当与否、对域外法院审理和裁判的影响适度与否等。

2. 禁止被申请人为一定行为的行为保全措施具有特殊性。如果被申请人拒不遵守行为保全裁定所确定的不作为义务，违法实施了改变原有状态的行为，则其故意违法行为构成对行为保全裁定的持续性违反和对原有状态的持续性改变，应视为其每日均实施了违法行为，可以视情处以每日罚款并按日累计。

【案件基本信息】

1. 诉讼当事人

申请人（被上诉人、原审原告）：华为技术有限公司（以下简称华为技术公司）

被申请人（上诉人、原审被告）：康文森无线许可有限公司（Conversant Wireless Licensing S. à r.l.，以下简称康文森无线许可公司）

2. 案件索引与裁判日期

一审判决：江苏省南京市中级人民法院（2018）苏01民初232、233、234号判决（2019年9月16日）

二审行为保全裁定：最高人民法院（2019）最高法知民终732、733、734号之一裁定（2020年8月28日）

二审行为保全复议裁定：最高人民法院（2019）最高法知民终732、733、734号之二裁定（2020年9月11日）

3. 案由

确认不侵害专利权及标准必要专利许可纠纷

【简要案情】

康文森无线许可公司是一家注册在卢森堡的非专利实施主体。该公司受让了包含2000多项欧洲、美国、中国无线通信领域专利的专利包。2012年至2017年，康文森无线许可公司与华为技术公司等就有关标准必要专利许可问题展开谈判。双方之间形成了多个互为牵制国际平行诉讼。2018年1月，华为技术公司向江苏省南京市中级人民法院提起诉讼，请求确认其未侵害康文森无线许可公司所有的涉案三项中国专利权，并请求中国法院确定康文森无线许可公司关于中国专利的中国许可费率。南京市中级人民法院于2019年9月作出一审判决，认定康文森无线许可公司所主张的15件中国专利中仅有1件构成有效的标准必要专利，并确定了涉案中国标准必要专利的许可费率。康文森无线许可公司认为原审法院确定的标准必要专利许可费率过低，向最高人民法院提起上诉，该上诉于2019年11月18日受理并立案。

2018年4月，为反制中国诉讼，康文森无线许可公司向德国杜塞尔多夫地区法院（以下简称德国法院）提起了专利侵权诉讼，请求确认华为技术公司等侵害其三项德国专利，并判令华为技术公司等在德国下架在售的手机等终端设备，召回已售设备，并赔偿经济损失。

2020年8月27日，最高人民法院知识产权法庭收到华为技术公司的禁诉令申请。该公司主张，德国法院已作出一审禁令判决，认定华为技术公司及其德国关联公司侵害了康文森无线许可公司欧洲专利，判令禁止华为技术公司及其德国关联公司提供、销售、使用或为上述目的进口或持有相关移动终端，禁止向客户提供或者交付带有UMTS标准功能的手机和平板电脑、提供相关侵权行为和销售行为信息，销毁并召回侵权产品，承担诉讼费用。德国上述判决虽并非生效判决，但是根据德国诉讼法上的临时执行制度，康文森无线许可公司提供240万欧元担保后可以申请临时执行。该判决中认定，康文森无线许可公司向华为技术公司提出的标准必要专利许可费率要约未违反公平、合理、无歧视（FRAND）原则。康文森无线许可公司的前述要约中多模2G/3G/4G移动终端产品的标准必要专利许可费率约为本三案原审判决所确定中国标准必要专利许可费率的18.3倍。

【案件焦点】

1.“禁诉令”性质行为保全裁定作出的考量因素；

2.“禁诉令”性质行为保全裁定的保障措施。

【裁判结果】

最高人民法院经审理认为，华为技术公司关于禁止康文森无线许可公司在本三案终审判决作出之前申请执行德国法院判决的申请，性质上属于行为保全申请。对于禁止申请执行域外法院判决的行为保全申请，应当考虑被申请人申请执行域外法院判决对中国诉讼的影响，采取行为保全措施是否确属必要，不采取行为保全措施对申请人造成的损害是否超过采取行为保全措施对被申请人造成的损害，采取行为保全措施是否损害公共利益，以及采取行为保全措施是否符合国际礼让原则等因素进行综合判断。具体而言，第一，对于申请人申请采取行为保全措施，禁止被申请人申请执行域外法院判决的，人民法院首先应当审查被申请人实施该行为是否会对本案审理和裁判执行产生实质影响。被申请人的相关行为可能阻碍本案审理或者造成本案裁判难以执行的，可针对该行为采取禁止性保全措施。关于被申请人申请执行域外法院判决对中国诉讼的审理和执行是否会产生实质影响，可以考虑中外诉讼的当事人是否基本相同、审理对象是否存在重叠、域外诉讼对中国诉讼是否造成不当干扰等。第二，关于必要性审查，应着重审查是否存在“难以弥补的损害”或者“裁决难以执行”。原则上，仅当确有必要时，方可采取禁止性保全措施。本案中，申请人可能面临的损害既包括有形的物质损害，又包括商业机会、市场利益等无形损害；既包括经济利益损害，又包括诉讼利益损害；既包括在华利益损害，又包括域外利益损害。即使康文森无线许可公司在临时申请德国判决时提供240万欧元担保，也无法弥补华为技术公司面临的前述损害。同时，如德国法院一审判决得以临时执行，华为技术公司可能为保留德国市场而被迫接受上述超高要价并与康文森无线许可公司达成和解，则其势必将放弃在华司法救济，其诉讼利益将遭受重大损失，进而实质性影响本三案的审理。第三，判断是否可以采取禁止被申请人为特定行为的行为保全措施，还应当权衡双方损益，兼顾双方利益。行为保全裁定中对于当事人利益的考量以利益受损比较为基本方法，即比较不采取行为保全措施对申请人造成的损害和采取行为保全措施对被申请人造成的损害，两害相权取其轻。第四，采取行为保全措施不损害公共利益。第五，对于禁止当事人申请执行域外法院裁判以及禁止其在域外寻求司法救济的行为保全申请，审查是否应予准许时，还应考量国际礼让因素。考虑国际礼让因素时，可以考查案件受理时间先后、管辖是否适当、对域外诉讼的影响是否适度等。同时，为保障禁诉令性质行为保全裁定的执行，本案采取按日计罚方式，既符合被申请人拒不遵守行为保全裁定所确定的不作为义务的特点，又与该违法行为的恶性程度和损害后果相适应，也为维护原裁定的法律效力所必需。

最高人民法院综合考虑了必要性、损益平衡、国际礼让原则等因素，在要求华为技术公司提供担保的基础上，于48小时内作出（2019）最高法知民终732、733、734号之一行为保全裁定：康文森无线许可公司不得在最高人民法院终审判决前，申请执行上述德国判决。为确保裁定的执行效力，该裁定还认定对于违反裁定的行为，处每日罚款人民币100万元，按日累计。该裁定于当日送达。康文森无线许可公司申请复议后，最高人民法院组织听证，充分听取了双方的意见，并于9月11日作出复议裁定，驳回康文森无线许可公司的复议请求。本案行为保全裁定及复议裁定的作出加速了双方商业谈判进程，最终双方达成了“一揽子”协议，撤回了包括本案在内的全球诉讼。

【裁判摘要评析】

一、我国禁诉令性质的行为保全认定的考量因素

我国《民事诉讼法》第100条规定了行为保全制度，该制度为禁诉令提供了法律空间。最高人民法院在本案行为保全裁定中指出：“华为技术公司关于禁止康文森无线许可公司在本三案终审判决作出之前申请执行德国法院判决的申请，性质上属于行为保全申请。”同时，该裁定援引了《民事诉讼法》第100条关于行为保全的规定内容作为裁判依据。可见，最高人民法院是以《民事诉讼法》关于行为保全的规定作为禁诉令的法律依据。

2017年修正的《民事诉讼法》第100条规定：“人民法院对于可能因当事人一方的行为或者其他原因，使判决难以执行或者造成当事人其他损害的案件，根据对方当事人的申请，可以裁定对其财产进行保全、责令其作出一定行为或者禁止其作出一定行为；当事人没有提出申请的，人民法院在必要时也可以裁定采取保全措施。”《行为保全司法解释》第7条则较为详细地规定了人民法院审查行为保全申请应当综合的因素，[①] 可以概括为胜诉可能性、难以弥补的损害、损益平衡、公共利益四个因素。《行为保全司法解释》第8条至第10条为上述因素的具体适用提供了更具操作性的判断方法或者认定标准，特别是第10条规定了在审查行为保全申请时的关键考

---

① 《行为保全司法解释》第7条规定：“人民法院审查行为保全申请，应当综合考量下列因素：（一）申请人的请求是否具有事实基础和法律依据，包括请求保护的知识产权效力是否稳定；（二）不采取行为保全措施是否会使申请人的合法权益受到难以弥补的损害或者造成案件裁决难以执行等损害；（三）不采取行为保全措施对申请人造成的损害是否超过采取行为保全措施对被申请人造成的损害；（四）采取行为保全措施是否损害社会公共利益；（五）其他应当考量的因素。”

量因素即“难以弥补的损害”的具体情形。

《行为保全司法解释》中的考量因素为禁诉令性质行为保全的判断提供了基本参照，“难以弥补的损害”“损益平衡”“公共利益”也是禁诉令性质行为保全需要考量的因素。但因禁诉令性质的行为保全与传统意义上的行为保全存在较大不同，《行为保全司法解释》第 7 条规定尚未完全覆盖禁诉令性质行为保全需要考量的全部因素。且即便在重合的考量因素上，具体适用时也需要作适应性的调整。以禁诉令中“难以弥补的损害”的判断为例，一是关于认定损害所需要考虑的地域范围更广，不仅要考量当事人在中国的利益，还要考量在他国的利益；二是损害的定性更为复杂，不仅要考虑有形以及无形的经济损害，更要考虑可能产生的诉讼权利的损害。

康文森案以《民事诉讼法》第 100 条的行为保全制度为基础依据，在《行为保全司法解释》第 7 条规定的“难以弥补的损害、损益平衡、公共利益”三个考虑要素基础上，增加了“域外判决临时执行对中国诉讼的影响”“国际礼让原则”两个考虑因素。

首先，关于域外判决临时执行对中国诉讼的影响，人民法院应当审查被申请人实施该行为是否会对本案审理和裁判执行产生实质影响。被申请人的相关行为可能阻碍本案审理或者造成本案裁判难以执行的，可针对该行为采取禁止性保全措施。需要注意的是，要避免将判决的执行力混同于判决内容是否适合强制执行。行为保全具有保全性和应急性，其目的是确保将来的判决能够获得执行、申请人依据判决确定的权益能够最终得以实现。因此，在行为保全的语境下，考察当事人一方的行为是否会造成案件判决难以执行时，聚焦的核心是：如果不采取保全措施，一旦当事人实施该行为，能否确保判决对当事人发生拘束力和执行力，申请人依据判决确定的权益能否最终得以实现。

其次，审查采取行为保全措施是否具有必要性，应着重审查不采取行为保全措施是否会使申请人的合法权益受到难以弥补的损害。原则上，仅当确有必要时，方可采取禁止性保全措施。本案中华为技术公司可能受到的损害既包括有形的物质损害，又包括商业机会和市场利益等无形损害；既包括经济利益损害，又包括诉讼利益损害；既包括在德利益损害，又包括在华利益损害。本案中，非经济利益损失是重要考量因素，主要表现为当事人诉权以及中国裁判可执行性所遭受的损失。具体而言，如果康文森无线许可公司申请临时执行德国一审禁令判决，华为技术公司将仅余两种选择：要么退出德国市场，要么接受远高于中国本案判决认定的许可费率。上述选项虽然表面上体现为华为技术公司经济利益的自我取舍，但是退出一国市场通常为企业不可承受之重，难以用金钱衡量和事后补救。华为技术公司极大可能仅余以远高于本案确定的许可费率的方式被迫和解这一个选项，并最终导致华为技术公司不得不放弃在中国的诉讼。无论本案如何认定中国费率，中国判决事实上将难以获得执行。

再次，应当权衡不采取行为保全措施对申请人造成的损害和采取行为保全措施对被申请人造成的损害，兼顾双方利益。本案中，对双方损益平衡的判断采用了比较分析方法，即比较不采取行为保全措施对华为技术公司造成的损害和采取行为保全措施对康文森无线许可公司造成的损害，两害相权取其轻。第一，应着眼于损害的定性。前已述及，华为技术公司可能遭受的核心利益损害在于商业机会以及诉讼利益，已经超出了经济损失的范畴。而康文森无线许可公司作为非专利实施主体，其德国诉讼的核心利益是经济利益。第二，要求华为技术公司提供担保的方式，进一步弥补了康文森无线许可公司可能遭受的经济损失。在华为技术公司提供了担保的前提下，仅限期暂缓康文森无线许可公司申请临时执行德国法院一审判决，已经充分考虑了康文森无线许可公司的利益。

最后，还应考量国际礼让因素。国际礼让原则是作出禁诉令不能回避的考量因素。国际礼让原则的核心考虑因素在于域外诉讼是否对我国诉讼产生欺压性，或者导致对我国诉讼主体极其不利的干扰。本案提出了国际礼让原则考量的三个具体因素：案件受理时间先后、案件管辖适当与否、对域外法院审理和裁判的影响是否适度等。在前述核心因素满足的情况下，禁诉令对域外法院诉讼未超出可容忍的范围即可。第一，本案已经充分考虑了国际礼让原则。原裁定限制康文森无线许可公司在本案作出终审判决前申请临时执行德国法院一审判决，既未涉及德国诉讼所涉欧洲专利的侵权认定，又未对德国判决或者执行作出任何评价，更未干涉德国诉讼实体审理及裁判效力。第二，康文森无线许可公司若临时申请执行德国一审禁令判决必然对中国诉讼产生不正当干扰。本案与德国诉讼审理对象存在部分重合，德国法院作出的停止侵权判决以标准必要专利权利人康文森无线许可公司在与华为技术公司等协商过程中提出的许可费要约符合公平、合理、无歧视（FRAND）原则为前提。若德国法院的禁令判决一旦得以临时执行，华为技术公司可能被迫接受高达中国法院一审判决认定费率18.3倍的要价，通过施压于当事人的方式对我国诉讼产生实质影响，使我国判决失去意义。

此外，关于公共利益的考量，只要作出禁诉令行为保全裁定不损害公共利益即可。

总体上，本案虽然情况紧急，须在48小时内作出裁定，但是中国法院在本案中充分考量了域外诉讼对我国诉讼的影响、必要性、损益平衡、公共利益以及国际礼让等因素，全面衡量了各方利益，确定了相对合理严谨的裁判规则，秉持了司法的理性与谦抑的态度。有学者认为，这一裁定充分考虑了双方当事人的利益以及公平有序的竞争秩序，充分考虑了国际礼让原则，符合国际惯例。①

需要注意的是，前已述及，广义的禁诉令包括禁诉令、禁执令和反禁诉令三种类型。本案属于禁执令，其内容在于暂缓康文森无线许可公司临时申请执行德国法院的一审禁令判决。本案所考量的因素对于禁执令类行为保全具有更强的借鉴意义。在涉及狭义的禁诉令以及反禁诉令行为保全裁定时，具体的考量因素虽有一定的重合性，但亦应作相应的调整。

二、关于保障措施

该案确定的制裁违反裁定行为的保障措施中，首次在我国知识产权诉讼中适用按日计罚的处罚方式。相对于“按件计罚”而言，“按日计罚”采用按日累计罚款的方式连续处罚。

首先，按日计罚处罚方式符合法律规定。该案在《民事诉讼法》罚款金额范围内，采取按日计罚的方式，符合合法性解释原则。第一，禁止被申请人为一定行为的行为保全措施具有特殊性。其核心是针对被申请人未来的行为，要求其不得为一定行为，不得违法改变现有状态。倘若被申请人拒不遵守法院裁定确定的义务，改变现有状态，则属于积极、故意违法

① 参见彭哲：《标准必要专利国际平行诉讼中的禁诉令——兼评中国知识产权“禁诉令”第一案》，载《科技·知产财经》2021年第1期。

行为。被申请人此种故意违法行为系持续性地违反裁定和改变现状，该行为与一次性的、已经实施完毕的违法行为具有明显区别，应视为被申请人每日均实施了单独的违法行为。这一理解在有关法律中已经得到支持。第二，妨害民事诉讼强制措施的强度需要与妨害民事诉讼行为可能产生的后果相适应。本案采取按日计罚的原因在于，康文森无线许可公司若故意违反原裁定，申请临时执行德国法院一审判决，不仅可能使华为技术公司市场利益、诉讼权益遭受损失，而且也将使本案后续审理和判决失去意义。相反，一旦康文森无线许可公司申请临时执行德国法院一审判决，则可能在双方后续的许可费谈判中获得显著优势地位，并基于该优势地位获得巨额利益。因此，本案采取按日计罚方式，既与该违法行为的恶性程度和损害后果相适应，也为维护原裁定的法律效力所必需。第三，按日计罚处罚方式在我国法律中已有先例。2014 年颁布的《环境保护法》第 59 条规定，企业事业单位和其他生产经营者违法排放污染物，受到罚款处罚，被责令改正，拒不改正的，依法作出处罚决定的行政机关可以自责令改正之日的次日起，按照原处罚数额按日连续处罚。上述规定及司法实践为按日计罚处罚方式积累了实践经验。

其次，按日计罚处罚方式符合国际通行做法。在禁诉令和反禁诉令中采取按日计罚措施属于国际的通行做法，英国、美国、德国、法国等国家法院在以往的相关案例中均采取了该项措施。例如，法国巴黎高等法院在 IPCOM 与联想公司一案中，颁发反禁诉令的同时，裁定如不遵守反禁诉令则处以联想公司 20 万欧元/天罚款（折合人民币 160 余万元/天）；美国哥伦比亚特区联邦巡回上诉法院以拒绝执行交出相关记录的传票藐视法庭为由，对招商银行等三家中国银行处以 5 万美元/天罚款（折合人民币约 35 万元/天）。

最高人民法院合议庭成员：王闯　周翔　朱理　焦彦　徐卓斌

（编写人：廖继博[*]　宾岳成[**]　审稿人：丁文严）

---

* 廖继博，法学博士，中华人民共和国最高人民法院知识产权法庭诉讼服务中心主任。

** 宾岳成，博士研究生，中华人民共和国最高人民法院知识产权法庭，法官助理。

宝蔻（厦门）卫浴有限公司
与
馆陶县佩龙水暖安装维修门市
侵害实用新型专利权纠纷案

——专利侵权纠纷中合法来源抗辩的认定

【裁判摘要】

1. 产品被制造者推向市场后，后续的产品销售者不知道是未经专利权人许可而制造并售出的专利侵权产品，但能证明该产品合法来源的，不承担赔偿责任。

2. 销售者合法来源抗辩能否成立，需要同时满足被诉侵权产品具有合法来源这一客观要件和销售者无主观过错这一主观要件。对于客观要件，销售者应当提供符合交易习惯的相关证据。对于主观要件，销售者应证明其实际不知道且不应当知道其所售产品系制造者未经专利权人许可而制造并售出。上述两个要件相互联系。

3. 如果该销售者能够证明其遵从合法、正常的市场交易规则，且所售产品的来源清晰、渠道合法、价格合理，其销售行为符合诚信原则、合乎交易惯例，则可推定该销售者实际不知道且不应当知道其所销售产品系制造者未经专利权人许可而制造并售出，即推定该销售者无主观过错。此时，应由权利人提供相反证据。在权利人未进一步提供足以推翻上述推定的相反证据的情况下，应认定销售者合法来源抗辩成立。

【案件基本信息】

1. 诉讼当事人

上诉人（原审原告）：宝蔻（厦门）卫浴有限公司（以下简称宝蔻卫浴公司）

被上诉人（原审被告）：馆陶县佩龙水暖安装维修门市（以下简称佩龙水暖门市）

2. 案件索引与裁判日期

一审：河北省石家庄市中级人民法院（2019）冀01民初112号判决（2019年4月26日）

二审：最高人民法院（2019）最高法知民终118号判决（2019年11月18日）

3. 案由

侵害实用新型专利权纠纷

【简要案情】

宝蔻卫浴公司认为，佩龙水暖门市未经其许可，销售落入涉案专利权利要求保护范围的产品，侵犯了其专利权，给宝蔻卫浴公司带来了巨大的经济损失，遂向河北省石家庄市中级人民法院提起诉讼。佩龙水暖门市辩称其销售的产品具有合法来源，有正当的进货渠道，应当免除赔偿责任。

一审法院于2019年4月26日作出（2019）冀01民初112号民事判决，认定佩龙水暖门市销售的涉案产品落入宝蔻卫浴公司专利权保护范围，但其提交了销售出货单，根据涉案产品的价值及交易惯例，可以认定佩龙水暖门市销售的涉案产品有合法来源，判决佩龙水暖门市停止销售被诉侵权产品，驳回宝寇公司其他诉讼请求。

宝蔻卫浴公司不服，向最高人民法院提起上诉，请求撤销原审判决第二项，改判佩龙水暖门市赔偿其经济损失及合理费用。

【案件焦点】

专利侵权纠纷中合法来源抗辩的认定。

【裁判结果】

最高人民法院经审理认为，《专利法》（2008年修正）第70条规定，为生产经营目的的销售不知道是未经专利权人许可而制造并售出的专利侵权产品，能证明该产品合法来源的，不承担赔偿责任。《关于审理侵犯专利权纠纷案件的解释二》第25条规定，为生产经营目的的销售不知道是未经专利权人许可而制造并售出的专利侵权产品，且举证证明该产品合法来源的，对于权利人请求停止销售行为的主张，人民法院应予支持。该条亦规定，不知道是指实际不知道且不应当知道。根据上述规定，产品被制造者推向市场后，对于后续的产品销售者而言，其销售不知道是未经专利权人许可而制造并售出的专利侵权产品，能证明该产品合法来源的，不承担赔偿责任。销售者合法来源抗辩的成立，需要同时满足被诉侵权产品具有合法来源这一客观要件和销售者无主观过错这一主观要件。被诉侵权产品具有合法来源是指销售者通过合法的进货渠道、通常的买卖合同等正常商业方式取得所售产品。对于客观要件，销售者应当提供符合交易习惯的相关证据。对于主观要件，销售者应证明其实际不知道且不应当知道其所售产品系制造者未经专利权人许可而制造并售出。上述两个要件相互联系。如果该销售者能够证明其遵从合法、正常的市场交易规则，且所售产品的来源清晰、渠道合法、价格合理，其销售行为符合诚信原则、合乎交易惯例，则可推定该销售者实际不知道且不应当知道其所销售产品系制造者未经专利权人许可而制造并售出，即推定该销售者无主观过错。此时，应由权利人提供相反证据。在权利人未进一步提供足以推翻上述推定的相反证据的情况下，应认定销售者合法来源抗辩成立。

本案中，佩龙水暖门市提交的销售出货单显示购货单位为武某甲，并加盖“山东汇恒卫浴设备有限公司”印章，送货地址为河北省邯郸市馆陶县，并留有电话号码。其中，送货地址为佩龙水暖门市实际经营地址，所留手机号为武某乙之妻郝某某所使用，所购物品中亦包括本案被诉侵权产品。虽购货人与佩龙水暖门市经营者姓名不同，但郝某某所作的武某甲系武某乙别名的解释有合理之处。结合销售出货单所留的销货单位的电话、印章以及宣传册、山东汇恒卫浴设备有限公司销售经理之名片等，可以认为佩龙水暖门市所称的浴尔源卫浴设备厂与山东汇恒卫浴设备有限公司实系同一主体。基于现有在案证据，可以认定佩龙水暖门市所销售的被诉侵权产品实际购自山东汇恒卫浴设备有限公司。宝蔻卫浴公司虽提交了公证保全证据来证明佩龙水暖门市销售了侵害涉案专利权的产品，但其现有证据不足以证明佩龙水暖门市对产品来源存在审查疏忽，亦无证据证明佩龙水暖门市知道或应知其所售产品系侵害他人专利权的产品。佩龙水暖门市从山东汇恒卫浴设备有限公司购得被诉侵权产品后对外销售，交易链条完整，现有在案证据不能证明其进货价格及销售价格存在异常之处，符合社会一般交易习惯，因此其所售产品系通过正常商业方式取得，且佩龙水暖门市已披露被诉侵权产品的生产者信息，结合一般市场交易规则，可以认定佩龙水暖门市所售产品具有合法来源，其属于正常开展经营活动，并无主观过错，依法不承担赔偿责任。宝蔻卫浴公司的上诉请求不能成立，应驳回上诉，维持原判。

【裁判摘要评析】

合法来源抗辩作为专利侵权纠纷中销售者最常援引的抗辩事由，《专利法》及相关司法解释均进行了明确规定。但是，在司法实践中，合法来源的认定仍是一大难题。

一、合法来源抗辩的制度意义

（一）维护市场正常流通秩序

专利权是禁止他人以生产经营为目的实施专利技术方案的私权，其基本法律逻辑是以专利技术方案的公开换取对相应市场独占或垄断的专有权利。专利技术方案在被授权后即已向社会公众公开，因此，在是否构成侵犯专利权之行为的判定上，只需要考虑，被诉侵权行为人是否未经专利权人许可以生产经营目的实施了专利技术方案，及该行为是否属于专利法明确规定的不视为侵犯专利权的行为。但是，在侵权责任承担方面，仍应区分不同被诉侵权人实施的侵权行为种类和其主观心理状态（是否善意）。合法来源抗辩正是基于保护交易安全和正常交易秩序，在权衡权利人和善意销售者利益的基础上所作出的立法选择。作为产品流向最终使用者的实际控制者，销售者对于被诉侵权产品流向市场、侵犯专利权行为的扩大以及专利权人经济损失的增加确实负有一定的责任。但不同于制造者，销售者日常经营时精力主要在于产品销售，而非技术比对或是产品分析，其从业资质、专业技术和识别能力等均明显弱于制造者。而且受保护的专利技术方案可能是产品的内部结构、电子线路等，非经专业人士分析，甚至不经专业机构鉴定，难以确认技术方案的性质。在此情形下，如果对销售者施加过于严苛的法律义务，使销售者将过多的精力投入其不擅长且本不属于其业务范围的产品技术方案鉴别比对中，将不利于其市场经营活动，也不利于专利制度促进技术流通目的之实现。

（二）促进专利侵权源头打击

对于专利技术方案而言，其市场价值的实现一般主要在于专利产品销售所带来的经济收益。而随着市场不断完善，分工不断细化，专利权人获取技术回报的方式不断丰富，可以自行制造获益，也可通过许可他人使用收取许可使用费。但是无论何种方式，制造等前端环节比之于销售等终端环节，在侵权时对专利权人权益造成的损害都更大。并且，从打击侵权行为的效果来看，直接打击制造等源头侵权行为所起到的效果在集中性、及时性、有效性等方面都明显强于打击销售等流通环节。但是限于市场流通环节的复杂性，专利权人因其自身调查取证能力和成本等因素的限制，往往很难通过自身力量找到侵权产品的源头信息或者搜集侵权产品源头信息的投入远超过侵权维权获益。而销售者作为专利产品流向市场的重要通道，必然掌握其所销售的专利产品的上游来源。合法来源抗辩以善意销售者提供供货方在内的产品上游来源信息为前提，免除善意销售者赔偿责任，可以有效激励销售者积极主动提供产品来源信息和材料，为专利权人查找侵权源头提供有力帮助，促进专利侵权的源头打击。

综上所述，合法来源抗辩制度通过侵权责任的合理承担和分配，在减轻销售者市场活动风险、保障正常商业经营活动的同时，辅助专利权人查明侵权源头信息、有效维护自身权益，使专利法真正发挥出其保护和激励创新的作用。

二、合法来源的认定标准

《专利法》（2008 年修正）第 70 条规定，为生产经营目的使用、许诺销售或者销售不知道是未经专利权人许可而制造并售出的专利侵权产品，能证明该产品合法来源的，不承担赔偿责任。该条规定了销售者合法来源抗辩成立的两个要件，分别是被诉侵权产品具有合法来源这一客观要件和销售者无主观过错这一主观要件。这两个要件相互联系，缺一不可。

（一）客观要件

《关于审理侵犯专利权纠纷案件的解释二》第 25 条规定，合法来源是指通过合法的销售渠道、通常的买卖合同等正常商业方式取得产品。合法来源抗辩制度的目的之一就在于激励实际掌握相关证据的销售者主动提供产品来源信息和材料，以促进专利侵权的源头打击。并且客观要件中所涉及的是积极事实，因此，理应由主张合法来源抗辩的销售者举证证明产品合法来源。销售者应当举证证明交易行为的真实存在、售出产品型号与交易产品的对应关系、商品来源的明确商家、合理市场对价的支付等。在证明标准的把握上，应当充分考虑是否符合交易习惯，即充分考虑交易主体的类型（自然人、个体公司户还是公司）、标的物的类型（专业产品或者普通产品）、标的物价款的高低、行业或区域的普遍交易方式等。

本案中，佩龙水暖门市提交的相应证据展现了其符合一般交易习惯的完整交易链条，且披露了被诉侵权产品上游生产销售者信息，可以认定佩龙水暖门市所售产品具有合法正当的来源。

（二）主观要件

《关于审理侵犯专利权纠纷案件的解释二》第25条规定，“不知道”是指实际不知道且不应当知道。对于主观要件，销售者应证明其实际不知道且不应当知道其所售产品系制造者未经专利权人许可而制造并售出。但是，主观心理活动本就难于证明，加之合法来源抗辩要求的主观要件所涉及的是消极事实，销售者很难拿出直接证据加以证明。同时，“不应当”也是一个相对抽象的概念，强调的是销售者的注意义务和保障义务而并非只针对销售者当时的主观状态。销售者对于其销售的产品应承担相应的注意义务和保障义务，但是这种义务应当与其能力相当，否则将使民事责任承担出现偏差。因此，在判定销售者是否满足合法来源抗辩的主观要件时，应该充分考虑被诉侵权人和权利人相关行为，合理运用举证责任分配制度并结合相关产品交易一般习惯，综合进行判断。

确定经营者对侵权后果的主观过错，可以从交易价格是否明显或不合理地低于专利产品的市场价格，是否经营过相同或类似的侵权产品并被追究过责任，是否经营过专利权人的产品后又销售被诉侵权产品等方面加以考虑。这其中交易价格明显或不合理地低于专利产品的市场价格的相关证据主要掌握在销售者手中，通过比较合法来源证据中的交易价格和专利产品价格就能得到较为清晰的结论。如果销售者进货的价格明显低于专利产品的市场价格，销售者根据收益与风险应当成正比的一般交易习惯理应提高警惕，对可能存在的专利侵权问题需要承担更多的审查义务，如没有尽到合理的注意义务，其辩称不知道或不应当知道则不具有合理性。对于其他情形，专利权人在举证证明销售者经营过相同或类似的侵权产品并被追究过责任或经营过专利权人的产品后又销售被诉侵权产品等事实上，并不会存在不能克服的举证障碍。因此，如果该销售者能够证明其遵从合法、正常的市场交易规则，且所售产品的来源清晰、渠道合法、价格合理，其销售行为符合诚信原则、合乎交易惯例，则可推定该销售者实际不知道且不应当知道其所销售产品系制造者未经专利权人许可而制造并售出，即推定该销售者无主观过错。此时，应由专利权人来证明侵害行为人知道或者应当知道其所许诺销售或者销售的是侵权产品，从而否定合法来源抗辩的成立。专利权人如未进一步提供足以推翻上述推定的相反证据，则应认定销售者合法来源抗辩成立。

这种举证责任的分配看似增加了权利人的举证责任，其实是符合消极事实证明责任分配的基本原则的，也是符合合法来源抗辩的制度意义的。主张消极事实的当事人对其主张的消极事实一般不应当负举证责任，并且这一推定并非毫无凭证，而是结合销售者举证证明的具体交易过程、交易价格和销售者的能力水平等作出的较为符合一般交易情况的推定。同时，专利权人可以通过多种反证的方式来推翻这一推定，且专利权人可用以推翻这一推定的证据并非不在其掌握范围内或难以取得。并且，作出这一推定前销售者已经提供了其所销售产品的上游来源，为专利权人追究真正侵权行为人的责任提供了材料。考虑到目前越来越多针对终端销售者的专利商业维权行为，明确销售者在举证证明其取得所售产品的来源清晰、渠道合法、价格合理的情况下，推定其无主观过错而合法来源抗辩成立不用承担赔偿责任，有利于充分发挥合法来源抗辩维护市场正常流通秩序和促进专利侵权源头打击的制度意义，并在一定程度上抑制专利维权异化的不良趋势，真正实现专利法鼓励发明创造、推动发明创造应用、提高创新能力的作用。

最高人民法院二审合议庭成员：徐卓斌　高雪　邓卓

（编写人：徐卓斌*　罗瑞雪**　审稿人：丁文严）

---

* 徐卓斌，法学博士，中华人民共和国最高人民法院知识产权法庭，四级高级法官。

** 罗瑞雪，法律硕士，中华人民共和国最高人民法院知识产权法庭，二级法官助理。

本田技研工业株式会社
与
重庆恒胜鑫泰贸易有限公司、
重庆恒胜集团有限公司
侵害商标权纠纷案

——涉外定牌加工是否构成商标侵权的认定

【裁判摘要】

1. 商标使用行为是一种客观行为，通常包括许多环节，如物理贴附、市场流通等。是否构成商标法意义上的“商标的使用”应当依据商标法作出整体一致解释，不应该割裂一个行为而只看某个环节，要防止以单一环节遮蔽行为过程，要克服以单一侧面代替行为整体。

2. 在法律适用上，要维护商标法律制度的统一性，遵循商标法上商标侵权判断的基本规则，不能把涉外定牌加工这种贸易方式简单地固化为不侵犯商标权的除外情形。

3. 对于没有在中国注册的商标，即使其在外国获得注册，在中国也不享有注册商标专用权。与之相应，中国境内的民事主体所获得的所谓“商标使用授权”，也不属于我国商标法保护的商标合法权利，不能作为不侵犯商标权的抗辩事由。

【案件基本信息】

1. 诉讼当事人

再审申请人（一审原告、二审被上诉人）：本田技研工业株式会社（Honda Motor Co.，LTD.，以下简称本田株式会社）

被申请人（一审被告、二审上诉人）：重庆恒胜鑫泰贸易有限公司（以

下简称恒胜鑫泰贸易公司）

被申请人（一审被告、二审上诉人）：重庆恒胜集团有限公司（以下简称恒胜集团）

2. 案件索引与裁判日期

一审：云南省德宏傣族景颇族自治州中级人民法院（2016）云31民初52号判决（2017年6月1日）

二审：云南省高级人民法院（2017）云民终800号判决（2017年11月28日）

再审：最高人民法院（2019）最高法民再138号判决（2019年9月23日）

3. 案由

侵害商标权纠纷

【简要案情】

在再审申请人本田株式会社与被申请人恒胜鑫泰贸易公司、恒胜集团侵害商标权纠纷案中，涉案商标包括三个商标，权利人均为本田株式会社。第314940号注册商标HONDA，于1988年5月30日核准注册，核定使用类别为第12类，核定使用商品包括飞机、船舶、车辆和其他运输工具等。第1198975号注册商标，于1998年8月14日核准注册，核定使用商品类别为第12类，核定使用商品包括车辆、陆用机动运载器、空用机动运载器、水用机动运载器、汽车、摩托车等。第503699号注册商标，于1988年12月17日核准注册，核定使用商品类别为第12类，核定使用商品包括摩托车、拖拉机以及上述商品零部件等。恒胜鑫泰贸易公司、恒胜集团的法定代表人均为万迅，系总公司和子公司关系。

2016年6月30日，瑞丽海关查获恒胜鑫泰贸易公司委托瑞丽凌云货运代理有限公司申报出口的标有“HONDAKIT”标识的摩托车整车散件220辆。申报总价118,360美元，目的地缅甸，该批货物系由缅甸美华公司（MEIHUA COMPANY LIMITED）（以下简称美华公司）授权委托恒胜集团加工生产。本田株式会社以侵害商标权为由向云南省德宏傣族景颇族自治州中级人民法院提起诉讼。云南省德宏傣族景颇族自治州中级人民法院一审认定构成侵权，判决恒胜鑫泰贸易公司、恒胜集团立即停止侵权行为并连带赔偿本田株式会社经济损失人民币30万元，并驳回本田株式会社的其他诉讼请求。恒胜鑫泰贸易公司及恒胜集团不服，提起上诉。云南省高级人民法院二审认为不构成侵权，并判决撤销一审判决，驳回本田株式会社的诉讼请求。本田株式会社不服，向最高人民法院申请再审。最高人民法院于2018年9月14日裁定提审本案。

【案件焦点】

1. 被诉侵权行为是否属于涉外定牌加工行为；

2. 被诉侵权行为是否构成商标使用行为；

3. 被诉侵权行为是否构成商标侵权。

【裁判结果】

最高人民法院经审理认为，恒胜鑫泰贸易公司、恒胜集团在其生产、销售的被诉侵权的摩托车上使用"HONDAKIT"文字及图形，并且突出增大"HONDA"的文字部分，缩小"KIT"的文字部分，同时将H字母和类似羽翼形状部分标以红色，与本田株式会社请求保护的三个商标构成在相同或者类似商品上的近似商标。我国经济由高速增长阶段转向高质量发展阶段，面临着经济发展全球化程度不断加深、国际贸易分工与经贸合作日益复杂、各国贸易政策冲突多变的形势，人民法院审理涉及涉外定牌加工的商标侵权纠纷案件，应当充分考量国内和国际经济发展大局，对特定时期、特定市场、特定交易形式的商标侵权纠纷进行具体分析，准确适用法律，正确反映"司法主导、严格保护、分类施策、比例协调"的知识产权司法政策导向，强化知识产权创造、保护、运用，积极营造良好的知识产权法治环境、市场环境、文化环境，大幅度提升我国知识产权创造、运用、保护和管理能力。自改革开放以来，涉外定牌加工贸易方式是我国对外贸易的重要方式；随着我国经济发展方式的转变，人们对于在涉外定牌加工中产生的商标侵权问题的认识和解决，也在不断变化和深化。归根结底，通过司法解决纠纷，在法律适用上要维护法律制度的统一性，不能把某种贸易方式（如本案争议的涉外定牌加工方式）简单地固化为不侵犯商标权的除外情形，否则就违背了商标法上商标侵权判断的基本规则，这是必须加以澄清和强调的问题。恒胜鑫泰贸易公司、恒胜集团主张，恒胜集团获得了缅甸公司的商标使用授权，因此不构成侵权。对此，应予指出，商标权作为知识产权，具有地域性，对于没有在中国注册的商标，即使其在外国获得注册，在中国也不享有注册商标专用权。与之相应，中国境内的民事主体所获得的所谓“商标使用授权”，也不属于我国商标法保护的商标合法权利，不能作为不侵犯商标权的抗辩事由。因此，判决撤销二审判决，维持一审判决。

【裁判摘要评析】

定牌加工（Original Equipment Manufacture，即原始设备制造），俗称贴牌或贴牌加工，是指承揽人按照定作人的要求，生产加工并交付带有定做人提供商标的商品，由定作人给付报酬的市场合作方式；其法律关系是承揽合同关系。按照定作人和承揽人的国别，可分为国内定牌加工和涉外定牌加工；按照定作人授权的范围，可分为单纯的定牌加工和授权销售的定牌加工；按照委托生产加工的层次环节，可分为直接定牌加工和间接定牌加工。[1]

一、涉外定牌加工纠纷诉讼案件裁判观点演进

涉外定牌加工行为是否构成商标侵权，在国际条约和我国国内法上没有直接的规定。据研究分析，人民法院早期以商标权地域性为基础，认为受托方加工相同产品、贴附相同商标并交付至境外的行为构成商标侵权。后来逐渐发生转变，从法解释角度认定受托方的行为属于“非商标使用”，不构成商标侵权。[2] 在这个过程中，对涉外定牌加工是否构成侵权的观点可以说针锋相对。认为不构成侵权的观点所持主要理由包括：（1）不会造成相关公众的混淆。如2004年2月18日出台的《北京市高级人民法院关于审理商标民事纠纷案件若干问题的解答》[3] 第13条指出，造成相关公众的混淆、误认是构成侵犯注册商标专用权的前提，定牌加工是基于有权

---

① 参见林广海、郑颖：《涉外定牌加工中的商标权问题》，载《人民司法·应用》2007年第23期。

② 参见林广海、郑颖：《涉外定牌加工中的商标权问题》，载《人民司法·应用》2007年第23期。

③ 北京市高级人民法院文件（京高法发〔2004〕48号），已失效。

使用商标的人的明确委托，并且受委托定牌加工的商品不在中国境内销售，不可能造成相关公众的混淆、误认，不应当认定构成侵权。(2) 单纯的贴牌行为不是商标法所规定的使用行为，商标法上的使用应含有“为商标目的而用”之义，而此类定牌加工的商品不进入国内市场，不会发挥区分标识生产者的目的。只有承揽人定作后又进行产品销售，才构成商标使用行为。诉讼中当事人还往往以定牌加工产品全部销售到国外，不进入国内市场，不会给国内商标权人造成损害为由进行抗辩。

与之相反，认为构成侵权主要理由包括：商标权的地域性特征决定了其权利行使范围和受保护范围，定牌加工行为构成商标法所指的使用，侵权不以造成混淆或误认为要件等。

面对日益复杂的涉外定牌加工案件，为了精细平衡涉外定牌加工委托方和商标权人之间的利益，在以往的一些案件中，有的将涉外定牌加工受托方定位为商标侵权的帮助者，越来越多地注重考察涉外定牌加工受托方是否履行了必要审查注意义务。对此，也有研究认为，这与“非商标使用”思路自相矛盾，进一步导致了法律适用的混乱。应限制“非商标使用”理论的适用，回归传统的商标侵权认定。①

二、涉外定牌加工商标侵权行为的分析

按照传统民事侵权法理论，侵害事实的客观存在是侵权损害赔偿责任法律关系赖以发生的根据。如果仅有违法行为而无损害结果，侵权损害赔偿的民事责任就无从产生。② 但是，损害事实仅仅是侵权损害赔偿责任存在的前提。而包括商标权在内的知识产权是一种类似于物权的排他性权利；除了损害赔偿请求权外，在权利受到损害时，权利人也可以行使类似于物权请求权的排除妨害请求权。③

《与贸易有关的知识产权协议》（以下称《TRIPS 协定》）第 41 条规

---

① 参见张韬略、阴晓璐：《我国涉外定牌加工商标侵权司法认定之演进及反思》，载《国际商务研究》2020 年第 2 期。

② 参见杨立新：《侵权责任法》（第 3 版），法律出版社 2018 年版，第 69 页。

③ 参见吴汉东：《试论知识产权的“物上请求权”与侵权赔偿请求权——兼论〈知识产权协议〉第 45 条规定之实质精神》，载《法商研究》2001 年第 5 期。当然，对此也有不同的观点，参见李扬：《知识产权请求权与诉讼时效制度的适用》，载《知识产权》2012 年第 10 期。

定，成员应保证本部分所规定的执法程序依照其国内法可以行之有效，以便能够采用有效措施制止任何侵犯本协议所包括的知识产权的行为，包括及时地防止侵权的救济，以及阻止进一步侵权的救济。这些程序的应用方式应当避免造成合法贸易的障碍，同时应能够为防止有关程序的滥用提供保障。第 50 条进一步规定“权利正在受到侵害或者侵害即将发生”（right is being infringed or such infringement is imminent）。[①]《商标法》不仅在第 57 条第 4 项中将“伪造、擅自制造他人注册商标标识或者销售伪造、擅自制造的注册商标标识”的行为规定为侵犯注册商标专用权的行为，而且在第 65 条中进一步规定：“商标注册人或者利害关系人有证据证明他人正在实施或者即将实施侵犯其注册商标专用权的行为，如不及时制止将会使其合法权益受到难以弥补的损害的，可以依法在起诉前向人民法院申请采取责令停止有关行为和财产保全的措施。”也就是说，即使行为人尚未实施具有损害后果的侵权行为，但当相关行为具有侵害商标权的实际风险时，商标权人就可以申请获得相应救济。

无论是在理论层面，还是在规范层面，对商标权的保护都包含了对即发侵权行为的制止。虽然涉外贴牌加工商品根据合同的约定不会流入国内市场，但该合同是否能够得到切实充分的履行，对国内商标权人而言是完全不可控的，因而具有侵权的潜在风险；而且即使上述商品全部在国外销售，也不排除其回流到国内市场的可能性。因此，无论贴牌加工商品出口前还是出口后，都已构成对国内商标权人商标权侵害的实际风险，理应属于即发侵权。由此，商标侵权行为应当既包括已经发生的侵权行为，也应当包括即发侵权。目前，对于知识产权即发侵权的构成要件尽管仍在争论，但是，至少需要具备以下三个要件：一是行为人已经为侵权行为作了充分准备；二是侵权行为的发生不可避免；三是准备行为不是相关知识产权法律所明令禁止的。[②]

---

① 《关贸总协定与世界贸易组织中的知识产权协议》，郑成思译，学习出版社 1994 年版，第 31 页。

② 参见张广良：《知识产权侵权民事救济》，法律出版社 2003 年版，第 223~229 页。

（一）贴牌行为构成“商标的使用”

贴牌行为是否构成“商标的使用”，是判断涉外定牌加工行为是否构成商标侵权的基础问题，也是争论的焦点问题之一。有的判决认为因为涉外定牌加工商品不在国内销售，未进入流通环节，标识未发挥商标识别来源的基本功能，故未构成“商标的使用”。①

对于这种争论，倘若就概念论概念，那么“贴牌加工”之“贴牌”的基本含义就是贴上一个“牌子”——商标。概念要保持其含义的同一性，绝不能说商标上所贴的这个牌子，到了国外销售就是商标，在国内就不是商标。当然，概念之争不能作为判断是非的根据。法律的原则和精神是什么？《商标法》第48条规定：“本法所称商标的使用，是指将商标用于商品、商品包装或者容器以及商品交易文书上，或者将商标用于广告宣传、展览以及其他商业活动中，用于识别商品来源的行为。”该条规定的“用于识别商品来源”指的是商标使用人的目的在于识别商品来源，包括可能起到识别商品来源的作用和实际起到识别商品来源的作用。

一般来讲，商标的使用意味着使某一个商标用于某一个商品，其可能符合商品提供者与商标权利人的共同意愿，也可能不符合商品提供者与商标权利人的共同意愿。某一个商标用于某一个商品以至于二者合为一体成为消费者识别商品及其来源的观察对象，既可能让消费者正确识别商品的来源，也可能让消费者错误识别商品的来源，甚至会出现一些消费者正确识别商品的来源，而另外一些消费者错误识别商品的来源这样错综复杂的情形。这些现象纷繁复杂，无不统摄于商标法关于“商标的使用”规定，这些利益反复博弈，无不统辖于商标法律。因此，在生产制造或加工的产品上以标注方式或其他方式使用了商标，只要具备了区别商品来源的可能性，就应当认定该使用状态属于商标法意义上的“商标的使用”。此外，从中国出口外贸企业的经营现实来看，将涉外定牌加工中标识使用认

① 参见上海柴油机股份有限公司诉江苏洋马柴油机有限公司侵犯商标专用权案，上海市浦东区人民法院（2014）浦民三（知）初字第92号判决书；株式会社良品计画与中华人民共和国国家工商行政管理总局商标评审委员会、北京棉田纺织品有限公司商标异议复审行政纠纷案，最高人民法院（2012）行提字第2号判决书等。

定为不构成“商标的使用”的弊端很多，已经影响到很多国内出口企业的发展。①

（二）贴牌等行为容易导致相关公众混淆误认

《商标法》第57条第2项“未经商标注册人的许可，在同一种商品上使用与其注册商标近似的商标，或者在类似商品上使用与其注册商标相同或者近似的商标，容易导致混淆的”属于侵犯注册商标专用权。商标的基本功能是区分商品或服务来源的识别功能，侵害商标权本质上就是对商标识别功能的破坏，使一般消费者对商品来源产生混淆、误认。从法律规定来看，商标侵权行为的归责原则应当属于无过错责任原则②，且不以造成实际损害为侵权构成要件。

在本案之前，以往不少类似案件中一些判决③认为涉外定牌加工商品没有在国内销售，消费者无法接触，就不会导致混淆。但是，前述《商标法》规定的“容易导致混淆的”一语，指的是如果相关公众能够接触到被诉侵权商品，有发生混淆的可能性，并不要求相关公众一定实际接触到被诉侵权商品，也并不要求混淆的事实确定发生。此外，本案再审申请人本田株式会社在申请理由中明确提出，相关公众有接触到被诉侵权商品的可能；并认为在国际贸易的环境下，相关公众包括生产线上的工人，被诉侵权商

---

① 例如：苏州日宝科技有限责任公司的现金处理器具产品处于行业领先地位，80%以上出口国外，其在国内注册了“RIBAO TECHNOLOGY”商标。在其开拓美国市场时，与当地合作者成立了美国日宝公司，随着产品逐渐在美国走俏，美国日宝擅自在美国抢注了“RIBAO TECHNOLOGY”商标，随后又委托国内的生产商生产标有“RIBAO TECHNOLOGY”商标的产品在国际市场上销售。2014年5月，美国日宝委托国内某公司生产了300台标有“RIBAO TECHNOLOGY”商标的点钞机，并向海关申报出口厄瓜多尔，被上海海关扣留。该案最终以双方和解结案，苏州日宝不仅有效主张了自身的权利，同时还拿回了“RIBAO TECHNOLOGY”在美国的商标权。试想，如果此案按照涉外定牌加工案件判决不侵权，不仅将极大地违背公平诚信的原则，同时也将对苏州日宝的国际化战略产生重大影响，大大削弱国内企业的国际竞争力，违背国家鼓励企业“走出去”战略的实施。参见徐枫、王正伟：《对涉外定牌加工行为的再思考——以知识产权海关保护执法实践为视角》，载《知识产权》2015年第7期。

② 对于商标侵权认定主观状态，中外各国知识产权领域的立法和司法实践，在侵权认定方面都坚持无过错原则，只要行为人行为构成对权利人专有权利的侵犯就构成侵权，无须再证明过错是否存在。笔者认为，商标审查授权后向社会公开，因此商标侵权人主观上都应当认定为故意。参见郑成思：《知识产权法：新世纪初的若干研究重点》，法律出版社2004年版，第123~126页。

③ 如上海申达音响电子有限公司与玖丽得电子（上海）有限公司侵犯商标权纠纷案［上海市高级人民法院（2009）沪高民三（知）终字第65号判决书］。

品标识的包装印刷工人、运输工人，码头开箱掏货的工人，海关查验关员。国内消费者能通过互联网接触到已出口至境外的商品及标识，大量的中国企业和个人出国旅游、经商，这些人亦是相关公众。对此，本案判决指出，《商标民事纠纷司法解释》第8条明确规定："商标法所称相关公众，是指与商标所标识的某类商品或者服务有关的消费者和与前述商品或者服务的营销有密切关系的其他经营者。"因此，涉外定牌加工商标侵权纠纷中，相关公众除被诉侵权商品的消费者外，还应该包括与被诉侵权商品的营销密切相关的经营者。即使消费者接触不到，被诉侵权商品运输等环节的经营者也存在接触的可能性。而且，随着电子商务和互联网的发展，即使被诉侵权商品出口至国外，亦存在回流国内市场的可能。同时，随着中国经济的不断发展，中国消费者出国旅游和消费的人数众多，对于"贴牌商品"也存在接触和混淆的可能性。

此外，还有一个法律问题值得关注，知识产权作为一种专有权，在空间上的效力并不是无限的。它受到地域的限制，即具有严格的领土性，其效力只限于本国境内。[①] 商标权作为知识产权，当然也具有上述属性，即具有地域性；对于没有在中国注册的商标，即使其在外国获得注册，在中国也不享有注册商标专用权。与之相应，中国境内的民事主体所获得的所谓"商标使用授权"，也不属于我国商标法保护的商标合法权利，不能作为不侵犯商标权的抗辩事由。

三、正确认识本案裁判的价值和意义

涉外定牌加工作为一种贸易方式，其所涉商标问题并未获得商标法的特殊规制，也不是商标法上的特别之地；因此，判断涉外定牌加工贴牌行为是否构成商标侵权，唯一的标准就在于被诉侵权行为是否符合一般意义上的商标侵权构成要件。从法律适用来看，本案裁判并未改变现有的商标侵权裁判规则，亦未创设新的规则，只是明确指出不能将涉外定牌加工作为商标侵权的例外情形，至于是否构成侵权，要遵循个案原则，具体案件具体判断。归根结底，司法解决纠纷在法律适用上要维护法律制度的统一

---

① 参见吴汉东：《知识产权总论》（第3版），中国人民大学出版社2013年版，第28页。

性，不能把某种贸易方式（如涉外定牌加工方式）简单地固化为侵权例外情形，否则就会违背商标侵权判断的基本规则。这既是对商标法基本概念的回归，也是对商标侵权判定规则的回归。

此外，还需要特别提到的是，最高人民法院2015年提审改判的再审申请人浦江亚环锁业有限公司与被申请人莱斯防盗产品国际有限公司侵害商标权纠纷案［最高人民法院（2014）民提字第38号民事判决书，以下简称亚环案］和2017年提审改判的再审申请人江苏常佳金峰动力机械有限公司与被申请人上海柴油机股份有限公司（以下简称上柴公司）侵犯商标权纠纷案［最高人民法院（2016）最高法民再339号民事判决书，以下简称东风案］，因为案情不同，具体裁判理由和结果与本案存在差异。本案与亚环案的差异主要表现在两个方面：一是请求保护的商标的知名度要素，亚环案中请求保护的商标知名度不高，注册时间晚于境外商标，商标完全相同，存在抢注之嫌。本案中请求保护的商标具有很高的知名度，不存在抢注的任何疑问。另一个不同之处是，亚环案被诉侵权商品完整使用委托商标，本案中的被诉商标则是进行了改动，更接近于请求保护的商标。本案与东风案相比，在判断加工方主观状态的事实上存在一些明显的不同：在商标的使用状态上，东风案中中国商标与境外商标完全相同，被诉侵权商标与中国商标和境外商标完全相同。本案中被诉产品标识与境外商标不同，更接近于中国商标。在商标的权利状态上，东风案中，中国商标在中国境内使用时间长，知名度高，但权利人上柴公司与境外商标权利人曾先后在印度尼西亚获得合法权利，后中方公司权利被撤销，加工方了解境外权利的变化。本案的中国商标权利稳定且驰名，不存在境外商标权纷争。另外，在东风案中一个事实值得引起注意，即上柴公司曾经作为印度尼西亚公司在中国的加工方生产相应产品出口，人民法院据此判断加工方尽到了注意义务。

亚环案和东风案裁判理由中更多提到了鼓励定牌加工外贸发展的因素。但是，随着中国经济发展模式的转变，落实创新驱动发展战略，推进创新型国家建设，提高自主创新能力，这是知识产权司法保护政策导向必须“对标对表”的重大目标。在新的发展阶段，对涉外定牌加工商标侵权法律适用问题，人民法院应当与时俱进，对涉外定牌加工民事纠纷知识产权保护政策导向作出适应性调整，对不再适应发展阶段和发展模式的司法政策和司法理念果断地予以摒弃，并以此更加有效地协同商标行政保护和刑事保护的整体效果。

最高人民法院再审合议庭成员：林广海　秦元明　马秀荣

（编写人：林广海*　秦元明**　审稿人：丁文严）

* 林广海，法学博士，中华人民共和国最高人民法院民事审判第三庭，一级高级法官。

** 秦元明，法学博士，中华人民共和国最高人民法院民事审判第三庭，二级高级法官。

庞某
与
国家知识产权局
及原审第三人北京金源茂丰新技术开发有限公司
专利权无效行政纠纷案

——如何在全面、准确理解相关技术方案的基础上，合理划分技术特征，并确定区别技术特征是否被公开

【裁判摘要】

1. 技术方案是由技术特征组合形成的一个整体，技术特征相互之间存在配合关系。对于技术特征的理解，应当综合考虑其在整体技术方案中实现的相对独立的特定技术功能、产生的技术效果以及所运用的技术手段，不应割裂该技术特征与其他技术特征之间的有机联系，忽视其在整体技术方案中所发挥的作用。

2. 要在全面、准确理解相关技术方案的基础上，合理划分技术特征，并确定区别技术特征是否被公开。在判断现有技术公开的某一技术特征与区别技术特征是否相同时，应考虑它们在各自技术方案中所起到的作用是否相同。

3. 当区别技术特征未被对比文件公开亦非公知常识时，本领域技术人员难以将该区别技术特征引入最接近的现有技术，含有该区别技术特征的权利要求中请求保护的技术方案对本领域的技术人员来说已属非显而易见。

【案件基本信息】

1. 诉讼当事人

上诉人（原审原告）：庞某

被上诉人（原审被告）：国家知识产权局

原审第三人：北京金源茂丰新技术开发有限公司（以下简称金源茂丰新技术公司）

2. 案件索引与裁判日期

一审：北京知识产权法院（2018）京73行初2911号判决（2019年1月30日）

二审：最高人民法院（2019）最高法知行终4号判决（2019年8月5日）

3. 案由

发明专利权无效行政纠纷

【简要案情】

金源茂丰新技术公司是涉案专利号为201310058356.6、名称为“产品质量追溯防伪系统及追溯防伪方法”的发明专利（以下称本专利）的专利权人。庞某作为专利无效宣告请求人对涉案专利提出无效宣告的请求，认为该专利不具备创造性，应当宣告无效。国家知识产权局针对其无效请求作出被诉决定，认定涉案专利具备创造性，维持涉案专利有效。庞某不服，提起行政诉讼，请求撤销被诉决定并重新作出无效审查决定。北京知识产权法院于2019年1月30日作出一审判决，驳回庞某的诉讼请求，维持被诉决定。庞某不服一审判决，向最高人民法院提起上诉，请求撤销一审判决，撤销专利复审委员会作出的被诉决定。

【案件焦点】

本案在二审阶段的争议焦点为本专利权利要求1是否具备创造性，涉及的问题有：

1. 本专利“唯一性标志”的理解以及区别技术特征A中“在被追溯产品上设有唯一性标志（2）”是否被证据1公开；

2. 证据2公开的防伪识别方法与区别技术特征A中限定的方法是否

相同；

3. 证据 3 是否公开了区别技术特征 A；

4. 证据 2、证据 3 是否给出了利用区别技术特征 A 来解决本发明解决的技术问题的技术启示。

【裁判结果】

最高人民法院二审认为：

（1）对于技术特征的理解应当综合考虑其在整体技术方案中实现的相对独立的特定技术功能、产生的技术效果以及所运用的技术手段。庞某上诉主张区别技术特征 A 的一部分特征“在被追溯产品上设有唯一性标志”已经被证据 1 公开，证据 1 未公开的是唯一性标志在本专利权利要求 1 中的消费者核验方式。庞某的上述主张未整体考虑唯一性标志这一技术特征在进行验证时与其他技术特征的配合对应关系。这种碎片化的理解，脱离了该技术特征在技术方案中的作用，既不符合本领域技术人员对技术特征的认知，也不符合专利申请文件的基本撰写要求。

（2）对于区别技术特征 A 的验证方式的理解不能脱离唯一性标志与消费验证码以及流通信息之间的相互配合关系，要在全面、准确理解相关技术方案的基础上，分解技术特征，并确定区别技术特征是否被证据所公开。证据 2 公开的是在使用条形码明码和暗码进行防伪验证时，条形码暗码与条形码明码作为验证入口，分别扫描，分别进行真伪验证，并未公开仅将其中一个条形码作为验证入口进行验证的技术方案，亦没有使用唯一性标志与消费验证码及产品流通信息进行对应核对。故证据 2 公开的防伪识别方法与区别技术特征 A 采取的技术方案并不相同。

（3）在判断现有技术公开的某一技术特征与区别技术特征是否相同时，应当考虑它们在各自技术方案中所起到的作用是否相同。区别技术特征 A 限定了从信息码读取唯一性标志与消费验证码以及产品流通信息进行配合。证据 3 虽然公开了用于唯一标记产品的唯一性标志，但没有公开验证码，缺少相互配合进行唯一对应的防伪验证方式。可见，证据 3 中虽然公开了名称为“唯一性标志”的技术特征，但以该技术特征为构成要素的证据 3 的防伪验证方式，与区别技术特征 A 中涉及唯一性标志及其在防伪验证中起到的作用和使用方法并不相同。难以认定证据 3 公开了本专利区别技术特征 A。原审法院关于证据 3 未公开信息码和唯一性标志之间的配合关系，因此未公开区别技术特征 A 的认定正确。

（4）发明是否具备《专利法》第 22 条第 3 款规定的创造性，需要判断对本领域的技术人员来说，要求保护的发明相对于现有技术是否显而易见。通常按照以下三个步骤进行：第一，确定最接近的现有技术；第二，确定发明与最接近的现有技术之间的区别技术特征，根据该区别技术特征所能达到的技术效果确定发明实际解决的技术问题；第三，从最接近的现有技术和发明实际解决的技术问题出发，判断要求保护的发明对本领域的技术人员来说是否显而易见。在判断是否显而易见的过程中，要确定现有技术整体上是否存在技术启示，即是否给出将区别技术特征应用到最接近的现有技术以解决发明实际要解决的技术问题的启示。这种启示使本领域的技术人员面对所述技术问题时，有动机改进该最接近的现有技术并获得要求保护的发明。本案中，现有技术是否公开了区别技术特征 A 是判断整体上存在启示的基础。如上所述，区别技术特征 A 均未被证据 1、证据 2 和证据 3 所公开，区别技术特征 A 亦非公知常识。在这种情况下，本领域技术人员难以将区别技术特征 A 引入到证据 1 以解决本发明实际要解决的技术问题，含有区别技术特征 A 的权利要求 1 请求保护的技术方案，对本领域的技术人员已属非显而易见。此时，分析在证据 1 基础上能否结合证据 2、证据 3 得到本专利权利要求 1 技术方案的技术启示，已无必要。

综上所述，庞某关于涉案专利权利要求 1 相对于证据 1、证据 2、证据 3 的结合不具备创造性的理由不能成立。由于权利要求 2-7 直接或间接引用了权利要求 1，庞某关于权利要求 2-7 不具备创造性的理由亦不能成立。庞某的上诉请求不能成立，应予驳回。被诉决定对涉案专利权具备创造性的认定正确，程序合法。原审判决认定事实清楚，适用法律及判决结论正确，应予维持。依照《行政诉讼法》第 89 条第 1 款第 1 项之规定，判决如下：驳回上诉，维持原判。

【裁判摘要评析】

本案是“产品质量追溯防伪系统及追溯防伪方法”发明专利权无效纠纷

二审案件，涉及《专利法》第22条第3款关于创造性的评价。本案的典型性在于，技术特征“唯一性标志”存在于区别特征A中，区别特征A由多个技术特征组成。如何理解其中的技术特征，如何判断该区别技术特征是否被公开，以及在创造性“三步法”的判断中，能否不再进行技术启示的判断，在没有证据表明区别技术特征已经被公开时，径行认定不具备创造性。

一、认识技术方案要求应从整体技术方案出发对技术特征进行理解

专利申请中请求保护的技术方案与现有技术方案是否存在区别技术特征以及如何理解区别技术特征，是判断技术方案可专利性的重要前提。技术特征的理解是当事人在专利行政授权确权以及专利侵权纠纷中的“兵家必争之地”。认定权利要求与最接近现有技术之间的区别技术特征，应当以权利要求记载的技术特征为准；未记载在权利要求中的技术特征不能作为对比的基础，当然也不能构成区别技术特征。对于如何确认区别技术特征，《专利审查指南》没有明确指出。实践中，与同一个现有技术方案相比对，有可能出现认定区别特征的不同结果。有将权利要求文字记载中不同于对比文件的内容均确认为区别技术特征，如将名称相同的部件确认为相同的技术特征，名称不同的部件确认为不同的技术特征；也有从技术特征所起的功能或作用出发，以相对独立实现技术功能作为标准划分区别技术特征。发明和实用新型的技术方案的判断主体是“所属领域技术人员”，该主体对技术内容本身的认知是理解技术特征的基础。应当以其所属领域的知识，理解申请要求保护的技术内容以及现有技术实际上公开的技术内容，并将其与最接近的现有技术公开的技术特征进行逐一对比。在理解技术特征的含义以及对比文件技术方案的范围时，应当考虑请求保护的技术方案的整体内容以及对比技术方案的整体内容，避免局限于技术特征本身的理解忽视了整体技术构思；尤其是区别特征是由几个技术特征组成并包含多个技术手段时，整体理解技术方案就显得更为重要。否则，从技术特征本身出发容易忽略技术特征间的联系，导致脱离技术方案本身而进行错误的比对，出现事实认定的偏差，尤其是在技术方案中存在相互不可分开的技术特征时更应注意。本案对于区别特征A中“唯一性标志”的理解，凸显了对于技术方案进行整体理解的审判思路。

二、技术方案是由技术特征组合形成的一个整体，技术特征相互之间存在配合关系

本案的区别特征A是由多个技术特征组成的区别技术特征，这是本案对存在争议的“唯一性标志”进行理解的前提。本案区别特征A是：本专利的防伪凭证还包括唯一性标志，并且，在消费验证时，消费者通过与数据库服务器（1）联网的公众查询终端（6），利用附着在被追溯产品上的产品追溯防伪凭证（3）上的信息码（8）读取数据处理中心（9）所存储的该产品身份信息和流通信息，并通过产品追溯防伪凭证（3）上的消费验证码（10）进行验证。在消费验证过程中，同时利用在数据库服务器（1）中的数据处理中心（9）中所记录的带有唯一性标志（2）的该产品的产品身份信息和各流通过程中的流通信息，在消费者购买或在执法检查时，通过公众查询终端（6），核实唯一性的该产品的流通过程的流通信息，根据对该产品的唯一性标志（2）、该产品的流通过程的流通信息和消费验证码（10）的唯一对应的核对，实现对该产品是否假冒伪劣识别。

对区别技术特征A中记载的技术特征“唯一性标志”进行准确理解，要明确技术方案是由技术特征组合形成的一个整体。权利要求是解决特定技术问题的技术方案，组成权利要求的每个技术特征都是为解决该特定技术问题服务的。因此，技术特征与技术方案之间以及技术方案中各个技术特征彼此之间存在配合关系。在权利要求记载的技术方案中，技术特征本身和它在该技术方案中所起的作用密不可分，割裂两者会使技术特征脱离技术方案和技术方案所要解决的技术问题，成为简单的技术术语。技术特征在该技术方案中所起的作用，应当是在与其他技术特征配合下发挥的作用，通常不可能是该技术特征具有的所有作用。因此，认识到技术方案是由技术特征组合形成的一个整体非常重要。从本案中请求保护的技术方案可知，区别技术特征A的信息码、唯一性标志以及消费验证码在多个阶段相互配合，信息码是产品防伪验证的入口，利用信息码读取数据处理中心存储的产品身份和流通信息；唯一性标志、消费验证码在读取信息码后进行验证，即利用信息码读取产品的身份信息和流通信息后，利用数据

处理中心中所记录的带有唯一性标志的产品身份和流通信息验证。在数据处理中心，唯一性标志与身份、流通信息一同记录以便验证。此外，利用消费验证码进行验证时，唯一性标志仍在发挥作用，即利用数据处理中心带有唯一性标志的产品身份和流通信息。

从某种程度讲，技术特征是受限于技术方案的技术特征，在比对时就必须注意技术特征间的关联。无论是对权利要求请求保护的技术方案中的技术特征事实认定，还是对证据或对比文件中公开的技术方案中的技术特征事实认定，都应当考虑到技术方案中技术特征之间的配合关系。如上所述，本案中，就是将多个技术特征组合而成的区别技术特征 A 作为技术方案进行了整体理解，从各个技术特征之间的配合关系分析了各技术特征的具体含义。该专利申请中，由于区别技术特征 A 所限定的各个特征之间彼此存在嵌套的关系，技术特征相互之间存在配合关系；因此，不能割裂该技术特征与其他技术特征之间的联系，忽视其在整体技术方案中所发挥的作用。本案的该裁判观点沿袭了最高人民法院（2014）知行字第 43 号裁定①以及最高人民法院（2015）知行字第 195 号裁定②中的相关审理思路，即对于由多个技术特征组合而成的区别技术特征中“唯一性标志”这一技术特征的理解，要综合考虑唯一性标志这一技术特征在整体技术方案中实现的相对独立的特定技术功能、产生的技术效果以及所运用的技术手段。

三、在全面、准确理解相关技术方案的基础上，分解并确定区别技术特征是否被公开

权利要求的技术特征被对比文件公开，不仅要求该对比文件中包含有相应的技术特征，还要求该相应的技术特征在对比文件中所起的作用和该技术特征在权利要求中所起的作用相同。相应的技术特征在对比文件中所起的作用，是指该相应的技术特征在对比文件公开的技术方案中实际所起

① 再审申请人展通公司与被申请人泰科公司及一审被告、二审被上诉人专利复审委员会发明专利权无效行政纠纷案。

② 再审申请人株式会社久保田与被申请人国家知识产权局专利复审委员会、一审第三人泰州现代锋陵农业装备有限公司发明专利权无效行政纠纷案。

的作用。本案中，区别技术特征A限定了信息码、消费验证码和唯一性标志，还限定了通过三个码进行配合验证的方法，但是证据1、证据2、证据3均未公开三个码进行配合验证的技术方案或给出技术启示。证据1中，物流管理码是产品信息录入和读取的入口，虽然具有唯一性，但其使用方式并非区别技术特征A作为“唯一性标志”进行防伪验证。证据2公开了明码、暗码两个验证入口独立验证的防伪验证方式。但不同于区别技术特征A中以信息码作为唯一的验证入口，而且也缺少与消费验证码以及产品流通信息对应核对。证据3虽然公开了名称为“唯一性标志”的技术特征，但没有公开验证码，缺少相互配合进行唯一对应的防伪验证方式，与区别技术特征A中涉及唯一性标志及其在防伪验证中起到的作用和使用方法并不相同。

判断现有技术是否为公开的某一技术特征时，应考虑它们在各自技术方案中所起到的作用是否相同。而这种判断应当基于上文所述的该技术特征在所限定的技术方案中所承担的作用，在判断技术特征在本专利或者对比文件中的作用认定时，既不能扩大也不能删减，这既是分解技术特征也是判断技术特征是否被公开所应当考虑的因素。

四、区别技术特征未被公开与技术启示有无的关系

根据我国《专利法》第22条第3款的规定，发明的创造性是指与现有技术相比，该发明具有突出的实质性特点和显著的进步。《专利审查指南》第二部分第四章规定，发明具有突出的实质性特点，是指对所属技术领域的技术人员来说，发明相对于现有技术是非显而易见的。通常而言，在采用“三步法”的创造性判断中，第一步是确定最接近的现有技术，第二步是确定发明与最接近的现有技术之间的区别技术特征，并根据该区别技术特征所能达到的技术效果确定发明实际解决的技术问题，第三步是从最接近的现有技术和发明实际解决的技术问题出发判断要求保护的发明对本领域的技术人员来说是否显而易见。在判断是否显而易见的过程中，要确定现有技术整体上是否存在某种技术启示，即是否给出将区别技术特征应用到该最接近的现有技术以解决发明实际要解决的技术问题的启示，这种启示使本领域的技术人员面对所述技术问题时，有动机改进该最接近的现有技术并获得要求保护的发明。对于所属技术领域的技术人员而言，已知的是最接近的现有技术和包含有区别技术特征的另一项现有技术，未知的是要求保护的发明的技术方案。通常而言，确定现有技术中是否给出了技术启示是评价是否具备创造性的关键步骤；但当区别技术特征未被对比文件公开亦非公知常识时，即使可以结合对比文件，也会因为缺少区别技术特征，而不能得到请求保护的技术方案。如在本案中，区别技术特征 A 均未被证据 1、证据 2 和证据 3 所公开，区别技术特征 A 亦非公知常识。在缺少区别技术特征 A 的情况下，即使结合证据 2 和证据 3，也不可能得到权利要求 1 的技术方案。因此，权利要求 1 的技术方案对于本领域技术人员而言，已属非显而易见。此时，再分析是否存在技术启示，已无必要。

最高人民法院二审合议庭成员：罗霞　童海超　徐飞

（编写人：罗霞*　张楠**　审稿人：丁文严）

* 罗霞，法学博士，中华人民共和国最高人民法院知识产权法庭，二级高级法官。

** 张楠，法学硕士，中华人民共和国最高人民法院知识产权法庭，三级高级法官助理。

广州市指南针会展服务有限公司、广州中唯企业管理咨询服务有限公司与优衣库商贸有限公司、优衣库商贸有限公司上海月星环球港店侵害商标权纠纷案

——违反诚实信用原则，以非法获益为目的注册商标不应得到法律保护

【裁判摘要】

诚实信用原则是我国所坚持的基本原则，对司法裁判具有引领作用。本案系非以使用为目的且无合理或正当理由大量申请注册并囤积包括诉争商标在内的注册商标，通过商标转让、诉讼等手段实现牟利，其行为扰乱了商标注册秩序、损害公共利益，并不当占用了社会资源。申请注册商标的公司未能成功转让涉案注册商标后，又以侵害商标专用权为由，就基本相同的事实以原拟受让的公司众多门店作为共同被告，形成全国范围内的批量关联诉讼，属于典型地违反了诚实信用原则。

【案件基本信息】

1. 诉讼当事人

再审申请人（一审被告、二审上诉人）：优衣库商贸有限公司（以下简称优衣库商贸公司）

被申请人（一审原告、二审上诉人）：广州市指南针会展服务有限公司（以下简称指南针会展服务公司）

被申请人（一审原告、二审上诉人）：广州中唯企业管理咨询服务有限公司（以下简称中唯企业管理咨询服务公司）

一审被告、二审被上诉人：优衣库商贸有限公司上海月星环球港店（以下简称优衣库商贸公司上海月星环球港店）

2. 案件索引与裁判日期

一审：上海市第二中级人民法院（2014）沪二中民五（知）初字第149号判决（2015年3月31日）

二审：上海市高级人民法院（2015）沪高民三（知）终字第45号判决（2015年9月1日）

再审：最高人民法院（2018）最高法民再396号判决（2018年12月28日）

3. 案由

侵犯商标权纠纷

【简要案情】

原告指南针会展服务公司、中唯企业管理咨询服务公司诉称：其系第10619071号“UL”注册商标（以下称涉案商标）的共有人，享有商标权。2013年秋，原告发现优衣库商贸公司上海月星环球港店销售的羽绒系列服装突出使用“UL”标识。原告认为，被告的行为侵犯了其商标权，故诉至本院，请求判令被告停止侵权行为，赔偿损失163,197元。

被告优衣库商贸公司、优衣库商贸公司上海月星环球港店辩称：在中国“优衣库”品牌由案外人生产，优衣库商贸公司、优衣库商贸公司上海月星环球港店销售；原告从未实际使用过涉案商标，消费者对商品不会产生认知，并未侵犯原告涉案商标专用权；原告利用涉案商标恶意索赔，就相同的事实已在全国启动多个诉讼，对被告的正常经营产生了重大影响；原告持有的注册商标不是正常经营所需，而是作为商品买卖获利；原告的行为完全不符合《商标法》的立法目的，请求驳回原告的诉讼请求。

法院经审理查明，2012年3月14日指南针会展服务公司、中唯企业管理咨询服务公司向商标局申请注册“UL”商标，2013年6月21日被核定注册，注册证第 10619071 号，核定使用商品为第 25 类的服装、鞋帽等，有效期至 2023 年 6 月 20 日。指南针会展服务公司、中唯企业管理咨询服务公司分别持有注册商标 2600 余个。华唯商标转让网是中唯企业管理咨询服务公司等设立的行业门户网站，拥有的待转让商标资源全国第一，商标交易量全国第一，是全国最大最全的商标转让网。华唯商标转让网曾出现转让涉案注册商标的信息。

2010 年 3 月 30 日优衣库商贸公司成立，股东为株式会社迅销，从事服装等经营。优衣库商贸公司与迅销（中国）商贸有限公司（以下简称迅销商贸公司）系株式会社迅销在中国设立的子公司，共同经营“优衣库”品牌，两者均采用“SPA”（自有品牌服饰专营商店）经营模式，分别在中国各地设有专营店。2011 年 6 月 15 日优衣库商贸公司上海月星环球港店成立。2012 年 11 月 3 日株式会社迅销向商标局申请第 G1133303 号 U 商标领土延伸被驳回。株式会社迅销系“UNIQLO”“UNI QLO”“优衣库”注册商标人，核定使用商品为第 25 类的服装、鞋帽等。

2014 年 1 月 14 日，指南针会展服务公司于优衣库商贸公司上海月星环球港店购买了轻型羽绒服装，在塑料透明标牌上标有“UNI QLO”“U ULTRA LIGHT DOWN”标识，其中“UNI QLO”商标小于“U ULTRA LIGHT DOWN”标识；吊牌上标有“U ULTRA LIGHT DOWN”标识。2014 年 3 月，指南针会展服务公司向优衣库商贸公司、迅销商贸公司发出律师函，称在“天猫商城”及各地“优衣库”专卖店销售的涉案商品突出使用“U”G1133303 号标识，侵犯其商标权。之后，指南针会展服务公司、中唯企业管理咨询服务公司以优衣库商贸公司及其下属分公司、迅销商贸公司及其下属分公司侵害商标权为由，分别向全国多家法院提起诉讼，其中本案系向上海市第二中级人民法院提起的诉讼。2013 年 12 月 17 日、18 日，优衣库商贸公司与中唯企业管理咨询服务公司洽谈涉案注册商标转让事宜，中唯企业管理咨询服务公司表示价格不低于 800 万元，其目标是将该商标作为优衣库商贸公司的附属品牌。

上海市第二中级人民法院于2015年3月31日作出（2014）沪二中民五（知）初字第149号判决：优衣库商贸公司、优衣库商贸公司上海月星环球港店停止对“UL”注册商标的侵害；驳回其余诉讼请求。宣判后，各方当事人均提出上诉。上海市高级人民法院于2015年9月1日作出（2015）沪高民三（知）终字第45号判决：驳回上诉，维持原判。优衣库商贸公司不服，向最高人民法院申请再审，请求撤销一审、二审判决，驳回指南针会展服务公司、中唯企业管理咨询服务公司诉讼请求。最高人民法院经审理查明：迅销商贸公司就涉案注册商标向商标评审委员会提出了无效宣告申请。经商标无效程序及法院一审、二审，涉案商标被宣告无效。指南针会展服务公司、中唯企业管理咨询服务公司就涉案商标，在北京、上海、广东、浙江四地针对优衣库商贸公司或迅销商贸公司和不同门店提起了42起商标侵权诉讼。

【案件焦点】

1. 诚实信用原则的内涵；

2. 诚实信用原则在本案中的适用。

【裁判结果】

最高人民法院经审理认为，指南针会展服务公司、中唯企业管理咨询服务公司以不正当方式取得商标权后，目标明确指向优衣库商贸公司等，意图将该商标高价转让。在未能成功转让该商标后，又分别以优衣库商贸公司、迅销商贸公司及其各自门店侵害该商标专用权为由，以基本相同的事实提起系列诉讼，在每个案件中均以优衣库商贸公司或迅销商贸公司及作为其门店的一家分公司作为共同被告起诉，利用优衣库商贸公司或迅销商贸公司门店众多的特点，形成全国范围内的批量诉讼，请求法院判令优衣库商贸公司或迅销商贸公司及其众多门店停止使用并索取赔偿，主观恶意明显，其行为明显违反诚实信用原则，对其借用司法资源以商标权牟取不正当利益之行为，依法不予保护。遂于2018年12月28日作出（2018）最高法民再396号判决：撤销一审、二审民事判决；驳回指南针会展服务公司、中唯企业管理咨询服务公司全部诉讼请求。

【裁判摘要评析】

本案系非以使用为目的且无合理或正当理由大量申请注册并囤积包括诉争商标在内的注册商标，通过商标转让、诉讼等手段实现牟利，其行为严重扰乱了商标注册秩序、损害了公共利益，并不当占用了社会公共资源，构成“以其他不正当手段取得注册”的情形。申请注册商标的公司未能成功转让涉案注册商标后，分别以侵害该商标专用权为由，就基本相同的事实以原拟受让的公司众多门店作为共同被告，形成全国范围内的批量系列诉讼，属于典型地违反了诚实信用原则，由此引发的诉讼当然得不到人民法院的支持。最高人民法院在本案中明确了恶意取得并利用商标权牟取不正当利益之行为不受法律保护，对建设健康有序的商标秩序、净化市场环境、遏制利用不正当手段取得的商标权进行恶意诉讼具有典型意义。

本案堪称当事人明显违反诚实信用原则，对其借用司法资源以商标权牟取不正当利益之行为，人民法院不予保护的典范案例，被评为中国法院知识产权保护十大典型案例，对此类案件的审理具有指导意义。本案裁判指出，民事诉讼活动应当遵循诚实信用原则。它要求当事人在不损害他人合法权益和社会公共利益的前提下，善意、审慎地行使自己的权利。任何违背法律目的和精神，以损害他人正当权益为目的，恶意取得并行使权利、扰乱市场正当竞争秩序的行为均属于权利滥用，其相关主张不应得到法律的保护和支持。

一、诚实信用原则的内涵

（一）诚实信用原则的起源

诚实信用原则作为民事法律体系内的帝王条款，是我国所坚持的、适用于一切其他法律部门的基本原则，对司法裁判具有引领作用。该原则源于罗马法的善意原则，是市场经济活动中形成的道德准则。其要求人们在市场活动中秉持诚实，恪守诺言，善意行使权利和履行义务，不应将实现自己利益建立在损害他人利益的基础上。按《布莱克法律词典》解释，诚实信用原则包含的内容是：对待他人诚信不欺；对自己的承诺要信守不怠。《法国民法典》、《德国民法典》、美国《统一商法典》中对诚实信用原则均有体现。中国历来强调诚实信用原则在社会治理中的作用。新中国民法关于诚实信用原则的规定，首见于《民法通则》第4条[①]——民事活动应当遵循诚实信用原则。[②]

（二）诚实信用原则对法官审理案件的影响

诚实信用原则除了指导当事人正确进行民事活动外，还具有授予法官自由裁量权填补法律漏洞、引导法律与时俱进的作用。[③] 法律有时是滞后的，但法官不能拒绝裁判。如果法官狭义地理解法律并进行判决，没有考虑到诚实信用原则的统摄作用，那么审判结果将有可能导致对市场主体违背诚信原则的纵容，产生“不讲诚信者反而获利”的负面影响。因而切实维护消费者的合法权益、维护诚实信用的市场交易秩序是法律的价值追求。诚实信用原则作为民法的基本原则具有效力的彻底性及规定的强行性等特征，其兼顾立法准则、行为准则、审判准则等方面，其涵盖范围之广、持续时间之长是其他具体原则及具体规则所无法比拟的，在一定条件下作为裁判的依据直接适用。[④]

（三）诚实信用原则的属性

1. 价值性

诚实信用原则是道德准则的法律化，因而具有道德调节和法律调节的双重功能。司法裁判体现一定的价值取向，作为一种价值判断应当起到价值引领的作用。倘若对违反诚信原则的行为不予追究，将对社会造成巨大危害；这不仅让民众难以接受，更会鼓励投机等不法行为的猖獗。法官在面临价值选择的困惑时，应当顺应人类文明运动的过程，探

---

① 现为《民法典》第7条：“民事主体从事民事活动，应当遵循诚信原则，秉持诚实，恪守承诺。”

② 参见沈德咏主编：《〈中华人民共和国民法总则〉条文理解与适用》（上），人民法院出版社2017年版，第131~132页。

③ 参见徐国栋：《民法基本原则解释——成文法局限性之克服》（增订版），中国政法大学出版社2001年版，第3页。

④ 参见卫霞：《试析商标法诚实信用原则的适用——由“毕加索”案引发的思考》，载《知识产权》2017年第4期。转引自舒国滢：《法律原则适用的困境——方法论视角的四个追问》，载《苏州大学学报（哲学社会科学版）》2005年第1期。其中提到：法律原则适用的条件和规则，一是“穷尽法律规则，方得适用法律原则”；二是“法律原则不得径行适用，除非旨在实现个案正义”；三是“如无更强理由，不适用法律原则”。

寻行为的合法性与社会价值之间的必然的、恒定的关系。[①] 诚实信用原则自身的概括抽象特质，具备解释、评价和补充法律之功能，法官以公平正义为标准进行选择判断，以作出法律效果和社会效果完美统一的裁决，这样才能实现民事主体之间权利义务的实质性公平。维护诚实信用对社会公平的兜底作用，就是要增强司法者自觉适用诚实信用原则的底气、依照判决规范市场参与者诚实守信的勇气，培育诚信获得支持、违信受惩戒的社会正气。

2. 衡平性

卡多佐认为，法律正义在平衡矛盾的过程中发挥方向性的作用。[②] 诚实信用原则通过利益平衡机制，给予法官在利益平衡上的自由裁量权，最终实现民事主体之间或民事主体与社会利益之间权利义务的实质性公平的目的。[③] 徐国栋认为，诚实信用原则是各民事主体在从事民事活动时，既要维护各自利益平衡，还要民事主体与社会之间的利益平衡。这三方利益平衡的实现在于民事主体是否基于良善之目的运用权利，最终裁判者以司法是否基于公平公正之目的予以裁判和维持。诚实信用原则在利益平衡方面有两种不同作用领域：一是当事人之间的利益平衡，二是当事人与社会利益之平衡。[④] 同样，诚实信用的衡平性要求裁判者根据事实和现行规则，在内心良善的指引下，作出符合各方利益的决断。

3. 补充性

诚实信用原则作为一项兜底条款，在法律缺失时，法官可以适用此条款按照立法的价值取向和社会道德伦理解释法律，并积极在法律与事实之间穿梭，寻求诚信原则统摄下的法律解决方案，并以此弥补成文法之漏洞，作出裁判。换言之，法律规定诚信原则，给法官授予了自由裁量权，使其能够依据社会生活发展变化之现状，通过诚实信用之解释，将法

---

① 参见［美］本杰明·N. 卡多佐：《法律的成长法律科学的悖论》，董炯、彭冰译，中国法制出版社 2002 年版，第 140 页。

② 参见陈皓：《卡多佐：司法传统的革新》，黑龙江大学出版社 2010 年版，第 26 页。

③ 参见陈皓：《卡多佐：司法传统的革新》，黑龙江大学出版社 2010 年版，第 139 页。

④ 参见陈皓：《卡多佐：司法传统的革新》，黑龙江大学出版社 2010 年版，第 138 页。

律与事实完美地结合起来，合理确定当事人的权利和义务，实现法的续造和漏洞填补，正确处理纠纷。

4. 规则性

诚实信用作为一种道德准则形成于习惯。从规范意义上看诚实信用的词义相当模糊；从法律解释的角度无确定的内涵和外延，适用范围不易限制，最终得依赖法官秉持公平公正，通过自由裁量的方式在个案中确定其边界，即以“模糊规定”或“不确定规定”的方式把相当大的自由裁量权交给了法官。[①] 诚信原则作为一种具有法律约束力的道德准则，已经成为民事法律的精神之一；但如果不廓清其适用边界，那么将带来道德泛化的危害结果。诚信原则在司法活动中，应让位于具体的法律规则条款，只有在法律规则条款并无规定时可“兜底”之用。具体到本案中，法官根据诚信原则对该案作出的裁判将对我国的立法进行完善，在填补法律漏洞的基础上，创设出指导性案例，指导审判实践，避免“同案不同判”；同时提高司法公信，树立司法权威，维护法律统一。

二、诚实信用原则在商标法中的规定

（一）国际条约规定

《保护工业产权巴黎公约》从反面列举了四种可以驳回及无效的情况。其中第3种是违反道德及公共秩序的商标，尤其在具有欺骗公众的情形下。《TRIPS协定》对上述原则予以认同的同时也强调了不能损害他人的利益。[②] 这里的违反道德、公共秩序及损害他人的利益，就属于违反了诚实信用原则。

（二）域外立法的规定

大多数国家都拒绝对恶意产生的权利给予保护。为了打击商标抢注，《欧盟商标指令》第3条第2款（d）项和《欧共体商标条例》第52条

① 参见徐国栋：《民法基本原则解释——成文法局限性之克服》（增订版），中国政法大学出版社2001年版，第3页。

② 参见黄晖：《商标法》（第2版），法律出版社2016年版，第43页。

第 1 款（b）项明确规定恶意注册商标属于绝对禁止事项。[①]《法国知识产权法典》规定，如果注册申请对第三人的权利构成欺骗，则可依法追还所有权。[②] 日本《商标法》规定，以欺诈行为进行商标注册、续展注册、提出注册异议而受到决定或者审决者，课以刑罚和罚金。[③] 美国《商标法》要求在申请商标注册时，申请人要声明其真正的权利人，承诺所述真实以及申请商标已被使用或有使用意图。同时，申请人还要声明就其所知并无在先使用或在先权利。以上所述如有不实，申请人在未来的民事诉讼中，负有损害赔偿责任。[④] 美国与南美国家 1929 年签署的《泛美公约》第 7 条规定，恶意或明知注册的商标无效。[⑤]

（三）我国商标法的规定

我国 1982 年《商标法》及 1993 年、2001 年两次修订的《商标法》，均未规定诚实信用原则。1993 年修订的《中华人民共和国商标法实施细则》[⑥] 首次规定了诚实信用原则，将"违反诚实信用原则，以复制、模仿、翻译等方式，将他人已为公众熟知的商标进行注册"的情形，规定为

---

① 《欧盟商标指令》第 3 条第 2 款（d）项规定：各成员国可以规定，在申请人恶意提起商标注册申请时，该商标不得注册；若已经注册，该商标应当被宣告无效。《欧共体商标条例》第 52 条第 1 款（b）项规定：如果申请人提起商标注册申请时有恶意行为，则通过向内部市场协调局提出申请或基于侵权诉讼反诉，该共同体商标可被宣告无效。See Directive 2008/95/EC Article 3-2（d），Council Regulation（EC） No. 207/2009 Article 52-1（b）. 转引自刘自钦：《商标权注册取得领域的客观诚信和恶信》，载《知识产权》2017 年第 12 期。

② 《法国知识产权法典》第 L. 712-6 中规定："如果注册申请时欺骗了第三人的权利，或者违反了法定或约定的义务，认为对该商标享有权利者得向法院要求所有权。"转引自卫霞：《试析商标法诚实信用原则的适用——由"毕加索"案引发的思考》，载《知识产权》2017 年第 4 期。

③ 参见日本《商标法》第 79 条。转引自张玉敏：《诚实信用原则之于商标法》，载《知识产权》2012 年第 7 期。

④ 美国《商标法》第 1 条规定，商标注册申请必须经过申请人的认证并声明：1. 确信他或者他所代表的公司是该申请注册的商标的所有人；2. 据他所知并相信申请中陈述的事实是准确的；3. 该商标用于商业使用，或者意图使用；4. 据他所知并相信，没有其他人有权在商业中使用相同或者近似的商标，以致该他人在有关商品上使用与申请注册的商标相同或者近似的商标可能引起混淆、误认或欺骗的情况。第 38 条规定，凡以口头的或书面的虚假的或者欺骗性的声明或陈述，或以任何虚假的手段，在专利商标局取得商标注册者，在受害人提出的民事诉讼中，应负有对受害人因此蒙受的损害的赔偿责任。转引自张玉敏：《诚实信用原则之于商标法》，载《知识产权》2012 年第 7 期。

⑤ 参见黄晖：《诚实信用原则在商标法中的适用——兼论"欺诈毁灭一切"》，载《中华商标》1999 年第 5 期。

⑥ 已废止。

“以欺骗手段或者其他不正当手段取得注册的行为”。为有效遏制恶意抢注他人商标、滥用商标权利等非诚信注册和使用商标的现象，2013年《商标法》将诚实信用原则作为一项法律原则首次规定。该法第7条和第19条分别规定“申请注册和使用商标，应当遵循诚实信用原则”“商标代理机构应当遵循诚实信用原则”。2019年《商标法》第7条、第19条保留了上述内容。由此规定解读出禁止商标注册和使用中的恶意，可以对商标恶意注册行为进行规制，平衡商标申请人与商标使用人之间的利益关系。商标代理机构在代理商标注册时，对明知违背诚实信用原则的申请应拒绝注册。该规定不仅适用于商标注册行为，而且适用于以不正当手段抢注他人在先商标，其注册商标不受民事法律保护，而且直接构成民事侵权行为。因为在法理上，“寻求保护者须有干净之手”，而且我国《民法通则》也规定“合法的民事权益”受保护。①

三、诚实信用原则在商标侵权案件中的适用

（一）囤积性注册商标的特质

囤积性注册商标是指违反诚实信用原则，非以使用为目的，明显超出自身使用需求，无合理或正当理由大批量注册商标、规模性抢注他人商标或注册与知名商标近似的商标，从而达到非法转卖牟利的行为。该行为扰乱了正常的商标注册管理秩序及公共秩序，损害了公共利益。本案中，中唯企业管理咨询服务公司申请注册1931件商标，指南针会展服务公司申请注册706件商标，其中部分商标与他人知名商标高度近似，指南针会展服务公司、中唯企业管理咨询服务公司曾在华唯商标转让网公开出售诉争商标，转让费曾协商高达800万元。指南针会展服务公司、中唯企业管理咨询服务公司非以使用为目的且无合理或正当理由申请注册并囤积注册商标，通过商标转让、诉讼等手段实现牟利，其行为严重扰乱了商标注册秩序、损害公共利益，并不当占用了社会公共资源，构成“以其他不正当手段取得注册”的情形。指南针会展服务公司、中唯企业管理咨询服务公司

---

① 参见王艳芳：《论新商标法的民事适用》，载《知识产权》2013年第11期。《民法通则》的相关规定现为《民法典》第1条、第3条。

未成功转让注册商标后，就基本相同的事实形成全国范围内的批量诉讼，请求停止使用并索取赔偿，主观恶意明显，其行为明显违反诚实信用原则，对其借用司法资源以商标权牟取不正当利益之行为，不予保护。

（二）诚实信用原则在商标侵权案件中的适用

1. 商标法中规定诚实信用原则的意义

诚实信用作为一项法律原则，与法律规范有着本质不同。法律规范是立法者对一个事实状态赋予一种确定的具体后果的各种指示和规定，它完整地规定了立法者向人们提供的行为模式以及遵循这些行为模式与否的法律后果。法律规范由法条组成，是法律中最频繁地发挥作用的要素。[①] 法律原则乃是没有预先假定任何确定的具体的事实状态，也没有赋予确定的具体的法律后果。诚实信用原则可以只是法律原则，也可以法律原则与法律规范兼而有之。如果仅是法律原则，通常只具有一般的法律指导意义，可以用以指导特定具体法律规范的解释和适用；如果兼有法律规范意义，可以作为产生某种法律后果的具体依据。[②] 诚实信用原则在《商标法》中明确规定后，法官在处理具体案件时，如与事实对应的法律没有明确规定，可以依据朴素的道德理念行使自由裁量权，依据此原则作为裁判依据，对于商标相关的案件作出公正裁判。

2. 违反诚实信用原则的注册商标构成滥用的缘由

司法实践中，因滥用诉权牟取不正当利益，不是以使用为目的的注册商标后进行转让屡见不鲜，但将其作为一种职业并在高价出让未果后在全国各地法院大规模地起诉并不多见。因此，当法院审理此类案件后若判决支持了不以使用为目的的注册商标专用权人后，导致的结果是违背立法目的，将会在社会上产生不良的影响。法律维护公平正义的市场秩序，制定商标法的目的是维护商标注册人的合法权益，保证产品质量，维护消费者的权益。如违反诚信原则而侵害他人的合法权益，即使注册商标成功，可能构成滥用商标权。此行为不应得到法律保护的理由是：

---

① 参见徐国栋：《民法基本原则解释——成文法局限性之克服》（增订本），中国政法大学出版社 2001 年版，第 424 页。

② 参见王艳芳：《论新商标法的民事适用》，载《知识产权》2013 年第 11 期。

（1）商标的价值在于使用。不以使用为目的的恶意注册破坏了商标制度，因此遏制非使用性恶意商标注册为维护商标制度固有价值所必要。[①] 从我国《商标法》的规定可以解读出：注册商标的目的就是使用，反之就不能获准注册。当然，申请注册商标的主体在注册商标时，是否具有恶意、是否以使用为目的，审查员并不知晓。但若注册商标并非以使用为目的，将不能得到法律保护。

（2）注册商标是为了识别商品的来源。是否为商标性使用是判断构成侵害商标权行为的条件；若他人的行为不属于商标使用，也就不可能构成侵权。由此观之，商标权的根本功能在于识别来源，而这一功能只能在商标进行了使用的前提下才可能发挥其作用；如果没有使用也就不会有识别，没有了识别讨论商标存与废则毫无意义。

（3）囤积注册商标主观上存在恶意。囤积与知名品牌相同或近似的注册商标一般是“不以使用为目的”，而是为了待价而沽，因此囤积商标的行为本身就带有鲜明的恶意色彩。“恶意”是认定构成不正当占用公共资源和扰乱商标注册秩序的主观依据，是判断行为具有可责性的主要考量因素。实践中用以证明“不以使用为目的”通常是明显超出实际使用需求的批量注册，或通过转售商标牟取不当利益的行为等。批量注册、转售等本身是用来证明构成“不以使用为目的”的。[②] 本案中，法院考虑未实际使用注册商标的证据主要考量因素有：提供的样衣吊牌上没有用中文标明生产厂家和产地，无成分标签、价格标签，明显不符合一般产品所具备的标示要素；网站的内容明显存在为诉讼而刻意安排的可能；商标许可使用费高，对在合同签订前核准注册的商标明显不合理；被许可人并无证据证明已经生产、销售了使用涉案注册商标的商品；原告持有注册商标 2600 多个，且中唯企业管理咨询服务公司以商标转让为其主营业务；华唯商标转让网出现过转让涉案注册商标的相关信息；中唯企业管理咨询服务公司在洽谈涉案注册商标转让中，提出的巨额商标转让费，明显涉及被告经营的“优衣库”品

---

① 参见孔祥俊：《论非使用性恶意商标注册的法律规制——事实与价值的二元构造分析》，载《比较法研究》2020 年第 2 期。

② 转引自张玉敏：《诚实信用原则之于商标法》，载《知识产权》2012 年第 7 期。

牌；原告以被告及其下属分公司，侵害涉案注册商标专用权为由，就同一事实分别向全国多个法院提起诉讼，属于利用注册商标并将注册商标作为索赔的工具。由此证明原告囤积注册商标的目的不是使用，而是牟取利益，主观上存在恶意。

四、结语

众所周知，法律从来都是以解决实际问题为己任。如果囿于法条本身而忘却了法之执行所要达到的公平正义之目的，就不可避免地会陷入教条主义、本本主义。现实生活是具体的、丰富多彩的，但有时也是不完美的，法律适用受制于主客观条件的约束。因此在特殊情况下，如果按部就班地适用法律可能会“不接地气”，或与维持法律正义背道而驰，此时需要直面现实，择其善者而从之，在法律精神的指引下，选择特殊的法律路径，采取更多的考量标准或者方法解决具体问题。当然，在某种意义上讲，若机械地适用法律，导致的后果可能是背离社会主流价值观，造成不良的社会效果。因而法官需要多作研究，谨慎下判，确保公平正义以看得见的方式实现。通过审理案件惩恶扬善，弘扬社会正能量，把诚实信用原则的理念融入司法裁判之中，强化诚实信用对市场主体的正面导向作用。

最高人民法院再审合议庭成员：王闯　王艳芳　杜微科

（编写人：王艳芳*　姚建军**　审稿人：张蕾蕾）

---

* 王艳芳，法学博士，中华人民共和国最高人民法院民事审判第三庭，二级高级法官。

** 姚建军，法学博士，中华人民共和国陕西省西安市中级人民法院，二级高级法官。

福州米厂
与
五常市金福泰农业股份有限公司、
福建新华都综合百货有限公司等
侵害商标权纠纷案

——通用名称的认定及农作物品种名称的规范使用

【裁判摘要】

1. 产品的相关市场并不限于特定区域而是涉及全国范围的，应以全国范围内相关公众的通常认识为标准来判断是否属于约定俗成的通用名称。

2. 在存在他人在先注册商标权的情况下，经审定公告的农作物品种名称可以规范使用于该品种的种植收获物加工出来的商品上，但该种使用方式仅限于表明农作物品种来源且不得突出使用。

【案件基本信息】

1. 诉讼当事人

再审申请人（一审原告、二审被上诉人）：福州米厂

被申请人（一审被告、二审上诉人）：五常市金福泰农业股份有限公司（原五常市金福粮油有限公司，以下简称五常农业公司）

被申请人（一审被告、二审被上诉人）：福建新华都综合百货有限公司（以下简称新华都百货公司）

被申请人（一审被告、二审被上诉人）：福建新华都综合百货有限公司福州金山大景城分店（以下简称新华都百货公司大景城分店）

2. 案件索引与裁判日期

一审：福建省福州市中级人民法院（2014）榕民初字第481号判决（2014年9月24日）

二审：福建省高级人民法院（2014）闽民终字第1442号判决（2015年3月18日）

再审：最高人民法院（2016）最高法民再374号判决（2017年12月22日）

3. 案由

侵害商标权纠纷

【简要案情】

福州米厂为第1298859号“稻花香DAOHUAXIANG”（字母在文字下方，即涉案商标）注册商标专用权人，核定使用商品为第30类大米，有效期自1999年7月28日至2009年7月27日。2014年2月18日，福州米厂经过公证程序，在新华都百货公司大景城分店购买了一袋由五常农业公司生产、销售的“乔家大院稻花香米”。公证的大米实物包装袋正面设计为：左上方标注有“金福”二字，上方居中位置标注有“乔府大院®”（字体呈竖向排列）和以较小字体标注“五常大米”四字，正面中间位置以大字体标注有“稻花香（字体中空，底色黑色）DAOHUAXIANG”，正面下方以较小字体标注有“五常市金福粮油有限公司［净含量：5 kg］”字样。2009年3月18日，黑龙江省农作物品种审定委员会出具的黑龙江省农作物品种审定证书记载：编号为黑审稻2009005，品种名称为“五优稻4号”，原代号为“稻花香2号”，选育单位为五常市利元种子有限公司，选育者为田永太等7人，推广区域为黑龙江省五常市平原自流灌溉区插秧栽培，该品种经区域试验和生产试验，符合推广优良品种条件，决定从2009年起定为推广品种。2013年4月1日，五常市稻米产业商会出具《关于保护五常大米“稻花香”品牌的报告》。同日，又出具《致全市稻农朋友的呼吁书》，并附有村民的签名和村委会的盖章。福州米厂以五常农业公司生产、销售，新华都百货公司大景城分店、新华都百货公司销售的被诉侵权产品侵害其商标权为由，提起诉讼。

一审法院于2014年9月24日作出（2014）榕民初字第481号判决，判令五常农业公司、新华都百货公司大景城分店和新华都百货公司停止侵权行为，五常农业公司赔偿福州米厂经济损失及合理费用97,000元，新华都百货公司大景城分店和新华都百货公司赔偿福州米厂合理费用3000元；二审法院于2015年3月18日作出（2014）闽民终字第1442号判决，撤销一审判决，驳回福州米厂的全部诉讼请求。

判决生效后，福州米厂向最高人民法院申请再审，请求撤销二审判决，支持其一审诉讼请求。

【案件焦点】

1. 约定俗成的通用名称如何认定；

2. 存在他人在先商标权的情况下，农作物品种名称如何规范使用。

【裁判结果】

最高人民法院经审理认为，约定俗成的通用名称一般以全国范围内相关公众的通常认识为判断标准。但是，基于历史传统、风土人情、地理环境等原因，某些商品所对应的相关市场相对固定，如果不加区分地仍以全国范围相关公众的认知为标准，判断与此类商品有关的称谓是否已经通用化，有违公平原则。适用不同评判标准的前提是，当事人应首先举证证明此类商品属于相关市场较为固定的商品。

本案中，被诉侵权产品销售范围并不局限于五常地区，而是销往全国各地。在这种情况下，应以全国范围内相关公众的通常认识为标准判断"稻花香"是否属于约定俗成的通用名称。五常农业公司提供的证据，多为五常市当地有关部门、稻农或育种人出具的证明材料，媒体报道数量有限。以全国范围内相关公众的通常认识为标准，现有证据不足以证明"稻花香"属于约定俗成的通用名称。

本案中，应当认定五常农业公司、新华都百货公司大景城分店和新华都百货公司未经许可的生产、销售行为，侵害了涉案商标专用权。关于赔偿损失的具体数额及合理费用的分担，综合考虑本案案情，最高人民法院认为一审判决结果并无不妥，予以维持。

本案的特殊之处在于，福州米厂申请注册涉案商标主观上并无恶意，注册商标专用权在全国范围内具有效力，应得到有效保护。根据现有证据，"稻花香2号"作为审定公告的品种，对于五常这一特定地域范围内的相关种植农户、大米加工企业和消费者而言，在以"稻花香2号"种植加工出的大米上使用“稻花香”，主观上也并无攀附涉案商标的恶意。基于公平原则，考虑到双方的利益平衡，最高人民法院认为，对于五常这一特定地域范围内的相关种植农户、大米加工企业和消费者而言，可以在以“稻花香2号”种植加工出的大米上规范标注“稻花香2号”，以表明品种来源。但需要在此特别强调：该种标注方式仅限于表明品种来源且不得突出使用。

综上所述，二审判决认定“稻花香”属于通用名称，被诉侵权产品的标注方式属于正当使用不构成侵害涉案商标权错误，予以撤销。一审判决结论正确，予以维持。

【裁判摘要评析】

本案所涉“稻花香2号”是我国大米主要产区黑龙江五常地区的优良稻米品种，在五常地区被广泛种植，案件处理结果直接关系到该品种正常的生产经营活动，同时，在市场上假冒“稻花香”的大米商品屡见不鲜，因此，本案的处理也需考虑如何更好地平衡商标权人与该品种生产企业的利益，促进“稻花香”大米市场的规范有序。

一、如何认定约定俗成的通用名称

本案中，为证明“稻花香”属于约定俗成的通用名称，五常农业公司先后提交了五常市农业局出具的关于稻花香大米名称的使用证明、五常市龙凤山镇人民政府出具的证明、五常市稻米商业商会提供的《关于五常市稻花香大米品牌维权的综合材料》、“稻花香2号”主要育种人田永太出具的证明材料、媒体的相关报道等证据，并申请证人出庭作证。二审法院据此认为，五常这一特定地域范围内的相关种植农户、大米加工企业和消费者均普遍认为“稻花香”指代的是一类稻米品种。可以认定，基于五常市这一特定的地理种植环境所产生的“稻花香”大米属于约定俗成的通用名称。可见，二审法院实际上认为“稻花香”大米属于由于五常市特定地理环境形成的在该相关市场内较为固定的商品，属于在该相关市场内的通用名称，并非以全国范围内相关公众的通常认识为判断标准。

二审法院作出此认定的依据在于，《关于审理商标授权确权行政案件若干问题的意见》中规定，对于由于历史传统、风土人情、地理环境等原因形成的相关市场较为固定的商品，在该相关市场内通用的称谓，可以认定为通用名称。对于如何理解该规定，笔者认为，首先，基于历史传统、风土人情、地理环境等原因，某些商品所对应的相关市场相对固定，此时，在该相关市场内通用的称谓，可以认定为通用名称。相关市场在本案中主要体现为地域范围如何界定，二审法院实际上认为“稻花香”大米属于五常市这一相关市场内约定俗成的通用名称。其次，适用上述规定的前提为，被诉侵权人应提供证据证明此类商品属于相关市场较为固定的商品。否则，是否构成约定俗成的通用名称，仍应当以全国范围内相关公众的通常认知作为判断依据。本案中，关于“稻花香”大米的相关市场，直接的证据就是“稻花香”大米的销售地域范围。从本案证据看，“稻花香”大米销售范围并不局限于五常地区，而是销往全国各地。在这种情况下，上述前提条件并不满足，对于“稻花香”是否属于约定俗成的通用名称，应以全国范围内相关公众的通常认识为标准。从被诉侵权人提供的上述证据看，以全国范围内相关公众的通常认识为标准，现有证据不足以证明“稻花香”属于约定俗成的通用名称。二审判决认为“稻花香”属于五常地域范围内约定俗成的通用名称，未考虑被诉侵权产品已经销往全国，相关市场超出五常地域范围的实际情况，确有错误。

另外，如果支持五常农业公司的主张，认定“稻花香”在全国范围内属于大米的通用名称，表面上是免除了其侵害注册商标专用权的法律责任，但是对于市场上假冒“稻花香”的大米商品则开了方便之门，使之以商品的通用名称为由合法销售，不仅会损害注册商标专用权人的利益，也不是五常农业公司及五常地区广大稻农所愿意看到的结果，更是会损害消费者的利益。

二、在有在先商标权的情况下，农作物品种名称如何规范使用

在“稻花香”不构成通用名称的情况下，五常农业公司未经许可使用“稻花香”文字和拼音的行为，侵害了涉案商标专用权。但本案中也应考虑五常农业公司在其生产销售的大米产品包装上使用“稻花香”文字及拼音以表明大米品种来源的行为，主观上出于善意，并无攀附涉案商标权的故意，对于五常地区范围内的相关种植农户、大米加工企业和消费者而言，是否可以继续使用“稻花香”品种名称，或者如何规范使用以更好地平衡商标权人和审定公告名称使用人的利益？

首先，涉案商标于1998年3月提出申请，于1999年7月28日获得注册。从时间顺序上，涉案商标的申请日远远早于“稻花香2号”水稻的审定公告日，福州米厂申请注册涉案商标主观上并无抄袭“稻花香”品种名称的恶意。注册商标专用权在全国范围内具有效力，应得到有效保护。其次，2009年3月18日，黑龙江省农作物品种审定委员会出具黑龙江省农作物品种审定证书，审定公告了“五优稻4号”、原代号“稻花香2号”的水稻品种。根据2014年《主要农作物品种审定办法》① 第32条的规定，品种名称只能是审定公告公布的名称，禁止擅自更改。因此，对于“五优稻4号”、原代号“稻花香2号”的水稻品种名称，在该品种的生产、经营和推广过程中可以继续使用。最后，考虑到本案实际情况，为了更好地平衡商标权人和农作物品种名称使用人的利益，对于五常这一特定地域范围内的相关种植农户、大米加工企业和消费者而言，可以在以“稻花香2号”种植加工出的大米上规范标注“稻花香2号”，以表明品种来源。但该种标注方式仅限于表明品种来源且不得突出使用，避免进入涉案商标权的禁用权范围，损害商标权人的利益。

最高人民法院再审合议庭成员：周翔　罗霞　佟姝

（编写人：周翔* 审稿人：张蕾蕾）

---

① 此处引用的是农业部2013年12月27日公布、2014年2月1日起施行的《主要农作物品种审定办法》。2016年，农业部第6次常务会议审议通过《主要农作物品种审定办法》，2016年7月8日公布，自2016年8月15日起施行。《主要农作物品种审定办法》（农业部令2013年第4号）同时废止。根据2018年国务院机构改革方案，农业部的职责，以及国家发展和改革委员会的农业报资项目、财政部的农业综合开发项目、国土资源部的农田整治项目、水利部的农田水利建设项目等职责整合，组建农业农村部，作为国务院组成部门，不再保留农业部。农业部的渔船检验和监督管理、草原防火等职责分别划入交通运输部、应急管理部等国务院组成部门。

* 周翔，法学博士，中华人民共和国最高人民法院知识产权法庭，副庭长、一级高级法官。

南京蓝泰交通设施有限责任公司
与
地洲新能源科技（上海）有限公司
确认不侵害专利权纠纷案

——确认不侵害专利权诉讼地域管辖连接点的确定

【裁判摘要】

确认不侵害专利权诉讼属于知识产权侵权诉讼，应当按照《民事诉讼法》第28条的规定确定地域管辖连接点。确认不侵害专利权诉讼中的“侵权行为”应当理解为被诉侵害专利权的行为；相应地，此类诉讼中作为地域管辖连接点的侵权行为地，应当是指被诉侵害专利权的行为实施地及其结果发生地。

【案件基本信息】

1. 诉讼当事人

上诉人（原审原告）：南京蓝泰交通设施有限责任公司（以下简称蓝泰交通设施公司）

被上诉人（原审被告）：地洲新能源科技（上海）有限公司（以下简称地洲新能源科技公司）

2. 案件索引与裁判日期

一审：江苏省南京市中级人民法院（2019）苏01民初2057号裁定（2019年8月23日）

二审：最高人民法院（2019）最高法知民辖终365号裁定（2019年11月18日）

3. 案由

确认不侵害专利权纠纷

【简要案情】

蓝泰交通设施公司于 2019 年 7 月 24 日向江苏省南京市中级人民法院提出诉讼，请求：(1) 确认蓝泰交通设施公司生产销售的发光地砖组成的智慧斑马线不侵犯地洲新能源科技公司拥有的专利号 201820609503.2，名称为“一种长方形太阳能智慧斑马线”的实用新型专利权；(2) 判令地洲新能源科技公司承担本案诉讼费用及合理支出。

事实与理由：蓝泰交通设施公司与地洲新能源科技公司系同行业厂家，均生产发光地砖，用于铺设智慧斑马线。2019 年 6 月 12 日，地洲新能源科技公司向蓝泰交通设施公司的客户南通扬子交通安全设施有限公司(以下简称扬子交通安全设施公司) 发出“关于智慧发光斑马线产品的研发者和经营者之说明函”。地洲新能源科技公司在该函中，在缺乏基本证据的情况下声称：地洲新能源科技公司是智慧发光斑马线产品的研发者和经营者，已获得的智慧斑马线专利包括 ZL201820608344.4、ZL201820609503.2、ZL201620302366.9、ZL201620302368.8、ZL201830165392.6。蓝泰交通设施公司正在实施仿冒、制造、销售与地洲新能源科技公司经营的智慧发光斑马线系统相同或相似的行为。蓝泰交通设施公司的产品属于地洲新能源科技公司前述已获得的专利权的保护范围，蓝泰交通设施公司侵犯了地洲新能源科技公司的专利权……地洲新能源科技公司在无任何比对依据情况下向蓝泰交通设施公司的客户发布此说明函，给蓝泰交通设施公司造成巨大的不良影响和经济损失。为维护蓝泰交通设施公司的合法利益，2019 年 6 月 21 日蓝泰交通设施公司向地洲新能源科技公司发出催促行使诉权的函，并对该函进行了公证保全。地洲新能源科技公司于 2016 年 6 月 23 日签收该函后既没有撤回警告也没有提起诉讼，导致蓝泰交通设施公司生产的产品是否侵犯地洲新能源科技公司的专利权处于不确定状态。为维护蓝泰交通设施公司的合法利益，消除不良影响，请求法院确认蓝泰交通设施公司生产、销售的涉案产品不落入地洲新能源科技公司所拥有的涉案专利权的保护范围。

地洲新能源科技公司在提交答辩状期间对管辖权提出异议，认为根据《民事诉讼法》第28条之规定，本案应由侵权行为地或被告住所地人民法院管辖。2015年5月27日至29日，蓝泰交通设施公司在上海市青海区国家会展中心对侵权产品进行展出，被上海市市场监督管理局查处，并要求纠正违法行为。蓝泰交通设施公司上述展出行为系以生产经营目的，对侵权产品销售和许诺销售，因此上海市青浦区国家会展中心应当为侵权行为地。且被告注册地在上海市青浦区，实际经营地在上海市松江区。因此，请求将本案移送至上海知识产权法院审理。

一审法院裁定：本案移送上海知识产权法院审理。

蓝泰交通设施公司不服一审裁定，向最高人民法院提起上诉称：（1）蓝泰交通设施公司与地洲新能源科技公司之间的确认不侵害专利权之诉系因地洲新能源科技公司在无任何侵权比对证据的情况下向蓝泰交通设施公司的客户发出说明函，诋毁蓝泰交通设施公司侵害其专利权引发。蓝泰交通设施公司向地洲新能源科技公司发出催促其行使诉权的函，地洲新能源科技公司收到该函后在法定时间内既没有撤回警告也没有提起诉讼，导致蓝泰交通设施公司生产的产品是否侵害地洲新能源科技公司的专利权处于不确定状态。蓝泰交通设施公司经营场所位于江苏省南京市，必然在江苏省南京市实施销售、许诺销售被诉侵权产品的行为，即本案的侵权行为地必然包含江苏省南京市，一审法院对本案具有管辖权。（2）本案不应移送上海知识产权法院审理。即使蓝泰交通设施公司在上海市青浦区国家会展中心参展的行为构成许诺销售，地洲新能源科技公司的住所地也在上海，上海知识产权法院对本案具有管辖权，根据《民事诉讼法》第35条的规定，蓝泰交通设施公司可以在原审法院和上海知识产权法院中选择向其中一个法院起诉，一审法院属于最先立案的法院，其不应当再将本案移送上海知识产权法院审理。（3）一审法院在收到管辖权异议申请时未将地洲新能源科技公司的管辖权异议申请转送蓝泰交通设施公司，导致蓝泰交通设施公司没有机会陈述意见，原审法院的处理方式存在瑕疵。蓝泰交通设施公司请求：撤销原审裁定，确认一审法院对本案具有管辖权。

地洲新能源科技公司未作答辩。

【案件焦点】

确认不侵害专利权诉讼地域管辖连接点应当如何确定。

【裁判结果】

最高人民法院二审查明：地洲新能源科技公司是名称为“一种长方形太阳能智慧斑马线”、专利号为 ZL201820609503.2 的实用新型专利权人。

2019 年 6 月 12 日，地洲新能源科技公司致函案外人扬子交通安全设施公司，函称蓝泰交通设施公司制造、销售的“智慧发光斑马线系统”落入地洲新能源科技公司涉案专利权的保护范围，蓝泰交通设施公司还通过网络、媒体等形式对外发布虚假信息宣称其为智慧发光斑马线产品的研发者和经营者，并参与相关部门的招投标活动，以上行为已经构成对地洲新能源科技公司专利侵权及不正当竞争。

2019 年 6 月 21 日，蓝泰交通设施公司向地洲新能源科技公司发出蓝泰交通设施公司催促专利权人行使诉权的函，认为地洲新能源科技公司未经合法程序即认定蓝泰交通设施公司经营的智慧发光斑马线产品构成侵权，涉嫌构成对蓝泰交通设施公司商誉的恶意诋毁。该函件于 2019 年 6 月 23 日妥投。

蓝泰交通设施公司注册登记的经营范围包括：交通设施、监控工程、反光标牌及标志生产、销售、安装；公路安全设施工程、公路机电工程、城市照明工程设计与施工；智能化安装工程服务；标线工程施工；交通设施维护；各种交通信号灯及系统安装；环境照明、管道工程施工等。

2019 年 5 月 20 日，江苏省盐城市盐都区人民政府盐渎街道办事处（以下简称盐渎街道办事处）在江苏省盐城市盐都区人民政府官网就名称为“开元路实验学校门口人行横道 LED 发光地砖工程”的项目工程发布招标公告。2019 年 5 月 27 日，盐渎街道办事处在前述官网发布中标候选人结果公示，盐城普翔建设工程有限公司（以下简称普翔建设工程公司）为前述项目工程中标候选人。2019 年 6 月 10 日，普翔建设工程公司与蓝泰交通设施公司在江苏省南京市建邺区签订智慧发光斑马线系统采购合同，约定由蓝泰交通设施公司向普翔建设工程公司提供包括非灯控路口发光地砖、非灯控路口发光地砖底座、电源转接头及连接线、发光地砖控制器及斑马线行人智能检测装置等产品。2019 年 7 月 25 日，盐渎街道办事处出具工程竣工验收证明，确认普翔建设工程公司负责施工的项目工程符合工程质量要求。

最高人民法院二审审查认为：本案系因确认不侵害专利权纠纷所引发的地域管辖权争议，焦点问题为原审法院对本案是否具有管辖权。确认不侵害专利权诉讼的制度设置目的在于，为因受到专利权人警告而陷入不安的被警告人提供司法救济，通过确认不侵权诉讼的审理，确定被警告人实施的技术方案是否侵害他人的专利权，从而使其尽快从不安状态中解脱出来，为后续的生产经营作出妥当决策。可见，确认不侵害专利权诉讼的核心仍然在于判断被警告人的行为是否侵犯了他人专利权，与专利侵权诉讼存在密切关联性，可以参照专利侵权案件地域管辖连接点的规定确定地域管辖。确认不侵害专利权诉讼的地域管辖连接点，包括侵权行为实施地、侵权结果发生地。确认不侵害专利权诉讼中的“侵权行为”，应当是指被警告人的涉嫌侵害专利权的行为。相应地，确认不侵害专利权诉讼中作为地域管辖连接点的侵权行为地，应当是指被警告人涉嫌侵害专利权的行为实施地及其结果发生地。在管辖权异议审理阶段，人民法院原则上只须审理与建立案件管辖连接点相关的事实。与建立管辖连接点相关的事实同时涉及案件实体争议内容的，只须审查案件初步证据是否能够证成一个可争辩的管辖连接点事实即可，一般不对案件实体争议内容作出明确认定。本案中，被上诉人即涉案专利权人在给上诉人的客户发出的警告函中指控上诉人涉嫌实施了制造、销售侵害其涉案专利权之产品的侵权行为。一方面，上诉人的住所地位于江苏省南京市，结合上诉人的经营范围，可以认定上诉人在其住所地即江苏省南京市实施了可争辩的制造涉嫌侵权产品的行为；另一方面，二审查明的事实亦初步证明上诉人在江苏省南京市实施了可争辩的销售涉嫌侵权产品的行为。因此，江苏省南京市可以作为本案的地域管辖连接点。虽然被上诉人的住所地位于上海市，上海市亦是本案的地域管辖连接点之一；但是，根据《民事诉讼法》第 35 条关于“两个以上人民法院都有管辖权的诉讼，原告可以向其中一个人民法院起诉”的规定，上诉人选择在侵权行为地人民法院即一审法院提起本案诉讼，是其行使诉讼处分权的表现，符合法律规定。

最高人民法院裁定：（一）撤销江苏省南京市中级人民法院（2019）苏01 民初 2057 号裁定；（二）本案由江苏省南京市中级人民法院管辖。

【裁判摘要评析】

知识产权的本质属性为私权，既系私权，知识产权权利人自然是自身利益的最佳判断者。我国幅员广阔，市场潜力巨大。受侵权主体分布的广泛性和知识产权侵权行为复杂多样等诸多因素的影响，对于侵犯知识产权的行为应通过何种救济途径加以制止以有效维护己方知识产权产品市场份额，应当委由权利人根据市场风险、自身经营情况等因素综合考量，并作出妥当决策。司法虽是守护社会公平正义的最后一道防线，但如果一律通过司法程序来解决知识产权侵权争议，于权利人而言无论在维权成本的支出还是争议的及时有效解决上均未必是最佳选项。权利人为尽可能节约诉讼成本并谋求在最短时间内促使侵权人停止侵权，最大限度减少对自身权益的损害，往往会选择先以警告函、律师函的形式向涉嫌侵权者发出警告，并在警告函中声明如果不停止侵权将启动司法诉讼程序，以期收“敲山震虎，不战屈人之兵”的震慑功效。

一、确认不侵害知识产权诉讼案由的确认

凡事均有正反两面，私力救济亦然。知识产权权利人通过上述私力方式自行救济，相伴而生的是权利人滥发警告而出现的救济异化或失序的消极现象。典型者即个别权利人出于干扰竞争对手正常竞争行为的不法目的，一方面向竞争同行滥发警告函或通过媒体发表侵权警告声明或以起诉竞争同行相要挟，另一方面消极回避与被警告的竞争同行厘清事实，共同协商争议的合理化解，进而既不打算通过提出行政投诉也不打算通过提起民事诉讼来寻求争议的实质处理。于被警告的竞争对手而言，由于权利人发出警告函后何时启动行政或司法救济程序完全取决于权利人意志，致使被警告者处于被动等待“靴子落地”的焦虑境地，进而导致自身的正常生产经营活动陷入要么甘冒侵权风险继续实施，要么无奈从市场回收产品并退出竞争之进退两难境地。受到知识产权权利人指控侵权之警告函的竞争对手为尽早摆脱这种是否构成对他人知识产权侵权的不确定状态，遂产生向人民法院提起诉讼并请求法院确认对权利人所指控的侵权行为是否成立的强烈愿望和动机。

对于确认不侵害知识产权诉讼，人民法院经历了从个案处理到深化认识直至最终承认的过程。确认不侵权诉讼的个案最早可追溯至最高人民法院于2002年7月对江苏省高级人民法院所作的《关于苏州龙宝生物工程实业公司与苏州朗力福保健品有限公司请求确认不侵犯专利权纠纷案的批复》（〔2001〕民三他字第4号）（注：该批复已被相关司法解释所替代）。最高人民法院在这份批复中，首次针对确认不侵权诉讼阐述了如下观点："本案中，由于被告朗力福公司向销售原告龙宝公司产品的商家发函称原告的产品涉嫌侵权，导致经销商停止销售原告的产品，使得原告的利益受到了损害，原告与本案有直接的利害关系；原告在起诉中，有明确的被告；有具体的诉讼请求和事实、理由；属于人民法院受理民事诉讼的范围和受诉人民法院管辖，因此，人民法院对本案应当予以受理。本案中，原告向人民法院提起诉讼的目的，只是针对被告发函指控其侵权的行为而请求法院确认自己不侵权，并不主张被告的行为侵权并追究其侵权责任。以'请求确认不侵犯专利权纠纷'作为案由，更能直接地反映当事人争议的本质，体现当事人的请求与法院裁判事项的核心内容。"最高人民法院的上述批复，开创了司法审查确认不侵犯知识产权的先河，在我国知识产权审判实践中具有标志性的意义。2009年12月21日，最高人民法院审判委员会第1480次会议通过《关于审理侵犯专利权纠纷案件的解释》，其中第18条针对确认不侵害专利权诉讼的起诉要件问题专门作出规定："权利人向他人发出侵犯专利权的警告，被警告人或者利害关系人经书面催告权利人行使诉权，自权利人收到该书面催告之日起一个月内或者自书面催告发出之日起二个月内，权利人不撤回警告也不提起诉讼，被警告人或者利害关系人向人民法院提起请求确认其行为不侵犯专利权的诉讼的，人民法院应当受理。"据此，确认不侵权之诉的受理条件得以明确：（1）权利人向他人发出侵权知识产权的警告；（2）被警告人或者利害关系人经书面催告权利人行使诉权；（3）权利人自收到该书面催告之日起1个月内或者自书面催告发出之日起2个月内，权利人不撤回警告也不提起诉讼。

通过对上述确认不侵权诉讼的产生背景及该诉讼在我国司法实践发展历程所作的回顾可知，包括确认不侵害专利权诉讼在内的确认不侵害知识产权诉讼的设置，目的在于为因受到专利权人警告而陷入不安的被警告人提供司法救济，通过确认不侵权诉讼的审理，确定被警告人实施的技术方案是否侵害他人的专利权，使被警告者尽快从不安状态中解脱出来，为后续的生产经营作出妥当决策。

二、确认不侵害知识产权诉讼的性质

虽然，确认不侵害专利权诉讼业经司法解释明确了其起诉要件，但关于此诉讼的性质，在理论及实务界向有争议：一种观点认为确认不侵害知识产权诉讼属于侵权诉讼，另一种观点则认为确认不侵害知识产权诉讼属于确认之诉，还有观点认为确认不侵权诉讼既是确认之诉也属侵权之诉。对此，笔者认为，包括确认不侵害专利权诉讼在内的各类确认不侵害知识产权诉讼应当定性为侵权之诉。理由如下：

首先，无论是侵权之诉还是确认不侵权之诉，都存在确认权利归属和被控侵权的行为是否成立等有待查明的事实问题。判断侵权行为是否成立的步骤及法律方法，与一般的知识产权侵权诉讼并无实质性差异。亦即，无论是专利侵权之诉还是确认不侵害专利权之诉，人民法院均须审查权利人指控的侵权事实是否存在。其次，提起确认不侵权之诉的当事人一般都会附带提起因恶意滥发警告造成自身经营利益受损的损害赔偿给付之诉，亦即被控侵权的事实被司法审查认定不成立，则权利人之前对被控侵权人所采取的警告措施对被控侵权人所造成的损害（丧失交易、信誉下降等），被控侵权人可以一并在确认不侵权诉讼中向权利人主张赔偿。同时，人民法院在确认不侵害知识产权诉讼中集中审理被警告者提出的损害赔偿主张，亦符合实质解决纠纷、尽速定分止争的民事诉讼司法理念。最后，从确认不侵权诉讼进入公众视野之日始，最高人民法院对于此类诉讼的定性就是明确的。早在2004年最高人民法院在向河北省高级人民法院作出的《关于本田技研工业株式会社与石家庄双环汽车股份有限公司、北京旭阳恒兴经贸有限公司专利纠纷案件指定管辖的通知》（〔2004〕民三他字第4号）中就明确指出："确认不侵犯专利权诉讼属于侵权类纠纷，应当依照民事诉讼法第二十九条的规定确定地域管辖。”此后，从最高人民法院2008年制定《民事案件案由规定》和2011年修订《民事案件案由规定》的情况来看，“确认不侵害知识产权纠纷”被明确作为三级案由设置于“知识产权权属、侵权纠纷”的二级案由项下。可见，最高人民法院始终系将包括确认不侵害专利权之诉在内的各类确认不侵害知识产权诉讼作为侵权之诉来对待。①

三、确认不侵害知识产权诉讼的地域管辖连接点

明确了确认不侵害专利权诉讼的性质，还需要进一步研究的问题是涉及此类诉讼的地域管辖连接点如何确定。《民事诉讼法》第28条规定：“因侵权行为提起的诉讼，由侵权行为地或者被告住所地人民法院管辖。”《民事诉讼法司法解释》第24条规定：“民事诉讼法第二十八条规定的侵权行为地，包括侵权行为实施地、侵权结果发生地。”因此，确认不侵害专利权诉讼中与“行为”相关的地域管辖连接点，包括了被诉侵权行为实施地和被诉侵权行为的结果发生地。于此产生的问题是：对于确认不侵害专利权诉讼中的“侵权行为地”的含义应当如何理解？关于这一问题的理解，取决于对确认不侵权诉讼所指“侵权行为”含义的准确判断。关于确认不侵权诉讼中“侵权行为”的内涵，实务中存在如下不同认识：

一种观点认为，确认不侵害专利权诉讼的“侵权行为”，应当是指权利人（确认不侵权诉讼的被告）向被控侵权人（确认不侵权诉讼的原告）及其利害关系人（通常是指作为确认不侵权诉讼之原告的相关代理经销商）发警告函的行为。理由是：正是由于权利人的警告行为才引发被控侵权人

① 2008年，最高人民法院印发《民事案件案由规定》，正式将“确认不侵权纠纷”纳入作为三级民事案由，并在该案由下设三类四级案由：（1）确认不侵犯专利权纠纷；（2）确认不侵犯注册商标专用权纠纷；（3）确认不侵犯著作权纠纷。由此解决了确认不侵权之诉的案由问题。2011年，最高人民法院对上述《民事案件案由规定》进行修正，将“确认不侵权纠纷”调整表述为“确认不侵害知识产权纠纷”，仍然作为二级案由“知识产权权属、侵权纠纷”项下的三级案由，并将业已于2008年纳入该案由项下的三类案由，即确认不侵犯专利权纠纷、确认不侵犯注册商标专用权纠纷和确认不侵犯著作权纠纷，相应调整表述为确认不侵害专利权纠纷、确认不侵害商标权纠纷和确认不侵害著作权纠纷。2018年，最高人民法院发布《关于补充增加民事案件案由的通知》，在2011年规定的基础上，新增三类四级案由即“确认不侵害植物新品种权纠纷”、“确认不侵害集成电路布图设计专用权纠纷”和“确认不侵害计算机软件著作权纠纷”。

主动提出确认不侵权诉讼。换言之，被控侵权人系因为权利人的警告行为而陷入不安，为摆脱这种是否侵权的不确定状态“反客为主”，主动请求人民法院确认其从事的生产经营行为是否构成对知识产权权利人的侵权。尤其不容忽视的是，发起确认不侵权诉讼的原告往往会在确认不侵权诉讼中一并向知识产权权利人提出滥发警告函构成不正当竞争的侵权指控并要求损害赔偿，此进一步凸显了此类诉讼中的“侵权行为”应当是指知识产权权利人发警告函的行为。故包括确认不侵害专利权诉讼在内的各类确认不侵害知识产权诉讼的地域管辖连接点的“侵权行为地”，应当是警告函的发出地（侵权行为实施地）和警告函造成影响的所在地（侵权结果发生地）。

另一种观点认为，确认不侵害专利权诉讼的“侵权行为”应当是指权利人（确认不侵权诉讼的被告）向被控侵权人（确认不侵权诉讼的原告）所发警告函中指控后者实施的专利侵权行为。理由是：确认不侵害专利权诉讼与专利侵权诉讼实为同一行为的一体两面，从知识产权权利人的角度而言，其警告函指控的是被控侵权人实施了知识产权侵权行为；从被警告人的角度而言，其要争辩的正是权利人警告函所指控的行为不构成侵权。如果知识产权权利人及时提起知识产权民事侵权诉讼，则人民法院审理的诉讼标的正是权利人在起诉状中指控的被诉侵权行为，但恰恰因为权利人迟迟“按兵不动”以致将被控侵权人陷入究竟是停产还是继续生产的两难境地，被警告人才主动请求法院确认权利人在警告函中所指控的知识产权侵权行为究竟是否成立。因此，无论是从权利人角度而言的知识产权侵权诉讼，还是从被控侵权者角度而言的确认不侵害知识产权诉讼，双方争议的焦点问题实质是同一问题，即均是指向被警告者所被控实施的侵权行为。如果按照上述第一种观点来理解确认不侵害知识产权诉讼的“侵权行为”含义，无疑会导致确认不侵权诉讼的审理对象失焦，背离了此诉讼的设置本意。退一步而言，即使在确认不侵权诉讼中一并审理被警告者针对知识产权权利人提出的滥用知识产权的指控，也只是从节约诉讼资源、尽速实质解决争议的理念出发而采取的诉讼技术手段，或者说是在确认不侵权诉讼这个“主诉讼场域”附带审理的“次生诉讼”或“衍生诉讼”，故法院所审理的两个对象（警告函所指控的知识产权侵权行为、被控滥发警告函构成不正当竞争的知识产权侵权行为）的主次先后不可不辨。还应当指出的是，侵权警告函所指控的知识产权侵权行为是否成立，很大程度上将左右法院判断确认不侵权诉讼的原告所指控的权利人滥发警告函的行为是否构成不正当竞争。很难想象，在法院经过审理最终认定提起确认不侵权之诉的原告对权利人的知识产权构成侵权的情况下，还会另认定知识产权权利人发警告函的行为构成对确认不侵权诉讼的原告构成滥用知识产权的不正当竞争。当然，个案审查过程中确实不排除个别知识产权权利人在相关知识产权侵权争议已进入司法审查进程后，仍然持续向确认不侵权诉讼的原告及其下游代理经销商发警告函。这种行为不排除因“维权行为矫枉过正”而应当被司法予以消极评价的可能。但原则上而言，人民法院对于进入司法诉讼程序之前知识产权权利人通过发警告函的方式来寻求自行私力救济的做法，一般多会保持宽容的态度，因为“为权利而斗争正是为法律而斗争”。如果司法对知识产权权利人发警告函以寻求自力救济的做法过分干涉，无疑会压制知识产权自力救济的空间，不利于激发广大权利人制止侵权的积极性和维权的热情。

总体而言，笔者认为确认不侵害专利权诉讼中的“侵权行为”应当理解为被警告人所被控实施的侵害知识产权行为。相应地，确认不侵害专利权诉讼中的“侵权行为地”，应当是指被警告人（确认不侵害专利权诉讼的原告）涉嫌侵害专利权的行为实施地及该行为的结果发生地。结合《关于审理专利纠纷案件适用法律问题的若干规定》第5条的规定，侵犯专利权行为地包括：被诉侵犯发明、实用新型专利权的产品的制造、使用、许诺销售、销售、进口等行为的实施地；专利方法使用行为的实施地，依照该专利方法直接获得的产品的使用、许诺销售、销售、进口等行为的实施地；外观设计专利产品的制造、许诺销售、销售、进口等行为的实施地；假冒他人专利的行为实施地；以及上述侵权行为的侵权结果发生地。故上述司法解释规定所列举的地点，均可以作为确认不侵害专利权诉讼的地域管辖连接点。而且，根据《关于审理侵犯专利权纠纷案件的解释二》第19条关于“产品买卖合同依法成立的，人民法院应当认定属于专利法第十一条规定的销售”之规定，应认为被诉侵权产品销售合同的成立地属于司法解释所规定的销售行为实施地。

具体到本案，蓝泰交通设施公司是地洲新能源科技公司警告函指向的被警告对象，蓝泰交通设施公司被警告的涉嫌侵权行为系其生产、销售涉嫌侵害地洲新能源科技公司涉案专利权的智慧发光斑马线产品。根据蓝泰交通设施公司二审提交的证据，在无相反证据推翻的情况下，结合该公司的经营范围以及其与案外人普翔建设工程公司签订被诉侵权产品的地点位于南京市建邺区，可以合理推定蓝泰交通设施公司至少在江苏省南京市实施了生产涉案被诉侵权产品的行为，并可以初步认定蓝泰交通设施公司在江苏省南京市实施了销售涉案被诉侵权产品的行为。因此，根据上述法律及司法解释的规定，江苏省南京市可以作为蓝泰交通设施公司针对地洲新能源科技公司所发起的确认不侵害专利权诉讼的地域管辖连接点。江苏省南京市中级人民法院对本案具有管辖权，地洲新能源科技公司的管辖异议请求不能成立。一审法院在本案中的管辖异议审查处理结果不当，应予以纠正。

最高人民法院二审合议庭成员：朱理　欧宏伟　张晓阳

（编写人：欧宏伟* 　审稿人：丁文严）

---

* 欧宏伟，法学硕士，中华人民共和国最高人民法院知识产权法庭，四级高级法官。

行 政

达某某、张某甲
诉
青海省互助土族自治县人民政府
不履行法定职责案

——原告申请被告履行法定职责的理由是否成立难以判断时的处理

【裁判摘要】

对于履行法定职责之诉，若对公民、法人或其他组织请求行政机关履行法定职责的理由是否成立难以确定性地作出是或否的判断，宜由行政机关重启行政程序经进一步调查、裁量后再作决定的，则人民法院可判决行政机关对公民、法人或其他组织的履行法定职责请求重新作出处理。

【案件基本信息】

1. 诉讼当事人

再审申请人（一审原告、二审上诉人）：达某某

再审申请人（一审原告、二审上诉人）：张某甲

被申请人（一审被告、二审被上诉人）：青海省互助土族自治县人民政府（以下简称互助土族自治县政府）

原审第三人：青海省海东工业园区管理委员会（以下简称海东工业园区管委会）

2. 案件索引与裁判日期

一审：青海省海东市中级人民法院（2019）青02行初9号判决（2019年6月18日）

二审：青海省高级人民法院（2019）青行终86号判决（2019年10月16日）

再审：最高人民法院（2020）最高法行再266号判决（2020年8月31日）

3. 案由

诉人民政府不履行行政补偿法定职责

【简要案情】

青海省海东市中级人民法院一审查明：达某某、张某甲系母子关系，为互助土族自治县红崖子沟乡下寨村4社村民，和张某乙、候某某、张某丙均系同一个户口下（户主系张某乙）的家庭成员。2011年10月，该村被列为平北经济园区（隶属海东工业园区管委会）拆迁范围。2012年9月，达某某、张某甲作为被拆迁农户进行了初始登记。2018年5月，平北园区征地工作组及互助土族自治县红崖子沟乡政府经复核发现，达某某因改嫁，至少在2013年7月31日前长期不在本村居住，张某甲因婚姻原因也长期不在本村居住。根据互助土族自治县政府办公室《关于平北经济区回迁安置工作中群众反映问题的答复意见》中关于初始登记时间为2012年9月3日的规定和青海省海东地区行政公署①《关于海东工业园区曹家堡临空经济园部分地面附着物征收补偿标准及搬迁安置方案进行调整的批复》（东署〔2011〕44号，以下简称《44号批复》）第1条第5项的规定，将达某某、张某甲审定为疑似“空挂户”。因“空挂户”身份界定困难，经海东工业园区互助工作协调领导小组于2018年5月17日召开会议决定，对疑似空挂户口的，凭村两委②出具且主要负责人签字的常住户证明予以登记安置。由于达某某、张某甲始终未能提交所在下寨村村委会的常住户证明，故未给

① 海东地区行政公署成立于1979年3月，2013年2月，经国务院批准，撤销海东地区设立海东市，海东地区行政公署被海东市人民政府取代。

② 村党支部委员会和村民委员会。

予达某某、张某甲登记安置房。2018年6月12日，红崖子沟乡政府作出关于下寨村村民达某某、张某丁未分配安置房的答复（张某丁即为张某甲）（以下简称答复）。达某某、张某甲不服，遂于2018年9月11日向该院提起行政诉讼。

青海省海东市中级人民法院一审认为，（1）本案是不履行登记安置房法定职责案件，应明确在征地拆迁中履行登记安置房职责的主体。本案中，互助土族自治县政府的职责是负责组织实施本辖区内土地房屋征收拆迁工作，具体工作由互助土族自治县政府成立的临时机构即互助土族自治县临空经济园区领导小组办公室负责。该领导小组办公室没有独立的法人资格。征收拆迁中农户户型的初始登记及复核工作由该领导小组办公室委托的红崖子沟乡政府、平北园区征地工作组进行。依照《土地管理法》（2004年）第46条的规定，国家征收土地的，依照法定程序批准后，由县级以上人民政府予以公告并组织实施。《行政诉讼法》第26条第5款规定："行政机关委托的组织所作的行政行为，委托的行政机关是被告。"《行政诉讼法解释》第20条第3款规定："没有法律、法规或者规章规定，行政机关授权其内设机构、派出机构或者其他组织行使行政职权的，属于行政诉讼法第二十六条规定的委托。当事人不服提起诉讼的，应当以该行政机关为被告。"据此，征收拆迁中农户户型的初始登记及复核工作虽是由互助土族自治县红崖子沟乡政府、平北园区征地工作组进行，但均属于受互助土族自治县政府成立的临时机构互助土族自治县临空经济园区领导小组办公室的委托所作的行为。该领导小组办公室没有独立的法人资格，由此产生的法律后果应由互助土族自治县政府承担。故达某某、张某甲不服未给其登记安置房行为提起诉讼，互助土族自治县政府为适格被告。（2）关于互助土族自治县政府是否履行了登记安置职责的问题。互助土族自治县红崖子沟乡政府于2011年9月对平北经济园区拆迁范围内的拆迁户进行了初始登记，于2018年5月根据《44号批复》进行登记复核。该批复将空挂户口作为征收补偿标准及搬迁安置方案的内容之一。平北园区征地工作组及红崖子沟乡政府复核时以不符合登记安置条件的规定，将其二人审定为疑似空挂户，未给予登记安置房并无不当。因空挂户身份界定困难，海东工业园区互助工作协调领导小组于2018年5月17日召开会议决定将村两委出具的常住户证明作为空挂户身份界定的依据。因达某某、张某甲未能提供村两委出具的常住户证明，致使互助土族自治县红崖子沟乡政府未能给其进行登记安置房。因互助土族自治县红崖子沟乡政府所作的行为后果最终由互助土族自治县政府承担，故互助土族自治县政府事实上已履行了登记安置的职责。达某某、张某甲主张互助土族自治县政府未给其登记安置房的行为违法的理由不成立。此外，达某某、张某甲对“空挂户”身份界定的异议，因事关二人是否属于村集体成员即是否享受村民安置待遇问题，该院已释明达某某、张某甲选择适当途径向其所属村民委员会或相关部门反映或主张权利。据此，该院依照《行政诉讼法》第69条之规定，判决驳回达某某、张某甲的诉讼请求。

达某某、张某甲不服一审判决，向青海省高级人民法院上诉。

青海省高级人民法院二审除对一审法院查明的达某某、张某甲长期在西宁居住的事实不予确认外，对一审法院查明的其他事实予以确认。另查明：（1）互助土族自治县红崖子沟乡政府于2018年6月12日作出的答复载明：2018年5月，由平北园区征地工作组及该乡政府对拆迁农户户型登记情况进行了复核，复核中根据海东工业园区平北经济区《土地房屋及附着物征收、补偿、拆迁安置、生活保障方案》中相关文件要求，审核出下寨村4社村民达某某因改嫁，于1998年12月21日与平安县①居民祁某某登记结婚。后因祁某某因病去世，于2010年5月19日与西宁市城东区居民权某某登记结婚。权某某于2013年7月31日因病去世。如按其因配偶去世返乡，根据常住户口截止时间为2012年9月3日的规定，下寨村民达某某不符合安置条件；达某某之子张某丁，经群众举报后工作人员走访了解，张某丁本人入赘于西宁市，长期不在本村居住；据调查了解，下寨村4社村民达某某、张某丁长期未在本村居住且在征地拆迁中无拆迁附着物，其所在村村两委不给予出具达某某、张某丁常住户证明。（2）互助土族自治县政府对达某某、张某甲的户籍在下寨村，对其二人未予登记安置房这一事实予以认可。

① 2015年2月，经国务院批复同意，撤销平安县，设立海东市平安区。

青海省高级人民法院二审认为，通常情况下，集体土地的征收以户为单位进行。按照2004年修正的《土地管理法》第46条的规定，在土地征收过程中，被征收户持相关权利证书到当地土地行政主管部门办理征地补偿登记。本案中，征收实施单位对达某某、张某甲所属户口户主张某乙（达某某之子）一户的土地及地上附着物进行核实登记，并陆续完成部分补偿。达某某、张某甲主张互助土族自治县政府未对其二人履行登记安置房这一征收补偿法定职责违法，其二人需要证明其符合应予安置的条件。海东工业园区互助工作协调领导小组于2018年5月17日召开会议要求，对疑似空挂户口的由村两委出具且主要负责人签字的常住户证明后予以登记安置。但事实上，达某某、张某甲在提起诉讼时，并未提交证据证明其二人已经取得村两委出具的常住户证明。故互助土族自治县政府未履行登记安置房这一法定职责有正当理由。据此，该院依照《行政诉讼法》第89条第1款第1项之规定，判决驳回上诉、维持一审判决。

达某某、张某甲不服一审、二审判决，向最高人民法院申请再审。

最高人民法院于2020年6月29日作出（2020）最高法行申3671号裁定，提审本案。提审后经审理，对二审法院查明的事实，最高人民法院予以确认。另查明：《44号批复》第1条第4项规定："搬迁户凭本村农村常住人口户口簿，每人可申请安置房建筑面积30平方米，每户还可申请30平方米的成本价安置房"；第5项规定："婚嫁后户口未迁出的人员属于易地居住、空挂户口，应尽快办理迁出手续，不享受任何优惠政策。"

【案件焦点】

达某某、张某甲提出的互助土族自治县政府应为其履行登记安置房职责的请求是否成立。

【裁判结果】

最高人民法院经审理认为，本案诉讼属于履行法定职责之诉。从再审申请人达某某、张某甲一审起诉时的诉称情况看，《44号批复》第1条第4项是其申请登记安置房的重要依据。二再审申请人主张其符合安置房登记条件，在征地补偿初始登记时已被纳入登记范围，但在复核程序中又被认定为不符合条件。在审理中，再审被申请人互助土族自治县政府并未对其负有安置房登记职责提出异议，核心主张是二再审申请人不符合安置房登记条件。再审被申请人通过互助土族自治县红崖子沟乡政府作出答复明示拒绝安置房登记的理由是二再审申请人未按照海东工业园区互助工作协调领导小组的决议提供村两委出具的常住户证明，而取得该证明系否定“空挂户”的决定性标准。“空挂户”不享受补偿安置待遇的规定则为《44 号批复》第 1 条第 5 项。体系地看，《44 号批复》第 1 条第 4 项系关于积极条件的一般规定，第 5 项则系关于消极情形的例外规定。对于二再审申请人是否属于第 5 项规定的情形，再审被申请人应承担举证责任。

二再审申请人的户籍在红崖子沟乡下寨村，其在提起本案诉讼时提交的常住人口登记卡、身份证复印件、农村土地承包经营权证、农村土地承包合同书、征地拆迁安置补偿费评估表、房屋测绘图及照片、家庭财产分单、青海省互助土族自治县人民法院（2014）互民初字第 1674 号判决等证据材料，在一定程度上能够证明二再审申请人在该村集体经济组织生产、生活，进而符合《44 号批复》第 1 条第 4 项规定的安置房申请条件。尽管再审被申请人在行政程序中查证再审申请人达某某后相继与其他公民结婚，再审申请人张某甲与村外公民结婚，但并无证据证明二再审申请人的户籍曾迁出，或应迁出而未迁出，亦无证据证明二再审申请人曾放弃在该村集体经济组织生产、生活，也无证据证明其已在其他农村集体经济组织享受成员待遇。鉴于此，再审被申请人将村两委出具常住户证明作为认定二再审申请人是否属于《44 号批复》第 1 条第 5 项规定情形的决定性标准，欠缺相关事实根据及法律依据，对二再审申请人不予安置房登记构成主要证据不足。一审、二审法院以二再审申请人未提供村两委出具的常住户证明为由认定属于《44 号批复》第 1 条第 5 项规定的情形，进而判决驳回二再审申请人的诉讼请求及上诉，构成认定事实错误，依法应予纠正。

综上所述，达某某、张某甲提出的再审主张部分成立，一审、二审判决认定事实错误，均应依法撤销。本案现有证据倾向于支持达某某、张某甲请求互助土族自治县政府登记安置房的理由成立，但由于涉及《44 号批复》第 1 条第 5 项的适用，尚难以得出相关事实和法律条件确实皆已具备的结论，故宜由互助土族自治县政府重启行政程序，经进一步调查、裁量后再作决定。据此，依照《行政诉讼法》第72条、第89条第1款第2项及《行政诉讼法解释》第91条、第119条第1款之规定，判决撤销一审、二审判决，互助土族自治县政府于本判决生效之日起2个月内对达某某、张某甲的安置房登记申请重新作出处理。

【裁判摘要评析】

本案诉讼系因再审申请人达某某、张某甲认为再审被申请人互助土族自治县政府未依法对其登记安置房而提起。达某某、张某甲认为其符合登记安置房条件，但互助土族自治县政府在复核工作中将其排除在安置房登记之外。故本案诉讼的争议焦点是互助土族自治县政府是否应当对达某某、张某甲履行安置房登记的法定职责。

对本案争议的处理，须首先明确本案的诉讼类型。不同的诉讼类型决定了不同的裁判方式。诉讼类型确定准确，裁判方式才能得当，才能有效回应当事人诉讼请求，实质化解行政争议。在诉讼类型上，本案诉讼属于履行法定职责之诉，即请求判令行政机关作出特定行政行为的诉讼。该种诉讼之所以被提起，往往是因为公民、法人或其他组织认为其事实状态符合行政机关作出其所申请的行政行为的条件，但行政机关在此前的行政程序中明示拒绝、逾期未作处理或行政机关作出的行政行为未达到预期，主张其合法权益受到了侵犯。由此，公民、法人或其他组织请求行政机关履行法定职责的理由是否成立为该种诉讼审理和裁判的根本关注点，行政机关在形式上是否对申请作出了处理位居其次。解决本案争议，核心是审查达某某、张某甲请求互助土族自治县政府为其登记安置房的理由是否成立，即其是否符合安置房登记条件。互助土族自治县政府通过红崖子沟乡政府作出的答复，拒绝了达某某、张某甲的安置房登记申请。尽管互助土族自治县政府在形式上对达某某、张某甲的申请作出了处理，但由于在实质上未予认可，故依照《最高人民法院关于规范行政案件案由的通知》① 的

---

① 《最高人民法院关于行政案件案由的暂行规定》于2020年12月7日由最高人民法院审判委员会第1820次会议通过，自2021年1月1日起施行，《最高人民法院关于规范行政案件案由的通知》（法发〔2004〕2号）同时废止。

规定精神，对达某某、张某甲而言，该县政府仍然构成不作为，即不履行补偿安置法定职责。

对于履行法定职责之诉，《行政诉讼法》及《行政诉讼法解释》规定了较为明确的裁判方式。依照《行政诉讼法》第69条的规定，若公民、法人或其他组织申请行政机关履行法定职责的理由不成立，则可判决驳回公民、法人或其他组织的诉讼请求；依照《行政诉讼法》第72条的规定，若理由成立，则可判决行政机关在一定期限内履行法定职责；依照《行政诉讼法》第74条第2款第3项的规定，若判决履行法定职责没有意义，则可判决确认违法。由于该种诉讼之前的行政程序通常系因公民、法人或其他组织的申请而启动，行政机关对作出其所申请的行政行为所应具备的事实和法律条件的调查认定可能并不完善，相关事实和法律状况可能并不十分清晰明确，在诉讼中亦可能难以对公民、法人或其他组织请求行政机关履行法定职责的理由是否成立确定性地作出是或否的判断，宜由行政机关重启行政程序作进一步调查和裁量后，再作处理。对于这种情况，《行政诉讼法解释》第91条规定，判决行政机关对公民、法人或其他组织的请求重新作出处理。

对本案争议的处理，需结合《44号批复》第1条第4项和第5项的规定，按照履行法定职责之诉的裁判方式作出裁判。在逻辑关系上，《44号批复》第1条第4项系一般规定，即申请安置房登记的积极条件；《44号批复》第1条第5项则系例外规定，即不予安置房登记的消极情形。达某某、张某甲的户籍在互助土族自治县红崖子沟乡下寨村，其在提起本案诉讼时提交的常住人口登记卡、农村土地承包经营权证、农村土地承包合同书等证据材料，在一定程度上能够证明二再审申请人在该村集体经济组织生产、生活，进而符合《44号批复》第1条第4项规定的安置房申请条件。换言之，从正面看，本案现有证据倾向于支持达某某、张某甲请求互助土族自治县政府为其登记安置房的理由是否成立。对于达某某、张某甲是否属于《44号批复》第1条第5项规定的“空挂户”情形，互助土族自治县政府将村两委出具常住户证明作为作出认定的决定性标准，欠缺相关事实根据及法律依据。但这只是否定了互助土族自治县政府可不予安置房登记的一种情形，至于达某某、张某甲是否不存在该项“婚嫁后户口未迁出的人员属于易地居住、空挂户口，应尽快办理迁出手续，不享受任何优惠政策”规定的其他情形，目前尚难以得出确定性的结论。因此，在裁判方式的选择上，不宜直接判决互助土族自治县政府对达某某、张某甲履行安置房登记的法定职责，宜依照《行政诉讼法解释》第 91 条的规定，判决该县政府对达某某、张某甲的安置房登记申请重新作出处理，依法保障达某某、张某甲在补偿安置中的基本居住权益。

最高人民法院再审合议庭成员：李纬华　夏建勇　刘平

（编写人：李纬华*　易旺**　审稿人：韩德强）

---

* 李纬华，法学博士，中华人民共和国最高人民法院第六巡回法庭，三级高级法官。

** 易旺，法学博士，中华人民共和国最高人民法院第六巡回法庭，二级高级法官助理。

郝某某
诉
山西省太原市迎泽区人民政府
征收房屋案

——未办理产权登记但已向开发商支付购房款并实际占有、使用房屋的购房人与房屋征收行为之间具有利害关系

【裁判摘要】

向开发商支付购房款并已实际占有、使用房屋的购房人，即使该房屋未办理产权登记，房屋征收部门亦应当认可其对房屋所拥有的合法权益。房屋征收行为对其权利义务产生直接影响，其与房屋征收行为之间存在利害关系，具有提起行政诉讼的原告主体资格。

【案件基本信息】

1. 诉讼当事人

再审申请人（一审原告、二审上诉人）：郝某某

被申请人（一审被告、二审被上诉人）：山西省太原市迎泽区人民政府（以下简称迎泽区政府）

2. 案件索引与裁判日期

一审：山西省阳泉市中级人民法院（2017）晋03行初376号裁定（2017年11月28日）

二审：山西省高级人民法院（2018）晋行终428号裁定（2018年8月15日）

再审：最高人民法院（2019）最高法行申1125号裁定（2019年6月24日）

3. 案由

征收房屋

【简要案情】

2017年4月5日，迎泽区政府作出房屋征收决定，并于同日作出征收公告和征收补偿方案。郝某某所诉房屋位于征收范围内，但该房屋并未取得合法有效的产权证明。郝某某提起诉讼，请求确认迎泽区政府作出的被诉房屋征收决定违法并依法予以撤销。

一审法院认为，《国有土地上房屋征收与补偿条例》第2条将国有土地上房屋征收的被征收人确定为房屋所有权人。郝某某所提证据并不能证实其对涉诉房产具有合法的房屋所有权。在房屋征收管理活动中只有房屋所有权人与房屋征收及其相关行政行为具有法律上利害关系。郝某某在房屋征收法律法规体系中不具有利益保护的请求权基础，其作为本案原告主体并不适格。一审法院裁定驳回郝某某的起诉。

郝某某不服一审裁定，提起上诉。

二审法院认为，本案的核心问题是郝某某是否具有原告主体资格。《国有土地上房屋征收与补偿条例》第1条和第2条将被征收人确定为房屋所有权人。根据这一立法目的，参照其他省、市的一些地方性立法，房屋征收法律关系中的被征收人应当是指房屋所有权人，还包括具有物权性质的公有房屋承租人。其他房屋承租人、违法建筑的实际占有人、非法转让的房屋买受人等都不能成为征收法律关系的被征收人。郝某某是否是房屋征收法律关系中的被征收人，取决于其是否为涉诉房屋的所有权人。诉讼中，郝某某提供了与开发商签订的购房合同，用以证明其是房屋所有权人。二审法院认为，郝某某仅提供售房合同，不足以证明其是涉诉房屋的所有权人，郝某某不是房屋征收法律关系中的被征收人，不具有对房屋征收决定提起诉讼的原告资格。一审裁定驳回郝某某的起诉正确。郝某某认为，迎泽区政府及其职能部门在作出房屋征收决定前，应当对征收范围内房屋权属状况进行调查认定，在未作调查认定之前，应推定郝某某系涉诉房屋的所有权人。对此，二审法院认为，根据《国有土地上房屋征收与补偿条例》第 24 条第 2 款的规定，市、县级人民政府在作出房屋征收决定前应当对房屋征收范围内未经登记的建筑进行调查、认定和处理，未履行该法定程序，可能导致征收决定程序违法，但并不能由此推断征收范围内所有未经登记的建筑均为合法建筑，所有未经登记建筑的实际占有人使用人均为合法产权人，当然也不能推断出所有未经登记建筑的实际占有人使用人均有权对房屋征收决定提起诉讼。此类主体是否具有对房屋征收决定提起诉讼的原告主体资格，仍需法院根据行政诉讼法关于原告主体资格的相关规定，结合原告提供的证据，依职权作出判断。本案中，涉诉征收范围内大部分房屋没有合法产权证明，其中相当一部分不具有合法交易条件，这也决定了这部分购房人没有也不可能取得合法产权证明。如果严格按照《国有土地上房屋征收与补偿条例》第 24 条第 2 款规定进行调查认定和处理，征收范围内大部分房屋可能面临被认定为违法建筑而无法获得补偿的法律后果。鉴于这种实际情况，本着解决问题，化解矛盾的原则，迎泽区政府在作出房屋征收决定前并未组织相关部门对征收范围内未登记建筑进行调查认定和处理，而是直接针对征收范围内的所有房屋（包括有产权房屋和无产权房屋）制定了相应的补偿标准，并在协商一致的基础上和绝大部分住户签订了征收补偿协议。这种做法，虽不符合法律规定，但没有证据证明对郝某某的合法权益造成不利影响。故郝某某以此为由主张诉权，缺乏事实依据。二审法院裁定驳回上诉，维持一审裁定。

郝某某不服二审裁定，向最高人民法院申请再审。

【案件焦点】

1. 未办理产权登记但已向开发商支付购房款并实际占有、使用房屋的购房人与房屋征收行政行为之间是否存在利害关系；

2. 上述购房人是否具有原告主体资格。

对于上述争议问题，存在两种不同的观点：

第一种观点认为：郝某某系涉案房屋的购买人，已经支付购房款，并已经实际占有、使用该房屋，即使该房屋未办理产权登记，也应当认可其对涉案房屋享有合法权益。房屋征收行为对其权利义务产生直接影响，其与房屋征收行为之间具有利害关系，应当具有原告主体资格。

第二种观点认为：根据《物权法》第 9 条第 1 款和《城市房地产管理法》第 60 条的规定，不动产物权实行登记要件主义。只有依法进行产权登记并取得房屋产权证明，才能作为房屋的合法所有权人。根据《国有土地上房屋征收与补偿条例》第 2 条的规定，征收国有土地上的房屋，应当对被征收房屋的所有权人给予公平补偿。因房屋实际占有人无法提交产权证明，不能证明其是房屋的所有权人，因此其与被诉房屋征收行为没有利害关系，不具有原告主体资格。

【裁判结果】

最高人民法院经审理认为，本案的争议焦点为郝某某是否具有原告主体资格。本案中，郝某某与开发商签订购房合同并支付购房款，购买了案涉房屋并实际居住多年，虽未经登记机关予以产权登记，但在没有证据排除案涉房屋归郝某某实际拥有的情况下，应当认可郝某某对案涉房屋的实际所有者地位。迎泽区政府于 2017 年 4 月 5 日作出并公告被诉房屋征收决定，郝某某购买并实际居住多年的案涉房屋位于征收范围内，被诉房屋征收决定将会直接影响郝某某的权利义务。故郝某某与被诉房屋征收决定具有法律上的利害关系，具有提起本案诉讼的原告主体资格。一审法院裁定驳回起诉、二审法院予以维持，属于适用法律错误，依法应予纠正。裁定本案指令山西省高级人民法院再审。

【裁判摘要评析】

一、房屋所有权人的界定

《国有土地上房屋征收与补偿条例》第 2 条规定："为了公共利益的需要，征收国有土地上单位、个人的房屋，应当对被征收房屋所有权人（以下称被征收人）给予公平补偿。"从该条文来看，被征收人被明确为被征收房屋的所有权人，但对于何为"房屋所有权人"，《国有土地上房屋征收与补偿条例》并没有予以明确界定。对于所有权，我国民事法律规范有比较明确的规定。《民法总则》第 114 条规定："民事主体依法享有物权。物权是权利人依法对特定的物享有直接支配和排他的权利，包括所有权、用益物权和担保物权。”[①]《民法通则》第71条对所有权规定了四项内容：“财产所有权是指所有人依法对自己的财产享有占有、使用、收益和处分的权利。”[②]《物权法》的规定与《民法通则》的规定基本一致，仍沿用《民法通则》四项内容的规定。《物权法》第39条规定：“所有权人对自己的不动产或者动产，依法享有占有、使用、收益和处分的权利。”[③] 依照上述规定，所有权属于物权的一种，是对物的支配权，而房屋的所有权则是指对房屋全面支配的权利。所有权的上述内容在传统理论上称为所有权的“权能”。虽然大陆法系国家在所有权概念上对所有权权能的规定各有不同，但在理论上通常都认为所有权具有四项基本权能：一是占有权能，即对所有物进行管理或控制的权利；二是使用权能，即对所有物加以利用的权利；三是收益权能，即通过占有、使用等方式取得所有物所生利息（孳息）的权利；四是处分权能，即对所有物依法予以处置的权利。因此，依据上述规定，可以得出，房屋的所有权包括对房屋享有占有、使用、收益和处分的权利。拥有该四项权能的人即为房屋的所有权人。一般来说，完整的房屋所有权必须同时包括上述四项权利。但是，占有、使用和收益权有时会脱离所有权，比如公房承租人对其所承租的公房有占有、使用和收益的权利，但没有所有权。而房屋产权是指房产的所有者按照国家法律规定所享有的权利，也就是房屋各项权益的总和，即房屋所有者对该房屋财产的占有、使用、收益和处分的权利。

在我国，因房产等不动产物权价值重大，事关国计民生和整个社会的稳定，一般将登记作为不动产物权享有和变动的公示方法。如《物权法》第9条第1款规定：“不动产物权的设立、变更、转让和消灭，经依法登记，发生效力；未经登记，不发生效力，但法律另有规定的除外。”第14条规定：“不动产物权的设立、变更、转让和消灭，依照法律规定应当登记的，自记载于不动产登记簿时发生效力。”第17条规定：“不动产权属证书

---

① 现为《民法典》第114条。

② 现为《民法典》第240条：“所有权人对自己的不动产或者动产，依法享有占有、使用、收益和处分的权利。”

③ 现为《民法典》第240条。

是权利人享有该不动产物权的证明。”①《城市房地产管理法》第60条规定：“国家实行土地使用权和房屋所有权登记发证制度。”因此，根据上述规定，房屋产权登记是取得房屋所有权的重要形式要件，即对房屋等不动产的产权实行登记要件主义。而房屋所有权人就是通常意义上的房产证上登记名字的人，也就是拥有占有、使用、收益和处分四项基本权利的人。

二、未办理房产登记的购房人对房屋享有合法权益

根据前述法律规定及理论，房屋的所有权人应当是购买了房屋并且在房地产管理部门办理了房屋产权登记手续的人。从这方面来说，本案中，迎泽区政府与一审、二审法院主张郝某某没有房产证，就不是房屋所有权人的观点似乎有一定道理。但是，在现实生活中，在商品房买卖合同签订后，由于各种原因经常发生买卖双方延迟办理房屋设立和变更登记的情形，而且在实践中还存在开发商在将房屋交付给购房人后，由于验收不合格或没有缴纳土地出让金等原因无法提供完整的产权登记手续，致使购房人迟迟无法办理产权登记手续等情形。为此，2009年《最高人民法院关于审理建筑物区分所有权纠纷案件具体应用若干问题的解释》扩大了业主外延，进一步承认了事实业主。该解释第1条规定：“依法登记取得或者根据物权法第二章第三节②规定取得建筑物专有部分所有权的人，应当认定为物权法第六章③所称的业主。基于与建设单位之间的商品房买卖民事法律行为，已经合法占有建筑物专有部分，但尚未依法办理所有权登记的人，可以认定为物权法第六章所称的业主。”另外，《执行异议复议规定》第28条规定：“金钱债权执行中，买受人对登记在被执行人名下的不动产提出异议，符合下列情形且其权利能够排除执行的，人民法院应予支持：（一）在人民法院查封之前已签订合法有效的书面买卖合同；（二）在人民法院查封之前已合法占有该不动产；（三）已支付全部价款，或者已按照合同约定支

① 现为《民法典》第217条。

② 现为《民法典》物权编第一分编第二章第三节，第229~232条。

③ 现为《民法典》物权编第二分编第六章，第271~287条。以下同。

付部分价款且将剩余价款按照人民法院的要求交付执行；（四）非因买受人自身原因未办理过户登记。”第 29 条规定：“金钱债权执行中，买受人对登记在被执行的房地产开发企业名下的商品房提出异议，符合下列情形且其权利能够排除执行的，人民法院应予支持：（一）在人民法院查封之前已签订合法有效的书面买卖合同；（二）所购商品房系用于居住且买受人名下无其他用于居住的房屋；（三）已支付的价款超过合同约定总价款的百分之五十。”上述解释针对类似问题的规定对本案的处理具有重要参考意义。笔者认为，房屋所有权一般应以房屋产权登记为准，但已向开发商支付购房款并已实际占有、使用房屋的购房人，即使该房屋未办理产权登记，房屋征收部门亦应当认可其对该房屋所拥有的合法权益。主要理由有：

第一，购房人与开发商签订有房屋买卖合同并已经支付购房款。购房人与开发商签订买卖合同的合意，已经形成了债法上的所有权转让的依据，这种依据成为将来物权变动的基础，即作为房屋所有权人的前提条件。值得注意的是，此处的商品房买卖行为主要指购房人与开发商之间的商品房买卖民事法律行为，一般不包括二手房买卖行为。因为二手房买卖较为复杂，房屋可能已经有过登记，也可能没有登记，另外，买卖合同是否已经实际履行，房屋是否已经实际交付，房屋是否已经实际占有和使用等，实践中情形较复杂，不能一概而论，需要法院根据案件的实际情形予以审查认定。因此，本文所讨论的房屋买受人仅指与开发商签订买卖合同的“一手房”购房人。

第二，房屋购买人已经合法占有、使用房屋。开发商已将商品房交付使用，购房人已实际接收并入住所购买的商品房，房屋交付已实际完成，虽然这仅仅是完成了债法意义上的交付，此时购房人还没有办理房屋产权登记手续，但事实上已经实际占有并使用了该房屋，从维护购房人的合法权益角度出发，亦应当承认其对该房屋所享有的合法权益。

第三，尚未依法办理所有权登记不影响购房人对房屋享有的合法权益的行使。购房人可能因上述种种原因尚未依法办理房屋所有权登记，但如果其已经支付购房款，并已经实际占有、使用该房屋，其对该房屋享有的各项合法权益应当予以保护。在这种情况下，房屋被征收，购房人与征收行为之间具有利害关系，其对征收行为有异议，有权通过提起行政诉讼的方式来维护自身合法权益。

三、房屋征收部门在实施征收前应当对房屋情况进行调查登记

《国有土地上房屋征收与补偿条例》第 15 条规定："房屋征收部门应当对房屋征收范围内房屋的权属、区位、用途、建筑面积等情况组织调查登记，被征收人应当予以配合。调查结果应当在房屋征收范围内向被征收人公布。"第 24 条第 2 款规定："市、县级人民政府作出房屋征收决定前，应当组织有关部门依法对征收范围内未经登记的建筑进行调查、认定和处理。对认定为合法建筑和未超过批准期限的临时建筑的，应当给予补偿；对认定为违法建筑和超过批准期限的临时建筑的，不予补偿。"从上述规定来看，房屋征收部门在实施房屋征收前应当对征收范围内的房屋情况进行调查登记，并且要对未登记的建筑物进行调查、认定和处理，这是房屋征收部门必须履行的法定义务，其目的是区分被征收对象的不同情形，给被征收人陈述和申辩的机会，减少不必要的征收纠纷，维护和保障被征收人的合法权益，保证征收工作的顺利进行。权属，顾名思义即是指房屋的归属问题。明确权属是对被征收人进行补偿的前提条件，涉及房屋补偿款的发放对象问题。实践中，由于权属不清而发生纠纷的情况并不少见，为了确保房屋征收的顺利实施，房屋征收部门应当事先对房屋权属情况进行认真调查登记。《城市房屋拆迁工作规程》第 8 条规定："在取得拆迁许可前，拆迁人应当对拆迁范围内房屋情况进行摸底，区分有产权证与无产权证房屋。对于未取得房产证但能够证明该房屋是合法拥有的，由所在地房地产管理部门确认后，依法补偿；对于手续不全或者无产权产籍的房屋，应当经有关部门进行合法性认定后，依据相关法律法规处理；对于存在产权或者使用权（承租权）争议的，应当通过民事诉讼后，按照诉讼结果依法补偿。"该条规定对房屋征收部门如何进行房屋权属调查登记予以明确。另外，根据《国有土地上房屋征收与补偿条例》第15条的规定，房屋征收部门的调查结果应当在房屋征收范围内向被征收人公布。调查结果之所以公布，一是行政公开的必然要求；二是防止房屋征收部门暗箱操作，为某些被征收人牟取不正当利益；三是便于被征收人互相监督，使调查结果更加符合房屋的客观情况。本案中，迎泽区政府在作出房屋征收决定前并未组织相关部门对征收范围内未登记建筑进行调查、认定和处理，即实施房屋征收行为，这种做法不仅影响了被征收人的合法权益，亦与法律法规的规定及精神相悖。

最高人民法院再审合议庭成员：聂振华　袁晓磊　李小梅

（编写人：张雪明*　聂振华**　审稿人：韩德强）

---

* 张雪明，法学硕士，中华人民共和国最高人民法院第四巡回法庭，一级高级法官助理。

** 聂振华，法学博士，中华人民共和国最高人民法院第四巡回法庭，二级高级法官。

林某某
诉
江苏省泰州医药高新技术产业开发区管理委员会、江苏省泰州医药高新技术产业开发区明珠街道办事处撤销补偿安置协议案

——行政协议撤销之诉适用期限制度的审查路径

【裁判摘要】

当事人以行政协议违背真实意思表示提起的行政协议撤销之诉，适用除斥期间制度，超出该期间即丧失撤销权的行使权利。人民法院可依职权主动对除斥期间是否届满进行审查。

【案件基本信息】

1. 诉讼当事人

再审申请人（一审原告、二审上诉人）：林某某

被申请人（一审被告、二审被上诉人）：江苏省泰州医药高新技术产业开发区管理委员会（以下简称泰州高新区管委会）

被申请人（一审被告、二审被上诉人）：江苏省泰州医药高新技术产业开发区明珠街道办事处（以下简称明珠街道办）

2. 案件索引与裁判日期

一审：江苏省泰州市中级人民法院（2018）苏 12 行初 157 号判决（2019 年 6 月 4 日）

二审：江苏省高级人民法院（2019）苏行终 1077 号判决（2019 年 12 月 26 日）

再审：最高人民法院（2020）最高法行申 7048 号裁定（2020 年 9 月 28 日）

3. 案由

撤销补偿安置协议

【简要案情】

2016 年 5 月 26 日，泰州医药高新技术产业开发区拆迁安置管理办公室就涉案项目发布房屋搬迁公告，并制定补偿安置实施方案。2016 年 5 月 28 日，林某某所拥有的涉案房屋经评估公司评估，实测建筑面积为 56.46 平方米，补偿评估总额为 53,024 元。

2016 年 6 月 19 日，泰州高新区管委会（甲方）与林某某（乙方）签订涉案补偿安置协议，其中约定：（1）被搬迁房屋的航拍图面积为 56.46 平方米。（2）乙方自愿选择产权调换补偿安置方式。（3）依据评估报告，被搬迁房屋的补偿价为 53,024 元。（4）乙方应于 2016 年 6 月 18 日前搬迁完毕，并将腾空的被搬迁房屋交付给甲方拆除。明珠街道办在协议落款处“镇、街”位置盖章。本案庭审中，泰州高新区管委会明确其是搬迁人，明珠街道办系其委托的实施单位。同日，林某某在房屋验收单上签字并将房屋钥匙交出，拆卸公司亦在房屋验收单上盖章。后林某某在回迁安置房号单上签字。

2017 年 1 月 5 日，林某某以案外人林某与明珠街道办签订的征收补偿协议中涉及的 64.85 平方米房屋归其所有为由提起民事诉讼，要求林某返还不当得利。对此，江苏省泰州市高新区人民法院于 2018 年 1 月 15 日作出生效民事判决，判决林某赔偿林某某房屋评估价和补偿价损失合计 134,242.09 元。

2018 年 12 月 5 日，林某某以涉案补偿安置协议原系空白协议，遗漏 64.85 平方米的房屋面积，属于显失公平，违背其真实意思表示等为由提起本案诉讼，请求撤销该协议。

一审法院于 2019 年 6 月 4 日作出（2018）苏 12 行初 157 号判决，驳回林某某对明珠街道办的起诉，驳回林某某要求撤销涉案补偿安置协议的诉讼请求。二审法院于 2019 年 12 月 26 日作出（2019）苏行终 1077 号判决，驳回上诉，维持原判。林某某不服一审、二审判决，向最高人民法院申请再审。

【案件焦点】

1. 被诉补偿安置协议是否存在法定的可撤销情形；

2. 林某某提起本案之诉是否已超过撤销权的行使期限。

【裁判结果】

最高人民法院经审理认为，《关于审理行政协议案件若干问题的规定》第10条第2款规定，原告主张撤销、解除行政协议的，对撤销、解除行政协议的事由承担举证责任。第14条规定，原告认为行政协议存在胁迫、欺诈、重大误解、显失公平等情形而请求撤销，人民法院经审理认为符合法律规定可撤销情形的，可以依法判决撤销该协议。《合同法》第55条第1项[①]规定，具有撤销权的当事人自知道或者应当知道撤销事由之日起一年内没有行使撤销权的，撤销权消灭。根据上述规定，当事人以行政协议违背真实意思表示主张撤销行政协议的，应当对行政协议存在法定的可撤销情形承担举证责任。同时，当事人行使撤销权应当在除斥期间届满前行使，超出该期间即丧失行使撤销权的权利。人民法院可依职权主动对除斥期间是否届满进行审查。本案中，经原审法院查明，林某某于2016年6月19日与泰州高新区管委会签订涉案补偿安置协议，其中载明被搬迁房屋的航拍图面积为56.46平方米。林某某于签约当日即在房屋验收单上签字并将房屋钥匙交出，后在回迁安置房号单上签字。由上述事实可知，涉案补偿安置协议应系协议双方经过协商后自愿达成，且已实际履行。林某某主张该协议签订时系空白协议，违背其真实意思表示，但并未提供证据予以证明。同时，林某某在签订协议时即应知晓该协议所涉房屋补偿面积等内容，其于2018年12月5日提起本案撤销协议之诉，亦已超过上述法律规定的一年除斥期间。此外，对于林某某主张的64.85平方米房屋部分的安置补偿利益，其已通过民事诉讼取得相应的补偿款。林某某若认为其尚有其他安置补偿利益未予实现，可另行救济解决。因此，裁定驳回林某某的

---

① 现为《民法典》第152条第1款："有下列情形之一的，撤销权消灭：（一）当事人自知道或者应当知道撤销事由之日起一年内、重大误解的当事人自知道或者应当知道撤销事由之日起九十日内没有行使撤销权；（二）当事人受胁迫，自胁迫行为终止之日起一年内没有行使撤销权；（三）当事人知道撤销事由后明确表示或者以自己的行为表明放弃撤销权。"以下同。

再审申请。

【裁判摘要评析】

一、行政协议撤销之诉的识别标准

行政合同的本质，就是以一致的意思表示设立、变更、消灭行政法上的权利义务关系。[①] 2014 年修正的《行政诉讼法》首次将行政协议纳入行政诉讼的受案范围，目的在于发挥行政诉讼合法性审查的价值功能，克服以往通过民事诉讼解决行政协议争议的局限，促进协议纠纷的实质性化解。根据《关于审理行政协议案件若干问题的规定》第 14 条规定，当事人认为行政协议存在胁迫、欺诈、重大误解、显失公平等情形，有权提起撤销协议之诉。对行政协议案件的司法审查以对行政协议案件类型的准确识别为基础。

行政协议撤销之诉的识别标准主要在于：第一，撤销权的行使主体限于行政协议的相对人。虽然行政协议在性质上为公法关系，但其同样是协议各方主体在法律之下自由协商的结果。赋予当事人对行政协议的撤销权，目的在于对协议相对人未能基于真实意思表示处分自身权利义务的救济。第二，撤销事由限于欺诈、胁迫等法定的可撤销情形。行政协议的订立必须以行政机关与行政相对人共同协商一致为前提。当事人要求撤销行政协议，必须通过向法院提起诉讼的方式，由法院对当事人提出的撤销事由是否符合法定的可撤销情形予以审查、裁判。第三，针对行政协议的订立阶段而提起。《关于审理行政协议案件若干问题的规定》对行政协议案件进行了类型化区分，将行政协议从订立、履行、变更、终止的各个阶段均纳入行政诉讼的受案范围。如当事人系对后续协议阶段存有异议，则不能归于撤销协议之诉的范畴。

本案中，泰州高新区管委会出于涉案项目建设需要，与林某某签订涉案补偿安置协议，符合公共利益目的。该协议内容包含行政法上的权利义务，应当认定为行政协议。林某某作为协议相对人，以协议签订违背其真

---

① 参见江必新：《浅谈中国行政合同法律制度——体系、内容及其构建》，载《中外法学》2012 年第 6 期。

实意思表示为由提起本案诉讼，要求撤销该协议，属于行政协议撤销之诉。

二、行政协议撤销之诉适用除斥期间制度

行政协议兼具行政性与合同性的双重特征，通过行政诉讼解决行政协议纠纷，在适用行政法律规范的同时，仍须以民事法律规范为参照。《关于审理行政协议案件若干问题的规定》第25条采用“两分法”对行政协议案件所适用的期限制度进行了类型化区分。其中，当事人基于协议的合同性提起履约之诉的，适用民事法律规范关于诉讼时效的规定；当事人基于协议的行政性提起撤销行政优益权行为之诉的，适用《行政诉讼法》及其司法解释关于起诉期限的规定。撤销协议之诉不涉及协议的“行政性”特征，故不适用行政诉讼关于起诉期限的规定。参照民事法律规范的有关规定，撤销协议之诉属于形成之诉的范畴，应适用除斥期间制度，即协议撤销权必须在除斥期间届满前行使。

所谓除斥期间，是指法律对于某种权利所预定之存续期间，即因时间之经过，当然使其权利消灭之期间。[①] 相较于起诉期限，除斥期间具有以下几方面的特征：第一，从期限的可变性来看，除斥期间与起诉期限均为不变期间。根据《民法典》第199条，除斥期间不适用中止、中断和延长的规定。第二，从设置目的来看，除斥期间与起诉期限均倾向于通过督促当事人及时行使权利，尽快消除法律关系的不确定状态，保护社会公共利益。第三，从法律效果来看，除斥期间届满后撤销权人不再具有撤销权，起诉期限届满后当事人丧失诉权，法院不再受理其起诉。

除斥期间是否届满，属于人民法院依职权主动审查的范围。原因主要在于，除斥期间届满，当事人无权再提起撤销协议之诉。根据保护规范理论，当事人具有公法上的权利和利益，是行政法上请求权产生的原因，也是取得诉权的前提。[②] 对于行政协议而言，撤销权属于实体权利，但必须在权利的存续期间即除斥期间内行使。除斥期间届满，撤销权本身消灭。如当事人在除斥期间届满后再行要求通过诉讼方式行使该权利，即已丧失请求权基础。同时，从诉的利益角度，如当事人行使撤销权已超过除斥期

---

① 参见黄立：《民法总则》，中国政法大学出版社2002年版，第497页。

② 参见程琥：《行政法上请求权与行政诉讼原告资格判定》，载《法律适用》2018年第11期。

间，即使经法院审查其提出的撤销事由符合法定的可撤销情形，亦无权改变现有的法律关系，其起诉不具有实体裁判的必要性。本案中，一审法院依职权主动对林某某行使行政协议撤销权是否超过除斥期间进行审查，并无不当。

三、除斥期间是否届满的审查路径

（一）除斥期间是否届满的举证责任分配

根据《关于审理行政协议案件若干问题的规定》第 10 条第 2 款的规定，原告主张撤销、解除行政协议的，对撤销、解除行政协议的事由承担举证责任。据此，撤销协议案件适用民事诉讼“谁主张，谁举证”的举证责任分配原则，并采用客观证明责任标准，即当作为裁判基础的要件事实真伪不明时，基于预先设定的分配规则由负有举证责任的一方承担不利的法律后果。[①] 如前所述，除斥期间是否届满决定当事人是否有权提起撤销协议之诉，属于法院主动审查的范围。因此，当事人就撤销事由承担的举证责任，不仅包括撤销事由的存在，还应当包括基于该事由行使撤销权是否超出除斥期间。如当事人未能就撤销事由的存在及除斥期间届满情况提交证据，则其起诉不具有事实根据。

（二）除斥期间是否届满的主要考量因素

根据《合同法》第 55 条第 1 项的规定，具有撤销权的当事人自知道或者应当知道撤销事由之日起一年内没有行使撤销权的，撤销权消灭。对是否超过撤销权行使期限的判断，主要在于审查确定除斥期间的起算时点，具体可以从以下三个方面进行考察：

第一，看撤销事由本身是否成立。对除斥期间起算时点的判断首先依附于对撤销事由本身是否成立的判断。如当事人提出的撤销事由并不足以影响其作出真实意思表示，或当事人未能举证证明撤销事由的存在，则该撤销事由本身即不能成立。第二，看撤销事由在协议签订时是否明知。如当事人提出的撤销事由在协议订立时即已知晓或包含在协议约定中，则应以协议签订时点作为除斥期间的起算时点。第三，看协议内容的实际履行

① 参见张卫平：《程序公正实现中的冲突与衡平——外国民事诉讼研究引论》，成都出版社 1993 年版，第 221 页。

情况。在行政协议已实际履行的情况下，当事人嗣后主张撤销协议，应当举证证明该撤销事由在协议签订时并不知晓或不应知晓，否则除斥期间仍宜从协议签订日起算。

具体到本案中，首先，林某某主张涉案协议签订时系空白协议，但并未对此提交证据加以证明，因此其该项主张不能成立。其次，林某某主张涉案协议在签订时遗漏房屋面积，违背真实意思表示。经查，涉案协议中已载明所涉房屋的面积为56.46平方米，故林某某在签订该协议时已足以据此判断是否存在遗漏房屋面积的情形。最后，林某某于签约当日即在房屋验收单上签字并将房屋钥匙交出，后在回迁安置房号单上签字。可见，涉案补偿安置协议应系协议双方经过协商后自愿达成。据此可知，本案一审法院以协议签订时作为除斥期间的起算时点，具有事实根据。林某某于2016年6月19日与泰州高新区管委会签订涉案协议，后于2018年12月5日向原审起诉，请求撤销该协议，确已超过撤销权的行使期限。

（三）除斥期间届满的裁判方式选择

行政协议纳入行政诉讼的受案范围，意味着行政协议诉讼的提起亦应符合《行政诉讼法》规定的起诉条件，否则应当裁定不予立案或驳回起诉。因此，行政协议案件亦非必须通过实体判决，也可以适用裁定方式结案。从诉讼构造的角度，诉权行使的过程可以划分为起诉要件、诉讼要件、权利保护要件三个阶段。[①] 其中，起诉要件强调的是当事人提起诉讼所需要具备的要件，而诉讼要件则是案件要获得法院裁判所需要具备的要件。

第一，在起诉要件的审查阶段。由于立案阶段法院只能对原告提交的起诉书及证据进行审查，除非当事人未举证证明撤销事由的存在，或其起诉材料已反映该撤销事由明显超过除斥期间，其他情形均宜在登记立案后，通知被告提交答辩意见，进一步审查除斥期间的届满情况，而不宜直接裁定不予立案。

第二，在诉讼要件的审查阶段。如果综合原、被告双方的诉辩意见能

---

① 参见［日］中村英郎：《新民事诉讼法讲义》，陈刚、林剑峰、郭美松译，法律出版社2001年版，第151~152页。

够认定除斥期间已经届满，此时仍然可以裁定驳回当事人的起诉，而无须进入实体审查，对此本院已有判例。① 但是，由于对除斥期间的判断往往依附于对撤销事由本身的实体判断，如在该阶段仍无法判断除斥期间的届满情况，从保护当事人合法权益的角度，更宜进一步作实体审理，而不应以欠缺诉讼要件裁定驳回起诉。

第三，在权利保护要件的审理阶段。在该阶段，如经法院审理，当事人行使撤销权确已超过除斥期间，从实质解决争议和提高审判效率的角度，仍宜直接作出实体裁判。本案中，原审法院经对林某某提出的撤销事由是否成立及是否超过除斥期间予以实体审查，认定其提出的撤销事由不能成立，并已超过一年的除斥期间，故判决驳回林某某要求撤销协议的诉讼请求，并无不当。

四、其他需要说明的问题

对行政协议撤销之诉的司法审查，应当将保障行政协议稳定性和行政管理目标的实现作为重要的考量因素，不应轻易否定协议的效力。原因主要在于，行政协议具有公权力的性质，涉及国家、公共利益。行政诉讼对行政协议案件的审理，其首要目的即在于通过监督行政机关依法行政，保障行政协议中行政管理或者公共服务目标的实现。其次是在不损害公共利益的前提下，通过判决行政机关采取补救措施、承担赔偿、补偿责任等以最大限度地保护协议相对人的合法权益。

本案中，林某某对涉案安置补偿协议的主要异议，系认为其另有 64. 85 平方米房屋未包含在涉案协议中。经查，该 64. 85 平方米房屋与涉案补偿安置协议所涉及的 56. 46 平方米房屋并非同一处房屋，本案并不属于对同一房屋存在面积认定错误的情形。且对于该 64. 85 平方米房屋部分的安置补偿利益，林某某已通过民事诉讼取得相应的补偿款。在此情况下，如林某某认为其尚有其他安置补偿利益未予实现，可另行通过提起履行之诉等方式救济解决，本案不应以此否定涉案协议的效力。本院在再审审查过程中，对

---

① 参见衡阳市远洋航运置业有限公司诉湖南省衡阳市人民政府、湖南省衡阳市石鼓区人民政府行政协议及行政赔偿案，最高人民法院（2020）最高法行申 1475 号行政裁定书。

当事人正确行使救济权利进行了引导，既有利于保护协议相对人的合法权益，促进协议争议的实质化解，也有利于保障协议效力的稳定性和行政管理目标的实现。

最高人民法院再审合议庭成员：王岩　汪鸿滨　蔚强

（编写人：王岩*　王勇**　审稿人：韩德强）

---

* 王岩，法学博士，中华人民共和国最高人民法院第三巡回法庭，三级高级法官。

** 王勇，法律硕士，中华人民共和国最高人民法院第三巡回法庭，二级法官助理。

山西金创商务代理有限公司
诉
山西省吕梁市离石区人民政府
拆除房屋、拍卖机器案

——行政机关涉公产处分批复的可诉性审查

【裁判摘要】

1. 行政机关作出的同意拆除公有房屋的批复，在性质上属于就房屋处分事项作出的具有法律效力的决定，至于是何主体具体实施了拆除这一事实行为，并不影响作为法律行为的批复对房屋的处分效力，当事人请求确认拆除房屋违法，该诉讼请求可以认为包括了对行政机关所作批复的异议，批复构成行政案件的诉讼标的。

2. 行政机关针对国有企业改制作出的各类批复，不宜当然认定为可诉或不可诉，而仍应考察其是否会对公民、法人或者其他组织的权利义务产生实际影响。

3. 特定行政行为是否实际影响了公民、法人或者其他组织的权利义务，以及具体影响的程度等，往往需要通过实体审理方能确定。故特定行政行为如果存在对公民、法人或者其他组织的权利义务产生实际影响的可能性，即具备了进入实体审理的必要条件之一。

【案件基本信息】

1. 诉讼当事人

再审申请人（一审原告、二审上诉人）：山西金创商务代理有限公司（以下简称金创商务代理公司）

被申请人（一审被告、二审被上诉人）：山西省吕梁市离石区人民政府（以下简称离石区政府）

2. 案件索引与裁判日期

一审：山西省吕梁市中级人民法院（2015）吕行初字第96号裁定（2015年12月28日）

二审：山西省高级人民法院（2016）晋行终215号裁定（2016年7月28日）

再审：最高人民法院（2020）最高法行再67号裁定（2020年11月2日）

3. 案由

拆除房屋、拍卖机器

【简要案情】

离石区①热电厂为国有企业。该厂曾以其所有的房屋、机器作抵押，向原中国工商银行山西省离石县支行多次借款，且未能按约偿还。之后几经转让，金创商务代理公司取得了该笔债权。2010年9月25日，山西省吕梁市离石区人民法院作出（2010）离民二初字第327号判决，判决离石区热电厂限期支付金创商务代理公司借款本金4,935,000元及利息。2011年离石区热电厂改制，职工代表大会通过吕梁市离石区热电厂改制方案。改制方案就资产处置作出规定：由国资委组织相关部门对企业库存实物及设备进行清查核实，聘请中介机构估价；国资委向离石区政府报告评估结果，提出资产处置预案，报离石区政府审定，按照区政府授权，协调相关部门落实资产处置工作。2011年12月14日离石区政府对离石区热电厂企业改制有关问题作出批复，同意吕梁市离石区热电厂改制方案，其中包括同意按法定程序拆除地表公有建筑物。2011年冬季，离石区热电厂的房屋被拆除。2011年12月27日，离石区财政局对离石区热电厂的机器委托拍卖，拍卖成交款收归财政。金创商务代理公司认为离石区政府在未与其协商的情况下，即组织拆除了离石区热电厂全部房屋，拍卖了所有机器，给其造成经济损失，遂向山西省吕梁市中级人民法院提起诉讼，请求确认离石区政府拆除房屋、拍卖机器的行为违法、侵权。

---

① 1996年5月离石撤县设市，离石县改为离石市。2004年6月吕梁地区撤地改市，离石市更名为离石区，属吕梁市管辖。

一审法院于2015年12月28日作出（2015）吕行初字第96号裁定，认为金创商务代理公司所诉确认离石区政府将其抵押物拆除、拍卖的行为为违法行为的诉讼请求，不属于行政案件的受案范围，金创商务代理公司应依据《担保法》等相关法律法规寻求救济，裁定驳回起诉。二审法院于2016年7月28日作出（2016）晋行终215号裁定，认为案涉批复中并没有涉及离石区政府组织实施拆除房屋和拍卖机器的行为，金创商务代理公司也没有提供证据证明离石区政府实施了拆除房屋和拍卖机器的行为，因此金创商务代理公司的诉讼请求没有事实根据，裁定驳回上诉，维持一审裁定。

金创商务代理公司认为二审裁定在认定事实和举证责任分配上均存在错误，向最高人民法院申请再审，请求撤销二审裁定，再审本案。

【案件焦点】

1. 当事人请求确认拆除房屋违法，并未直接针对离石区政府作出的批复提出诉讼请求，案涉批复是否构成本案诉讼标的；

2. 行政机关针对国有企业改制作出的批复，其可诉性如何认定；

3. 在审查案件是否符合起诉条件时，就行政行为对公民、法人或者其他组织的权利义务产生实际影响这一要件的审查强度如何把握。

【裁判结果】

最高人民法院经审理认为，委托拍卖案涉机器的主体是离石区财政局，并非离石区政府，故金创商务代理公司要求确认离石区政府拍卖机器的行为违法，缺乏事实根据。就拆除房屋行为而言，离石区政府作出案涉批复，其中载明“同意按法定程序拆除地表公有建筑物”。金创商务代理公司的诉讼请求实质是要求离石区政府对案涉房屋被拆除的后果承担责任。离石区政府作出的同意拆除房屋的案涉批复，在性质上属于就案涉房屋处分事项作出的具有法律效力的决定，至于是何主体具体实施了拆除这一事实行为，并不影响作为法律行为的批复对案涉房屋的处分效力。故本案金创商务代理公司的诉讼请求可以认为包括了对离石区政府案涉批复的异议，案涉批复构成本案的诉讼标的。

可诉的行政行为必然是可能侵犯公民、法人或者其他组织合法权益的行政行为，也即可能会对公民、法人或者其他组织的权利义务产生实际影响的行政行为。而特定行政行为是否实际影响了公民、法人或者其他组织的权利义务，以及具体影响的程度等，往往需要通过实体审理方能确定。行政机关针对国有企业改制作出的各类批复，不宜当然认定为可诉或不可诉，而仍应考察其是否会对公民、法人或者其他组织的权利义务产生实际影响。本案正是由于离石区政府作出的批复，案涉房屋才最终被拆除，该批复属离石区政府行使行政权的法律行为，对案涉房屋产生了处分效力，进而会对作为利害关系人的金创商务代理公司的利益产生实际影响，因而可以认定为可诉的行政行为，离石区政府亦属本案适格被告。一审、二审法院分别裁定驳回起诉、驳回上诉，确有错误。综上所述，裁定撤销一审、二审裁定，指令一审法院继续审理。

【裁判摘要评析】

本案当事人金创商务代理公司的诉讼请求之一为确认离石区政府拆除房屋的行为违法。一审认为金创商务代理公司的诉讼请求不属于行政诉讼受案范围，二审认为金创商务代理公司的诉讼请求缺乏事实根据，最终裁定驳回金创商务代理公司的起诉。最高人民法院经再审后裁定撤销一审、二审裁定，指令一审法院继续审理。最高人民法院这一裁判结果实际涉及三方面问题。

一、关于对诉讼请求的理解及诉讼标的的框定

金创商务代理公司认为其对案涉房屋享有抵押权，而离石区政府在未与其协商的情况下，即组织拆除了案涉房屋，给其造成了经济损失，请求确认离石区政府组织拆除房屋的行为违法。二审法院认为离石区政府仅是作出同意拆除房屋的批复，该批复中并不包括具体实施拆除房屋行为的内容，亦无证据证明离石区政府具体实施了拆除房屋行为，遂以缺乏事实根据为由维持了一审驳回起诉的裁定结果。从表面上理解，金创商务代理公司的起诉系针对离石区政府组织拆除房屋的行为，拆除房屋行为在性质上属于事实行为，如果将金创商务代理公司的诉讼请求局限在具体的拆房行为层面，则二审法院的处理似无不当。另外，金创商务代理公司之所以围绕案涉房屋提起诉讼，乃是因为其主张对案涉房屋享有抵押权，而拆除房屋的行为导致其主张享有的抵押权灭失，进而给其造成了经济损失。就此而言，如果对金创商务代理公司的诉讼请求作更深一层的理解，则可以认为金创商务代理公司意欲要求离石区政府对其所主张的经济损失承担责任。在此基础上，便需要进一步考察离石区政府与金创商务代理公司的经济损失间是否存在实质联系，从而确定本案金创商务代理公司针对离石区政府的起诉是否具有作为行政诉讼起诉条件之一的事实根据。

本案中，金创商务代理公司并未提供证据证明离石区政府具体实施了拆除房屋行为，离石区政府在诉讼中亦否认其具体实施了该行为。离石区政府与案涉房屋之间的联系，在于其作出了同意拆除房屋的批复。案涉房屋属于作为国有企业的离石区热电厂的财产，在性质上属于公产。离石区热电厂如是在正常经营范围内处置作为公产的案涉房屋，如对外出租、设定抵押等，则属企业日常经营行为，一般不需报请有权行政机关审批。但对拆除的案涉房屋行为则超出了企业日常经营行为的范畴，未经有权行政机关批准，离石区热电厂不得擅自实施。故离石区热电厂在其上报的企业改制方案中包括了对案涉房屋的处置内容。离石区政府经审核后作出同意拆除房屋的批复，在性质上属于就案涉房屋处分事项作出的具有法律效力的决定，该批复的最终后果即是导致案涉房屋被拆除。至于是何主体具体实施了拆除这一事实行为，并不影响作为法律行为的批复对涉案房屋的处分效力。按此逻辑，即可以认为离石区政府因作出案涉批复而与金创商务代理公司所主张的经济损失间存在实质联系，金创商务代理公司的诉讼请求实则包括了对离石区政府案涉批复的异议，案涉批复也即可以构成本案的诉讼标的。实际上，二审法院在其裁判理由中已经对案涉批复作了一定程度的审查分析，遗憾的是其未能对金创商务代理公司的诉讼请求作更深一层的理解认定，亦未能进一步厘清金创商务代理公司的诉讼请求与案涉批复之间的联系，从而错误地裁定维持一审结果。

在行政诉讼中，对诉讼标的的确定直接关乎起诉是否符合起诉条件，同时也会对实体裁判结果产生实质影响，故而对诉讼两造均具有重要意义。就人民法院而言，考虑到实践中提起行政诉讼的原告方一般诉讼能力相对偏弱，对自身诉讼请求的表达和阐述难免有失精准妥当，本着坚持以人民为中心的指导思想，从更好保护公民、法人或其他组织合法权益，注重实现实质正义的角度出发，在必要情况下可对原告诉讼请求作出合理程度的实质认定，而非简单局限于原告方的诉状或口头表达，从而确保更加准确框定诉讼标的，更好把握原告方实质诉求。

二、关于行政机关针对国有企业改制类批复的可诉性

在行政诉讼领域，行政行为的可诉性至少包括三方面含义，一是对该行政行为的行政相对人而言，其得针对该行政行为向法院提起行政诉讼，法院不得以不属受案范围为由拒绝受理；二是对法院而言，如果相对人的起诉同时符合其他起诉条件，法院得（必须）对被诉行政行为依法进行审查；三是对作出该行政行为的行政机关而言，其必须就该行政行为接受法院的司法审查，而不得以不属受案范围为由进行抗辩。[①] 举凡存在行政诉讼制度的国家、地区，尚无将所有行政行为均纳入司法审查的制度设计，司法对行政行为进行有限范围的审查可谓行政诉讼之基本规律之一。根据《行政诉讼法》第2条第1款、第12条、第13条的规定，考察特定行政行为是否属于受案范围，首先须确定其不属于《行政诉讼法》第13条所规定的排除范围。在此基础上，还须进一步考察该行政行为是否会侵犯公民、法人或其他组织的合法权益，也即《行政诉讼法解释》第1条第2款第10项所规定的是否会对公民、法人或其他组织的权利义务产生实际影响。质言之，可诉的行政行为必然是会侵犯公民、法人或其他组织合法权益的行政行为，也即会对公民、法人或其他组织的权利义务产生实际影响的行政行为。

实践中，行政机关针对国有企业改制作出的各类批复，不宜当然认定为可诉或不可诉，而仍应考察其是否会对公民、法人或其他组织的权利义务产生实际影响。如前所述，本案中离石区政府针对离石区热电厂作出的涉国有企业改制的批复构成本案诉讼标的。在此基础上，认定案涉批复是否具备可诉性，还须进一步考察其对金创商务代理公司的权利义务是否会产生实际影响。具体而言，离石区政府针对案涉房屋作出了明确批复，即

---

① 参见郝明金：《论可诉性是行政行为的本质属性》，载《法学论坛》2006年第3期。

同意按法定程序拆除。正是由于离石区政府作出的批复，案涉房屋才最终被拆除，该批复属离石区政府行使行政权的法律行为，对案涉房屋产生了处分效力，并最终导致案涉房屋被拆除，以及金创商务代理公司所主张的对案涉房屋享有的抵押权灭失。由此可见，离石区政府作出的案涉批复会对作为利害关系人的金创商务代理公司的权利义务产生实际影响，因而可以认定为可诉的行政行为。

与此同时，在审查行政机关针对国有企业改制，以及针对国有资产等作出的各类批复是否具备可诉性时，除须考量其是否会对公民、法人或其他组织的权利义务产生实际影响外，还须注重分清行为的性质。如案涉行为是行政机关履行出资人职责的行为，则其在性质上属于民事行为，当然不具备行政诉讼的可诉性；如案涉行为是行政机关行使行政管理职责的行为，在性质上即属于行政行为，符合行政诉讼对审查对象在行为性质上的法定要求。

三、关于起诉条件审查阶段就行政行为对公民、法人或其他组织的权利义务产生实际影响的要件审查强度

现行《行政诉讼法》在保障诉权行使的正当性方面，其制度设计主要是关于起诉条件的规制，不符合起诉条件的，认定为起诉不合法，或不予立案或驳回起诉。根据《行政诉讼法》的相关规定，法定的起诉条件包括原告资格、被告资格、诉讼请求、事实根据、受案范围、管辖等多方面内容。在应然层面，各方面内容之间存在受案范围—原告资格—被告资格—请求权基础—起诉期限的诉讼逻辑排序。① 其中，受案范围是起诉条件审查环节第一顺位的审查要件，如果被诉行为不属于行政诉讼的受案范围，则根本无须进一步讨论原告资格、被告资格、请求权基础等后续要件。

根据《行政诉讼法解释》第 1 条第 2 款第 10 项之规定，对公民、法人或其他组织的权利义务不产生实际影响的行政行为不属行政诉讼的受案范围。除诸如《行政诉讼法》第 13 条所规定的明显不属行政诉讼受案范围的情形外，在受案范围审查环节对特定行政行为是否属于行政诉讼受案范围

① 参见高鸿：《行政诉讼起诉条件的制度与实践反思》，载《中国法律评论》2018 年第 1 期。

的主要争议或者说审查核心往往在于其是否会对公民、法人或其他组织的权利义务产生实际影响。另外，由于我国行政诉讼法并未对起诉要件与诉讼要件进行分层规定，被诉行政行为对公民、法人或其他组织权利义务的影响既是起诉条件中受案范围环节所需审查的要素，也是实体审理中确定对原告方利益保护程度、行政机关承担责任程度等方面所需审查的要素。换言之，在逻辑上法院于一个诉讼程序中需要就被诉行政行为对公民、法人或其他组织权利义务的影响性进行两次审查——即使实践中这两次审查往往合并为一次。有鉴于此，有必要探讨在起诉条件审查环节和实体审查环节，就被诉行政行为的影响性这一要件，如何在审查强度方面作出区分。

前文已述，可诉的行政行为必然是会对公民、法人或其他组织的权利义务产生实际影响的行政行为。这里的“会”产生影响，应该包括两种情形，一是可能产生影响，二是必然产生影响。如果可径行作出“必然产生影响”的判断，则当然无须纠结是否属于受案范围，而是可直接在实体审查环节对影响性进行具体审查判断，此时即属于起诉条件和实体审查两个环节合并的情形。另外，如果不能得出“必然产生影响”的判断，则在起诉条件审查环节，对被诉行政行为影响性的审查强度，在达到可以认定存在可能性时，即告满足。盖因如果在起诉条件审查环节即要求作出行政行为是否必然会产生影响的判断，便可能将那些原本经实体审查后可以确定属于必然产生影响的行政行为，因在起诉条件审查环节不当设置了较高的审查强度而被排除在行政诉讼的受案范围之外。换言之，在起诉条件审查环节如已认定被诉行政行为存在影响公民、法人或其他组织权利义务的可能性时，（在同时满足其他起诉条件的情况下）便应进入实体审查环节对其影响性进行具体审查判断，即使最终经审查后认定并不存在实际影响，此时仍可判决驳回诉讼请求，而不至于出现不当限缩受案范围的情形。比如在本案中，金创商务代理公司认为离石区政府作出的案涉批复侵犯了其合法权益，最高人民法院经审理后认定案涉批复会对金创商务代理公司的利益产生实际影响，实则是认为案涉批复至少存在影响金创商务代理公司权利义务的可能性，故已经满足了起诉条件审查环节对被诉行政行为影响性的审查强度要求，进而裁定指令一审法院继续审理。

实际上,《行政诉讼法》第 12 条所列举的可诉情形，均写明或包含有“公民、法人或者其他组织认为”这一语义限定，也即原告只要“认为”特定行政行为对其权利义务产生了实际影响，便可提起行政诉讼，而后由法院对原告的这一“认为”进行审查判断。“认为”可能成立，得进行实体审理；“认为”不成立，认定不属行政诉讼受案范围。《行政诉讼法》的此种规定，所体现的也是在起诉条件审查环节不宜对被诉行政行为影响性这一要件的审查强度作过高设定的理念，反映出行政诉讼法切实保护诉权的立场。对此，人民法院必须作到正确理解、有效落实。

最高人民法院再审合议庭成员：王振宇　麻锦亮　仝蕾

（编写人：蒋蔚* 审稿人：韩德强）

* 蒋蔚，法学博士，中华人民共和国最高人民法院行政审判庭，二级高级法官助理。

漯河市逢春企业咨询有限公司
诉
河南省漯河市国土资源局
房屋行政登记案

——受让取得权益的债权人不具有撤销之诉原告资格

【裁判摘要】

根据《行政诉讼法》第25条的规定，行政行为的相对人以及其他与行政行为有利害关系的公民、法人或者其他组织，有权提起诉讼。因此，不是行政行为的相对人时，只有与行政行为有利害关系的，才能取得提起行政诉讼的原告资格。这里的与行政行为有利害关系应当指受到行政行为的实际影响，即行政行为实际上处分了其权利义务，包括行政行为增加了其义务或减损了其权利等情形。在当事人提起撤销之诉时，应当以行政行为"作出时"的事实和法律状态为判断基准。只有行政行为作出时，受其影响的主体才具备提起诉讼的资格。如果在行政行为作出后事实发生了变化，那么之后参与的主体及其利益也不是行政机关作出行政行为时所能考虑的对象及利益。

【案件基本信息】

1. 诉讼当事人

再审申请人（二审被上诉人）：漯河市逢春企业咨询有限公司（以下简称逢春企业咨询公司）

被申请人（一审第三人、二审上诉人）：中国中油能源集团股份有限公司

被申请人（一审被告）：河南省漯河市国土资源局

原审第三人：漯河石油销售总公司

原审第三人：漯河石化集团有限公司（以下简称漯河石化集团）

2. 案件索引与裁判日期

一审：河南省许昌市中级人民法院（2016）豫10行初75号判决（2016年10月13日）

二审：河南省高级人民法院（2017）豫行终1347号裁定（2018年12月21日）

再审审查：最高人民法院（2019）最高法行申10680号裁定（2019年11月29日）

3. 案由

房屋行政登记

【简要案情】

漯体改〔1996〕45号文件显示同意以漯河石化销售总公司为核心企业组建漯河石化集团。漯河石化集团漯石化集字〔1997〕第067号文件将漯河石化销售总公司更名为漯河石油销售总公司，原法定代表人、经济性质、隶属关系、债权债务、经营方式不变。漯经贸企〔1999〕025号文件显示同意漯河石油销售总公司出资230万元和其他7家公司共同筹集5600万元人民币，组建漯河石化集团，该集团为母子公司体制。2004年1月12日，漯河石化集团向原河南省漯河市房产管理局（诉讼时已变更为漯河市国土资源局）提供漯体改〔1996〕45号、漯商贸字〔1996〕080号、漯商办字〔1997〕046号、漯经贸企〔1999〕025号等政府文件，申请将中国石化漯河石化销售总公司名下的房产变更到漯河石化集团名下。原河南省漯河市房产管理局经审查认为手续齐全，同意变更，将原房产证收回，为漯河石化集团颁发了0101013120号（办公楼1层554.18平方米）、0101013125号（办公楼2—3层931.5平方米）、0101013121号（办公楼4—6层742.99平方米）房产证；院内平房房产证为0101013123号（121.51平方米）、0101013124号（12平方米）、0101013117号（43.96平方米）、0101013122号（267.02平方米）、0101013118号（150平方米）。

2006年4月29日，本案第三人中国中油能源集团股份有限公司向原河南省漯河市房产管理局提交房屋所有权证、授权委托书、房地产评估报告、法人代表身份证明、收款收据、契税价格申报表、营业执照复印件、协议、股份会决议等材料，申请将漯河石化集团名下的2228.67平方米的办公楼（房产证号为0101013120、0101013121、0101013125）转让给中国中油能源集团股份有限公司。其中：出让人出具收款收据的时间是2006年4月26日；第三人漯河石化集团与中国中油能源集团股份有限公司之间的房产转让协议签订时间是2006年4月29日，且转让协议中成交总价一栏以及其他条款多处为空白，双方代理人均为协议双方的下级王某某。双方的授权委托书明显系一人填写，办理房屋转移登记手续也均为王某某。涉案房屋评估报告形成时间是2006年4月30日。股东会决议上仅有盖章，但没有与会人员的签名。2006年5月11日，原河南省漯河市房产管理局经审查为其办理了01010144282、01010144283、01010144284号房屋所有权证。

1999年11月4日，中国建设银行漯河铁东支行将其对中国石化漯河销售总公司（后更名为漯河石油销售总公司）的债权转让给信达公司。因中国石化漯河销售总公司没有按约偿还借款，信达公司遂向河南省漯河市中级人民法院起诉，申请强制执行。2008年12月16日，信达公司将债权转让给河南投资公司；2011年11月9日，河南投资公司将债权转让给原告李某某。2013年11月2日，河南省漯河市中级人民法院作出（2013）漯法执裁字第30号裁定，将申请执行人变更为李某某。漯河石油销售总公司不服，提出执行异议。2014年4月3日，河南省漯河市中级人民法院作出（2014）漯法执异字第2号裁定，驳回漯河石油销售总公司的执行异议。漯河石油销售总公司不服，又申请复议。2014年7月23日，河南省高级人民法院作出（2014）豫法执复字第32号裁定，驳回漯河石油销售总公司的复议申请。2014年8月25日，河南省漯河市中级人民法院作出（2013）漯行初字第35号判决，认定李某某在诉被告漯河市住房保障和房屋管理局、第三人漯河石油销售总公司、漯河石化集团、中国中油能源集团股份有限公司房屋变更登记及行政赔偿纠纷一案中，具有原告资格。同时认定本案被告为第三人漯河石化集团的变更登记行为没有事实根据，适用法律错误，判决将漯字第0140号房产的所有权人中国石化漯河石化销售总公司变更登记为漯河石化集团的行为（为漯河石化集团颁发 0101013120 号、0101013121 号、0101013122 号、0101013123 号、0101013124 号、0101013125 号、0101013117 号、0101013118 号房屋所有权证的行为）违法，同时驳回了李某某的行政赔偿请求。宣判后，各方均不服，上诉至河南省高级人民法院。河南省高级人民法院经审理于 2014 年 11 月 30 日作出（2014）豫法行终字第 00246 号判决，维持河南省漯河市中级人民法院（2013）漯行初字第 35 号判决。李某某认为已生效的行政判决虽然确认了河南省漯河市住房保障及房屋管理局的变更登记行为违法，但涉案房产依然登记在第三人漯河石化集团名下，且部分房产再次转让，登记在第三人中国中油能源集团股份有限公司名下，不在被执行人名下，对已生效判决的执行形成了阻碍，故诉至法院，请求依法撤销原漯河市住房保障和房屋管理局于 2006 年 5 月 11 日为第三人中国中油能源集团股份有限公司颁发的 0101044283 号房屋所有权证。

河南省许昌市中级人民法院经审理认为，本案转移登记涉及的房屋系漯河石化集团由漯河石油销售总公司名称变更而来，因名称变更登记违反了《城市房地产管理法》第 38 条第 2 项关于房地产权利被依法限制时不得转让的规定，已被河南省漯河市中级人民法院（2013）漯行初字第 35 号判决以及河南省高级人民法院（2014）豫法行终字第 00246 号判决确认违法。第三人漯河石化集团因违法行政行为而取得的财产权不具有合法性，故不应当受到法律的保护，其再次转让的行为亦不具有合法性，同理亦不应受到法律的保护。据此，被诉变更登记行为主要证据不足，颁证行为违法，应予撤销，遂判决撤销了漯河市住房保障和房屋管理局为中国中油能源集团股份有限公司颁发的 0101044283 号房屋所有权证。

中国中油能源集团股份有限公司不服一审判决，向河南省高级人民法院上诉，请求撤销一审判决。

二审法院认为，本案被诉标的是漯河石化集团对登记在其名下的房产再次转移登记的行为，故本案须重新判断李某某及逢春企业咨询公司对再次转移登记的行为是否具有利害关系。针对连续转移登记案件的起诉与受理的问题，二审法院认为，利害关系人对多次转移登记一并提起诉讼的，人民法院应当受理，并先审理第一次转移登记。人民法院判决驳回原告就第一次转移登记提出的诉讼请求，或者确认在先转移登记违法（保留登记效果）的，应裁定驳回原告对后续转移登记的起诉。本案中，李某某所诉前证已经被生效判决确认违法，其法律效果是保留了房屋登记的效力，则李某某及逢春企业咨询公司对后续转移登记的行为的起诉则应被驳回。据此，二审法院判决撤销一审判决，驳回逢春企业咨询公司的起诉。

逢春企业咨询公司不服，向最高人民法院提出再审申请。

【案件焦点】

逢春企业咨询公司是否具有提起本案撤销之诉的原告资格。

【裁判结果】

最高人民法院经审理认为，本案二审过程中，李某某将其对漯河石油销售总公司的债权转让给逢春企业咨询公司。根据原审查明，案涉房屋原权利主体为漯河石化销售总公司，后变更登记到漯河石化集团名下。中国中油能源集团股份有限公司在2006年4月29日提出申请后，原漯河市房产管理局于同年5月11日将漯河石化集团名下2228.67平方米办公楼转移登记至中国中油能源集团股份有限公司名下，并分别颁发了编号为01010144282号、01010144283号、01010144284号的房屋所有权证。根据《行政诉讼法》第25条的规定，行政行为的相对人以及其他与行政行为有利害关系的公民、法人或者其他组织，有权提起诉讼。因此，不是行政行为的相对人时，只有与行政行为有利害关系的，才能取得提起行政诉讼的原告资格。这里的与行政行为有利害关系应当指受到行政行为的实际影响，即行政行为实际上处分了其权利义务，包括行政行为增加了其义务或减损了其权利等情形。因此，只有行政行为确与当事人的权利义务增减得失相关的，当事人权利和法律上利益才有受到行政行为侵害的可能性。而且，行政诉讼的裁判基准时，应当以行政行为作出时的事实和法律状态为判断的基准。只有行政行为作出时，受其影响的主体才具备提起诉讼的资格。如果在行政行为作出后事实发生了变化，那么之后参与的主体及其利益也不是行政机关作出行政行为时所能考虑的对象及利益。本案中，被诉房屋登记行为作出于2006年5月，房屋所有权主体变更前后分别为漯河石化集团和中国中油能源集团股份有限公司，两者均未对房屋变更登记行为提出异议。2011 年 11 月，案外人李某某受让了相关民事主体对漯河石化集团的债权，逢春企业咨询公司在本案二审阶段又从李某某处取得该债权。因此，本案被诉行政行为作出时，案外人李某某及逢春企业咨询公司不是原漯河市房产管理局作出行政行为时应当考虑及保护的对象，案外人李某某及逢春企业咨询公司的权利和法律上利益亦不具有受到被诉行政行为侵害的可能性，其与购得相关不良资产前行政机关已经作出的被诉房屋变更登记行为，不具有利害关系。河南省高级人民法院二审驳回逢春企业咨询公司的起诉，并无不当。逢春企业咨询公司请求启动审判监督程序的主张，不能成立。

【裁判摘要评析】

近年来，我国社会经济快速发展，利益格局不断调整，矛盾纠纷大量涌现，呈现出纠纷主体多元化、利益诉求复杂化和纠纷类型多样化等特点。2015 年 5 月 1 日，自修正后的《行政诉讼法》及立案登记制改革实施以来，行政案件收案数大幅增长，但与此同时，亦有相当数量的诉讼因不符合起诉条件而不能进入司法审查的视野。因此，起诉条件尤其是对原告资格的把握，对权利进入司法救济视野的筛选功能就显得尤为重要。当事人以被诉行政行为违反法律规定为由请求撤销的，其实际是对该行政行为违法以及权利遭受损害提出主张，而对行政行为违法与否的评价和审查就要基于该行为作出之时的事实状态和法律规定为基础。

一、撤销之诉的裁判基准时——作出时

裁判基准时指的是，法院用以判断行政行为的事实状态和法律状态是否合法的时间点。根据原告起诉要求可以将行政诉讼类型分为行政撤销之诉、行政给付之诉和行政确认之诉，对于不同的诉讼类型应当适用不同的规则来确定裁判基准时。

在撤销之诉中，原告提出被诉行政行为违反法律规定、请求撤销的诉讼请求。而时间的经过会使很多权利义务关系发生变化，由于行政行为是针对特定时间上某些主体权利状态产生效力，在这个时间点以后的权利状态和事实状态会发生不同的变化。法院的任务不是判断原告在判决时是否享有实体法上的权利，毕竟在行政行为的撤销诉讼中，原告方面是否在实体法上享有违法处分的撤销权，是存在疑问的。因此，撤销之诉原则上不以判决时为裁判基准时。

由于行政诉讼属于事后审查，而且行政机关作出行政行为只能根据行为时的事实与法律，行政行为作出后即使发生情势变更，也不是行政机关行为当时所能预料到的，所以不能用事后的变更去探讨过去行为的合法性。“在一般行政处分之案件，行政机关于作出行政处分时，原则上应依据作成行政处分时之事实及法律状态，据以决定如何作成处分及其内容。”① 因此，撤销之诉一般应当以行为作出时作为其裁判基准时。笔者认为，这样的认定也是符合司法谦抑原则的。如果法院在审查被诉行政行为的过程中，可以考虑行政行为作出之后的各类情事变化，以此作为审查判断的基础，势必会侵犯行政机关综合行政行为作出时的事实状态和法律规定而作出的初次判断。

二、行政案卷排他规则在本案裁判中的运用

《行政诉讼法》第 26 条第 1 款规定，公民、法人或者其他组织直接向人民法院提起诉讼的，作出行政行为的行政机关是被告。第 34 条第 1 款规定，被告对于作出的行政行为负有举证责任，应当提供作出该行政行为的证据和所依据的规范性文件。第 35 条规定，在诉讼过程中，被告及其诉讼代理人不得自行向原告、第三人和证人收集证据。前述法律规定可以视为行政诉讼案卷主义规则的体现。案卷主义规则是指在行政诉讼中，行政机关只能以行政程序内形成的证据作为证明其行为合法性的证据。案卷主义规则在行政诉讼中是一项非常重要的程序性规则。根据案卷主义的精神，行政机关只能以行政案卷为依据作出行政行为，在行政审判中，行政案卷也应当是审查行政行为合法性的重要依据。这项规则最早被提出，是希望规则的确立能够提高行政机关和人民法院的程序意识，从而达到约束和限制行政权力、保障行政相对人合法权益的目的。但是，行政诉讼兼具主观诉讼和客观诉讼的属性，不仅要实现保护公民权利的功能，还要实现

---

① 陈清秀：《行政诉讼法》，法律出版社 2016 年版，第 671 页。

维护客观法秩序的功能。因此，笔者认为，案卷排他规则不但对行政机关作出行政行为和在行政诉讼中提交证据有规范作用，对人民法院在审理行政案件过程中原告资格的确定也有规范意义。尤其在撤销之诉中，已有行政行为作出，势必存在行政机关在作出被诉行为时形成的一系列证据——行政案卷。如果提起撤销之诉的当事人并非作出被诉行为的行政相对人，或者是行政机关应当考虑的主体，那么其不具有提起撤销之诉的原告资格。

行政案卷，就是行政机关在作出行政行为时所依据的证据、记录、决定等一系列材料。例如在《湖南省行政程序规定》中，将行政案卷表述为“行政执法案卷”，其中第 79 条规定：“行政机关应当建立行政执法案卷”。行政案卷具有排他性是其最典型的本质特征，也是行政案卷价值的突出体现。行政案卷的排他性既体现在行政程序中，也体现在行政诉讼中。在行政程序中，行政案卷是行政机关作出行政决定的唯一依据，行政机关不能依据行政案卷以外的证据作出行政决定。在行政诉讼中，法院根据行政案卷审查行政行为的合法性，除非法律有特别规定，行政机关不得以行政案卷以外的证据来证明其行政行为的合法性。行政案卷材料可以转换为行政诉讼证据。行政案卷材料记载了行政机关作出行政行为的依据，在行政诉讼中，行政机关向法院提交行政案卷材料以证明其作出的行政行为合法，行政案卷材料便成为行政诉讼证据，即行政案卷材料是潜在的行政诉讼证据，具有一定程度的同一性。笔者认为，行政诉讼程序中这一特有的规则，是决定撤销之诉裁判基准时应为行为作出时的理由之一。“通常一个行政处分作出之后，嗣后事实或法律状态之变更，应不影响已经作成之行政处分的合法性。”① 行政机关作出行政行为，只能根据行为时的事实与法律，行政行为作出后如果事实或者主体等发生变化，这些变化也不是行政机关行为时所能预判和考虑到的。因此，撤销之诉中原告的诉求能否成立，应当考虑行政程序中形成的行政案卷中包含的以下内容：第一，事实

① 陈清秀：《行政诉讼法》，法律出版社 2016 年版，第 665~666 页。

依据。事实依据包括行政机关调取的证据，行政相对人提交的证据，其他利害关系人、社会公众提供的证据。第二，法律依据。法律依据是行政机关作出行政行为的必要依据，具体包括行政机关作出行政行为所依据的法律、法规、规章以及其他规范性文件。第三，行政程序过程的其他记载。被告为证明其行政行为合法性，提供和举示的前述在行政程序中形成的证据，可以成为法院审查其合法性的重要依据。

三、本案的审查和处理

虽然本案二审程序与再审审查作出的结论一致，均认为逢春企业咨询公司的起诉不符合法定的起诉条件，但是理由不同。二审法院认为，本案被诉转移登记行为涉及两次转移登记，因此本案审查存在针对连续转移登记案件的起诉与受理问题。如果利害关系人一并对多次转移登记提起诉讼，人民法院先审理第一次转移登记。如果人民法院判决驳回原告就第一次转移登记提出的诉讼请求，或者确认在先转移登记违法（保留登记效果）的，应裁定驳回原告对后续转移登记的起诉。

再审审查过程中，法院认为，只有行政行为确与当事人的权利义务增减得失相关的，当事人权利和法律上利益才有受到行政行为侵害的可能性。只有行政行为作出时，受其影响的主体才具备提起诉讼的资格。如果在行政行为作出后事实发生了变化，那么之后参与的主体及其利益也不是行政机关作出行政行为时所能考虑的对象及利益。

本案中，被诉房屋转移登记行为发生在2006年，根据当时有效的《城市房屋权属登记管理办法》① 第17条的规定，因房屋买卖、交换、赠与、继承、划拨、转让、分割、合并、裁决等原因致使其权属发生转移的，当事人应当自事实发生之日起90日内申请转移登记。申请转移登记，权利人应当提交房屋权属证书以及相关的合同、协议、证明等文件。本案中转移登记前后的房屋所有权主体分别为漯河石化集团和中国中油能源集团股份有限公司，转移登记是在双方提交申请的前提下启动的，且双方均未对房

① 《房屋登记办法》自2008年7月1日起施行，《城市房屋权属登记管理办法》同时废止。

屋变更登记行为提出异议。而李某某在 2011 年受让民事债权，后因债权不能实现而对受让前的房屋转移登记行为提起本案诉讼。因此，李某某在受让债权前，应当对债权是否能够顺利实现进行理性的分析，即使其债权不能顺利得偿，亦不是受到被诉行政行为侵害的后果，其与购得相关不良资产前行政机关已经作出的房屋变更登记行为，不具有利害关系。

目前实践中存在大量的不良资产处置行为，即通过综合运用法律法规允许范围的手段和方式，对资产进行价值变现和价值提升。而本案中归纳出的撤销之诉裁判基准时问题，应当指引不良资产受让人对其行为进行预判，即其受让相关债权后，并不能通过对受让前已作出的行政行为提起撤销之诉，来实现债权。

最高人民法院再审合议庭成员：李小梅　聂振华　仝蕾

（编写人：李小梅* 审稿人：韩德强）

---

* 李小梅，中华人民共和国最高人民法院行政审判庭，三级高级法官。

附录一

法律、法规、司法解释及其他规范性文件

一、行政法类

1.《中华人民共和国土地管理法》

简称《土地管理法》，1986 年 6 月 25 日第六届全国人民代表大会常务委员会第十六次会议通过，根据 1988 年 12 月 29 日第七届全国人民代表大会常务委员会第五次会议《关于修改〈中华人民共和国土地管理法〉的决定》第一次修正，1998 年 8 月 29 日第九届全国人民代表大会常务委员会第四次会议修订，根据 2004 年 8 月 28 日第十届全国人民代表大会常务委员会第十一次会议《关于修改〈中华人民共和国土地管理法〉的决定》第二次修正，根据 2019 年 8 月 26 日第十三届全国人民代表大会常务委员会第十二次会议《关于修改〈中华人民共和国土地管理法〉〈中华人民共和国城市房地产管理法〉的决定》第三次修正。

2.《中华人民共和国城市房地产管理法》

简称《城市房地产管理法》，1994 年 7 月 5 日第八届全国人民代表大会常务委员会第八次会议通过，根据 2007 年 8 月 30 日第十届全国人民代表大会常务委员会第二十九次会议《关于修改〈中华人民共和国城市房地产管理法〉的决定》第一次修正，根据 2009 年 8 月 27 日第十一届全国人民代表大会常务委员会第十次会议《关于修改部分法律的决定》第二次修正，根据 2019 年 8 月 26 日第十三届全国人民代表大会常务委员会第十二次会议《关于修改〈中华人民共和国土地管理法〉〈中华人民共和国城市房地产管理法〉的决定》第三次修正。

3.《中华人民共和国人民防空法》

简称《人民防空法》，1996 年 10 月 29 日第八届全国人民代表大会常务委员会第二十二次会议通过，1996 年 10 月 29 日中华人民共和国主席令第七十八号公布，自 1997 年 1 月 1 日起施行。根据 2009 年 8 月 27 日中华人民共和国主席令第十八号第十一届全

国人民代表大会常务委员会第十次会议《关于修改部分法律的决定》修正。

二、刑法类

4.《中华人民共和国刑法》

简称《刑法》，1979 年 7 月 1 日第五届全国人民代表大会第二次会议通过，1997 年 3 月 14 日第八届全国人民代表大会第五次会议修订，根据 1998 年 12 月 29 日《全国人民代表大会常务委员会关于惩治骗购外汇、逃汇和非法买卖外汇犯罪的决定》、1999 年 12 月 25 日《中华人民共和国刑法修正案》（简称《刑法修正案》）、2001 年 8 月 31 日《中华人民共和国刑法修正案（二）》（简称《刑法修正案（二）》）、2001 年 12 月 29 日《中华人民共和国刑法修正案（三）》（简称《刑法修正案（三）》）、2002 年 12 月 28 日《中华人民共和国刑法修正案（四）》（简称《刑法修正案（四）》）、2005 年 2 月 28 日《中华人民共和国刑法修正案（五）》（简称《刑法修正案（五）》）、2006 年 6 月 29 日《中华人民共和国刑法修正案（六）》（简称《刑法修正案（六）》）、2009 年 2 月 28 日《中华人民共和国刑法修正案（七）》（简称《刑法修正案（七）》）、2009 年 8 月 27 日《全国人民代表大会常务委员会关于修改部分法律的决定》、2011 年 2 月 25 日《中华人民共和国刑法修正案（八）》（简称《刑法修正案（八）》）、2015 年 8 月 29 日《中华人民共和国刑法修正案（九）》（简称《刑法修正案（九）》）、2017 年 11 月 4 日《中华人民共和国刑法修正案（十）》（简称《刑法修正案（十）》）、2020 年 12 月 26 日《中华人民共和国刑法修正案（十一）》（简称《刑法修正案（十一）》）修正。

三、民商法类

5.《中华人民共和国商标法》

简称《商标法》，1982 年 8 月 23 日第五届全国人民代表大会常务委员会第二十四次会议通过，根据 1993 年 2 月 22 日第七届全国人民代表大会常务委员会第三十次会议《关于修改〈中华人民共和国商标法〉的决定》第一次修正，根据 2001 年 10 月 27 日第九届全国人民代表大会常务委员会第二十四次会议《关于修改〈中华人民共和国商标法〉的决定》第二次修正，根据 2013 年 8 月 30 日第十二届全国人民代表大会常务委员会第四次会议《关于修改〈中华人民共和国商标法〉的决定》第三次修正，根据 2019 年 4 月 23 日第十三届全国人民代表大会常务委员会第十次会议《关于修改〈中华人民共和国建筑法〉等八部法律的决定》第四次修正。

6.《中华人民共和国专利法》

简称《专利法》，1984 年 3 月 12 日第六届全国人民代表大会常务委员会第四次会议通过，根据 1992 年 9 月 4 日第七届全国人民代表大会常务委员会第二十七次会议《关于修改〈中华人民共和国专利法〉的决定》第一次修正，根据 2000 年 8 月 25 日第九届全国人民代表大会常务委员会第十七次会议《关于修改〈中华人民共和国专利法〉的决定》第二次修正，根据 2008 年 12 月 27 日第十一届全国人民代表大会常务委员会第六次会议《关于修改〈中华人民共和国专利法〉的决定》第三次修正，根据 2020 年 10 月 17 日第十三届全国人民代表大会常务委员会第二十二次会议《关于修改〈中华人民共和国专利法〉的决定》第四次修正。

7.《中华人民共和国公司法》

简称《公司法》，1993 年 12 月 29 日第八届全国人民代表大会常务委员会第五次会议通过，根据 1999 年 12 月 25 日第九届全国人民代表大会常务委员会第十三次会议《关于修改〈中华人民共和国公司法〉的决定》第一次修正，根据 2004 年 8 月 28 日第十届全国人民代表大会常务委员会第十一次会议《关于修改〈中华人民共和国公司法〉的决定》第二次修正，2005 年 10 月 27 日第十届全国人民代表大会常务委员会第十八次会议修订，根据 2013 年 12 月 28 日第十二届全国人民代表大会常务委员会第六次会议《关于修改〈中华人民共和国海洋环境保护法〉等七部法律的决定》第三次修正，根据 2018 年 10 月 26 日第十三届全国人民代表大会常务委员会第六次会议《关于修改〈中华人民共和国公司法〉的决定》第四次修正。

8.《中华人民共和国企业破产法》

简称《企业破产法》，2006 年 8 月 27 日第十届全国人民代表大会常务委员会第二十三次会议通过，自 2007 年 6 月 1 日起施行。

9.《中华人民共和国民法典》

简称《民法典》，2020 年 5 月 28 日第十三届全国人民代表大会第三次会议通过，自 2021 年 1 月 1 日起施行。《中华人民共和国婚姻法》《中华人民共和国继承法》《中华人民共和国民法通则》《中华人民共和国收养法》《中华人民共和国担保法》《中华人民共和国合同法》《中华人民共和国物权法》《中华人民共和国侵权责任法》《中华人民共和国民法总则》同时废止。

10.《中华人民共和国担保法》

简称《担保法》，1995 年 6 月 30 日第八届全国人民代表大会常务委员会第十四次会议通过，1995 年 6 月 30 日中华人民共和国主席令第五十号公布，自 1995 年 10 月 1 日起施行。根据《民法典》的规定，于 2021 年 1 月 1 日废止。

11.《中华人民共和国合同法》

简称《合同法》，1999 年 3 月 15 日第九届全国人民代表大会第二次会议通过，1999 年 3 月 15 日中华人民共和国主席令第十五号公布，自 1999 年 10 月 1 日起施行。根据《民法典》的规定，于 2021 年 1 月 1 日废止。

12.《中华人民共和国物权法》

简称《物权法》，2007 年 3 月 16 日第十届全国人民代表大会第五次会议通过，2007 年 3 月 16 日中华人民共和国主席令第六十二号公布，自 2007 年 10 月 1 日起施行。根据《民法典》的规定，于 2021 年 1 月 1 日废止。

13.《中华人民共和国侵权责任法》

简称《侵权责任法》，2009 年 12 月 26 日第十一届全国人民代表大会常务委员会第十二次会议通过，2009 年 12 月 26 日中华人民共和国主席令第二十一号公布，自 2010 年 7 月 1 日起施行。根据《民法典》的规定，于 2021 年 1 月 1 日废止。

14.《中华人民共和国继承法》

简称《继承法》，1985 年 4 月 10 日第六届全国人民代表大会第三次会议通过，1985 年 4 月 10 日中华人民共和国主席令第二十四号公布，自 1985 年 10 月 1 日起施行。根据《民法典》的规定，于 2021 年 1 月 1 日废止。

15.《中华人民共和国民法通则》

简称《民法通则》，1986 年 4 月 12 日第六届全国人民代表大会第四次会议通过，根据 2009 年 8 月 27 日第十一届全国人民代表大会常务委员会第十次会议《关于修改部分法律的决定》修正。根据《民法典》的规定，于 2021 年 1 月 1 日废止。

16.《中华人民共和国民法总则》

简称《民法总则》，2017 年 3 月 15 日第十二届全国人民代表大会第五次会议通过，2017 年 3 月 15 日中华人民共和国主席令第六十六号公布，自 2017 年 10 月 1 日起施行。根据《民法典》的规定，于 2021 年 1 月 1 日废止。

17.《中华人民共和国种子法》

简称《种子法》，2000 年 7 月 8 日第九届全国人民代表大会常务委员会第十六次会议通过，根据 2004 年 8 月 28 日第十届全国人民代表大会常务委员会第十一次会议《关于修改〈中华人民共和国种子法〉的决定》第一次修正，根据 2013 年 6 月 29 日第十二届全国人民代表大会常务委员会第三次会议《关于修改〈中华人民共和国文物保护法〉等十二部法律的决定》第二次修正，2015 年 11 月 4 日第十二届全国人民代表大会常务委员会第十七次会议修订。

四、经济法类

18.《中华人民共和国对外贸易法》

简称《对外贸易法》，1994 年 5 月 12 日第八届全国人民代表大会常务委员会第七次会议通过，2004 年 4 月 6 日第十届全国人民代表大会常务委员会第八次会议修订，根据 2016 年 11 月 7 日第十二届全国人民代表常务委员会第二十四次会议《关于修改〈中华人民共和国对外贸易法〉等第十二部法律的决定》修正。

五、程序法类

19.《中华人民共和国民事诉讼法》

简称《民事诉讼法》，1991 年 4 月 9 日第七届全国人民代表大会第四次会议通过，根据 2007 年 10 月 28 日第十届全国人民代表大会常务委员会第三十次会议《关于修改〈中华人民共和国民事诉讼法〉的决定》第一次修正，根据 2012 年 8 月 31 日第十一届全国人民代表大会常务委员会第二十八次会议《关于修改〈中华人民共和国民事诉讼法〉的决定》第二次修正，根据 2017 年 6 月 27 日第十二届全国人民代表大会常务委员会第二十八次会议《关于修改〈中华人民共和国民事诉讼法〉和〈中华人民共和国行政诉讼法〉的决定》第三次修正。

20.《中华人民共和国行政诉讼法》

简称《行政诉讼法》，1989 年 4 月 4 日第七届全国人民代表大会第二次会议通过，根据 2014 年 11 月 1 日第十二届全国人民代表大会常务委员会第十一次会议《关于修改〈中华人民共和国行政诉讼法〉的决定》第一次修正，根据 2017 年 6 月 27 日第十二届全国人民代表大会常务委员会第二十八次会议《关于修改〈中华人民共和国民事诉讼法〉和〈中华人民共和国行政诉讼法〉的决定》第二次修正。

21.《中华人民共和国海事诉讼特别程序法》

简称《海事诉讼特别程序法》，1999 年 12 月 25 日第九届全国人民代表大会常务委员会第十三次会议通过，1999 年 12 月 25 日中华人民共和国主席令第二十八号公布，自 2000 年 7 月 1 日起施行。

22.《中华人民共和国仲裁法》

简称《仲裁法》，1994 年 8 月 31 日第八届全国人民代表大会常务委员会第九次会议通过，根据 2009 年 8 月 27 日第十一届全国人民代表大会常务委员会第十次会议《关于修改部分法律的决定》第一次修正，根据 2017 年 9 月 1 日第十二届全国人民代表大会常务委员会第二十九次会议《关于修改〈中华人民共和国法官法〉等八部法律的决定》第二次修正。

23.《中华人民共和国涉外民事关系法律适用法》

简称《涉外民事关系法律适用法》，2010年10月28日第十一届全国人民代表大会常务委员会第十七次会议通过，2010年10月28日中华人民共和国主席令第三十六号公布，自2011年4月1日起施行。

六、行政法规

24.《中华人民共和国公司登记管理条例》

简称《公司登记管理条例》，1994年6月24日中华人民共和国国务院令第156号发布，根据2005年12月18日中华人民共和国国务院令第451号公布的《国务院关于修改〈中华人民共和国公司登记管理条例〉的决定》第一次修正，根据2014年2月19日中华人民共和国国务院令第648号公布的《国务院关于废止和修改部分行政法规的决定》第二次修正，根据2016年2月6日发布的国务院令第666号《国务院关于修改部分行政法规的决定》第三次修正。

25.《中华人民共和国植物新品种保护条例》

简称《植物新品种保护条例》，1997年3月20日中华人民共和国国务院令第213号公布，根据2013年1月31日《国务院关于修改〈中华人民共和国植物新品种保护条例〉的决定》第一次修订，根据2014年7月29日《国务院关于修改部分行政法规的决定》第二次修订。

七、司法解释及其他规范性文件

（一）行政法类

26.《最高人民法院关于审理行政协议案件若干问题的规定》（法释〔2019〕17号）

简称《关于审理行政协议案件若干问题的规定》，2019年11月12日最高人民法院审判委员会第1781次会议通过，2019年11月27日公布，自2020年1月1日起施行。

27.《最高人民法院关于审理商标授权确权行政案件若干问题的规定》（法释〔2020〕19号）

简称《关于审理商标授权确权行政案件若干问题的规定》，2016年12月12日最高人民法院审判委员会1703次会议通过（法释〔2017〕2号），根据2020年12月23日最高人民法院审判委员会第1823次会议通过的《最高人民法院关于修改〈最高人民法院关于审理侵犯专利权纠纷案件应用法律若干问题的解释（二）〉等十八件知识产权类司法解释的决定》修正，2020年12月29日公布，自2021年1月1日起施行。

28.《最高人民法院关于建设工程价款优先受偿权问题的批复》（法释〔2002〕16号）

简称《关于建设工程价款优先受偿权的批复》，2002年6月11日由最高人民法院审判委员会第 1225 次会议通过，2002 年 6 月 20 日公布，自 2002 年 6 月 27 日起施行。

（二）民商法类

29.《最高人民法院关于审理商品房买卖合同纠纷案件适用法律若干问题的解释》（法释〔2020〕17 号）

简称《商品房买卖合同司法解释》，2003 年 3 月 24 日最高人民法院审判委员会第 1267 次会议通过（法释〔2003〕7 号），根据 2020 年 12 月 23 日最高人民法院审判委员会第 1823 次会议通过的《最高人民法院关于修改〈最高人民法院关于在民事审判工作中适用《中华人民共和国工会法》若干问题的解释〉等二十七件民事类司法解释的决定》修正，2020 年 12 月 29 日公布，自 2021 年 1 月 1 日起施行。

30.《最高人民法院关于适用〈中华人民共和国企业破产法〉若干问题的规定（一）》（法释〔2011〕22 号）

简称《企业破产法司法解释（一）》，2011 年 8 月 29 日最高人民法院审判委员会第 1527 次会议通过，2011 年 9 月 9 日公布，自 2011 年 9 月 26 日起施行。

31.《最高人民法院关于审理商标民事纠纷案件适用法律若干问题的解释》（法释〔2020〕19 号）

简称《商标民事纠纷司法解释》，2002 年 10 月 12 日最高人民法院审判委员会第 1246 次会议通过（法释〔2002〕32 号），根据 2020 年 12 月 23 日最高人民法院审判委员会第 1823 次会议通过的《最高人民法院关于修改〈最高人民法院关于审理侵犯专利权纠纷案件应用法律若干问题的解释（二）〉等十八件知识产权类司法解释的决定》修正，2020 年 12 月 29 日公布，自 2021 年 1 月 1 日起施行。

32.《最高人民法院关于适用〈中华人民共和国合同法〉若干问题的解释（二）》（法释〔2009〕5 号）

简称《合同法司法解释（二）》，2009 年 2 月 9 日最高人民法院审判委员会第 1462 次会议通过，2009 年 4 月 24 日公布，自 2009 年 5 月 13 日起施行。根据 2020 年 12 月 23 日最高人民法院审判委员会第 1823 次会议通过的《最高人民法院关于废止部分司法解释及相关规范性文件的决定》，于 2021 年 1 月 1 日废止。

33.《最高人民法院关于适用〈中华人民共和国担保法〉若干问题的解释》（法释〔2000〕44 号）

简称《担保法司法解释》，2000 年 9 月 29 日最高人民法院审判委员会第 1133 次会议通过，2000 年 12 月 8 日公布，自 2000 年 12 月 13 日起施行。根据 2020 年 12 月 23 日最高人民法院审判委员会第 1823 次会议通过的《最高人民法院关于废止部分司法解释及相关规范性文件的决定》，于 2021 年 1 月 1 日废止。

34.《最高人民法院关于审理侵犯专利权纠纷案件应用法律若干问题的解释》（法释〔2009〕21 号）

简称《关于审理侵犯专利权纠纷案件的解释》，2009 年 12 月 21 日最高人民法院审判委员会 1480 次会议通过，2009 年 12 月 28 日公布，自 2010 年 1 月 1 日起施行。

35.《最高人民法院关于审理侵犯专利权纠纷案件应用法律若干问题的解释（二）》（法释〔2020〕19 号）

简称《关于审理侵犯专利权纠纷案件的解释二》，2016 年 1 月 25 日最高人民法院审判委员会第 1676 次会议通过（法释〔2016〕1 号），根据 2020 年 12 月 23 日最高人民法院审判委员会第 1823 次会议通过的《最高人民法院关于修改〈最高人民法院关于审理侵犯专利权纠纷案件应用法律若干问题的解释（二）〉等十八件知识产权类司法解释的决定》修正，2020 年 12 月 29 日公布，自 2021 年 1 月 1 日起施行。

36.《最高人民法院关于审理专利纠纷案件适用法律问题的若干规定》（法释〔2020〕19 号）

简称《关于审理专利纠纷案件适用法律问题的若干规定》，2001 年 6 月 19 日最高人民法院审判委员会第 1180 次会议通过（法释〔2001〕21 号），根据 2013 年 2 月 25 日最高人民法院审判委员会第 1570 次会议通过的《最高人民法院关于修改〈最高人民法院关于审理专利纠纷案件适用法律问题的若干规定〉的决定》第一次修正（法释〔2013〕9 号）。根据 2015 年 1 月 19 日最高人民法院审判委员会第 1641 次会议通过的《最高人民法院关于修改〈最高人民法院关于审理专利纠纷案件适用法律问题的若干规定〉的决定》第二次修正（法释〔2015〕4 号）。根据 2020 年 12 月 23 日最高人民法院审判委员会第 1823 次会议通过的《最高人民法院关于修改〈最高人民法院关于审理侵犯专利权纠纷案件应用法律若干问题的解释（二）〉等十八件知识产权类司法解释的决定》第三次修正，2020 年 12 月 29 日公布，自 2021 年 1 月 1 日起施行。

37.《最高人民法院关于审理侵犯植物新品种权纠纷案件具体应用法律问题的若干规定》（法释〔2007〕1 号）

简称《关于审理侵犯植物新品种权纠纷案件具体应用法律问题的若干规定》，2006 年 12 月 25 日最高人民法院审判委员会第 1411 次会议通过，2007 年 1 月 12 日公布，自 2007 年 2 月 1 日起施行。

38.《最高人民法院关于审查知识产权纠纷行为保全案件适用法律若干问题的规定》（法释〔2018〕21 号）

简称《行为保全司法解释》，2018年11月26日由最高人民法院审判委员会第1755次会议通过，2018年12月12日公布，自2019年1月1日起施行。

39.《最高人民法院关于审理建设工程施工合同纠纷案件适用法律问题的解释（一）》（法释〔2020〕25号）

简称《建设工程施工合同司法解释（一）》，2020年12月25日最高人民法院审判委员会第1825次会议通过，2020年12月29日公布，自2021年1月1日起施行。

40.《最高人民法院关于审理独立保函纠纷案件若干问题的规定》（法释〔2020〕18号）

简称《独立保函纠纷规定》，2016年7月11日最高人民法院审判委员会第1688次会议通过（法释〔2016〕24号），根据2020年12月23日最高人民法院审判委员会第1823次会议通过的《最高人民法院关于修改〈最高人民法院关于破产企业国有划拨土地使用权应否列入破产财产等问题的批复〉等二十九件商事类司法解释的决定》修正，2020年12月29日公布，自2021年1月1日起施行。

41.《最高人民法院关于审理建筑物区分所有权纠纷案件适用法律若干问题的解释》（法释〔2020〕17号）

简称《审理建筑物区分所有权纠纷案件司法解释》，2009年3月23日最高人民法院审判委员会第1464次会议通过《最高人民法院关于审理建筑物区分所有权纠纷案件具体应用法律若干问题的解释》（法释〔2009〕7号），根据2020年12月23日最高人民法院审判委员会第1823次会议通过的《最高人民法院关于修改〈最高人民法院关于在民事审判工作中适用《中华人民共和国工会法》若干问题的解释〉等二十七件民事类司法解释的决定》修正，名称修改为《最高人民法院关于审理建筑物区分所有权纠纷案件适用法律若干问题的解释》，2020年12月29日公布，自2021年1月1日起施行。

42.《最高人民法院关于适用〈中华人民共和国民法典〉有关担保制度的解释》（法释〔2020〕28号）

简称《民法典有关担保制度的司法解释》，2020年12月25日最高人民法院审判委员会第1824次会议通过，2020年12月31日公布，自2021年1月1日起施行。

43.《最高人民法院关于贯彻执行〈中华人民共和国民法通则〉若干问题的意见（试行）》［法（办）发〔1988〕6号］

简称《民通意见（试行）》，1988年1月26日最高人民法院审判委员会讨论通过，根据2020年12月23日最高人民法院审判委员会第1823次会议通过，于2021年1

月 1 日废止。

（三）程序法类

44.《最高人民法院关于适用〈中华人民共和国仲裁法〉若干问题的解释》（法释〔2006〕7 号）

简称《仲裁法司法解释》，2005 年 12 月 26 日最高人民法院审判委员会第 1375 次会议通过，2006 年 8 月 23 日公布，自 2006 年 9 月 8 日起施行。根据 2008 年 12 月 26 日发布的《最高人民法院关于调整司法解释等文件中引用〈中华人民共和国民事诉讼法〉条文序号的决定》（法释〔2008〕18 号）调整，自 2008 年 12 月 31 日起施行。

45.《最高人民法院关于仲裁司法审查案件报核问题的有关规定》（法释〔2017〕21 号）

简称《关于仲裁司法审查案件报核问题的有关规定》，2017 年 11 月 20 日由最高人民法院审判委员会第 1727 次会议通过，2017 年 12 月 26 日公布，自 2018 年 1 月 1 日起施行。

46.《最高人民法院关于人民法院民事执行中查封、扣押、冻结财产的规定》（法释〔2020〕21 号）

简称《关于人民法院民事执行中查封、扣押、冻结财产的规定》，2004 年 10 月 26 日最高人民法院审判委员会第 1330 次会议通过（法释〔2004〕15 号）。根据 2008 年 12 月 16 日发布的《最高人民法院关于调整司法解释等文件中引用〈中华人民共和国民事诉讼法〉条文序号的决定》调整，根据 2020 年 12 月 23 日最高人民法院审判委员会第 1823 次会议通过的《最高人民法院关于修改〈最高人民法院关于人民法院扣押铁路运输货物若干问题的规定〉等十八件执行类司法解释的决定》修正，2020 年 12 月 29 日公布，自 2021 年 1 月 1 日起施行。

47.《最高人民法院关于适用〈中华人民共和国民事诉讼法〉的解释》（法释〔2020〕20 号）

简称《民事诉讼法司法解释》，2014 年 12 月 18 日最高人民法院审判委员会第 1636 次会议通过（法释〔2015〕5 号），根据 2020 年 12 月 23 日最高人民法院审判委员会第 1823 次会议通过的《最高人民法院关于修改〈最高人民法院关于人民法院民事调解工作若干问题的规定〉等十九件民事诉讼类司法解释的决定》修正，2020 年 12 月 29 日公布，自 2021 年 1 月 1 日起施行。

48.《最高人民法院关于民事诉讼证据的若干规定》（法释〔2019〕19 号）

简称《民事诉讼证据规定》，2001 年 12 月 6 日最高人民法院审判委员会第 1201 次会议通过（法释〔2001〕33号），根据2008年12月16日发布的《最高人民法院关于调整司法解释等文件中引用〈中华人民共和国民事诉讼法〉条文序号的决定》调整，根据2019年10月14日最高人民法院审判委员会第1777次会议《最高人民法院关于修改〈关于民事诉讼证据的若干规定〉的决定》修正，2019年12月25日公布，自2020年5月1日起施行。

49.《最高人民法院关于人民法院民事诉讼中委托鉴定审查工作若干问题的规定》（法〔2020〕202号）

简称《委托鉴定审查规定》，2020年7月31日最高人民法院印发，自2020年9月1日起施行。

50.《最高人民法院关于民事审判监督程序严格依法适用指令再审和发回重审若干问题的规定》（法释〔2015〕7号）

简称《民事严格指令再审和发回重审的规定》，2015年2月2日最高人民法院审判委员会第1643次会议通过，2015年2月16日公布，自2015年3月15日起施行。

51.《最高人民法院关于人民法院办理执行异议和复议案件若干问题的规定》（法释〔2020〕21号）

简称《执行异议复议规定》，2014年12月29日最高人民法院审判委员会第1638次会议通过（法释〔2015〕10号），根据2020年12月23日最高人民法院审判委员会第1823次会议通过的《最高人民法院关于修改〈最高人民法院关于人民法院扣押铁路运输货物若干问题的规定〉等十八件执行类司法解释的决定》修正，2020年12月29日公布，自2021年1月1日起施行。

52.《最高人民法院关于人民法院执行工作若干问题的规定（试行）》（法释〔2020〕21号）

简称《关于人民法院执行工作若干问题的规定（试行）》，1998年6月11日最高人民法院审判委员会第992次会议通过（法释〔1998〕15号），根据2020年12月23日最高人民法院审判委员会第1823次会议通过的《最高人民法院关于修改〈最高人民法院关于人民法院扣押铁路运输货物若干问题的规定〉等十八件执行类司法解释的决定》修正，2020年12月29日公布，自2021年1月1日起施行。

53.《最高人民法院关于适用〈中华人民共和国行政诉讼法〉的解释》（法释〔2018〕1号）

简称《行政诉讼法解释》，2017年11月13日最高人民法院审判委员会第1726次会议通过，2018年2月6日公布，自2018年2月8日起施行。

八、其他类型文件

54.《商务部、财政部、人民银行、银监会、保监会关于推动信用销售健康发展的意见》（商秩发〔2009〕88号）

简称《关于推动信用销售健康发展的意见》，2009年3月3日商务部、财政部、中国人民银行、中国银行业监督管理委员会、中国保险监督管理委员会发布。①

55.《最高人民法院关于审理商标授权确权行政案件若干问题的意见》（法发〔2010〕12号）

简称《关于审理商标授权确权行政案件若干问题的意见》，2010年4月20日最高人民法院发布。

56.《最高人民法院关于调整强制清算与破产案件类型划分的通知》（法〔2016〕237号）

简称《关于调整强制清算与破产案件类型划分的通知》，2016年7月6日最高人民法院发布。

57.《最高人民法院关于破产案件立案受理有关问题的通知》（最高法明传〔2016〕469号）

简称《关于破产案件立案受理有关问题的通知》，2016年7月28日最高人民法院发布。

58.《最高人民法院关于补充增加民事案件案由的通知》（法〔2018〕364号）

简称《关于补充增加民事案件案由的通知》，最高人民法院2018年12月28日发布，自2019年1月1日起施行。

---

① 根据2018年国务院机构改革方案，中国银行业监督管理委员会、中国保险监督管理委员会的职能整合，组建中国银行保险监督管理委员会。中国银行业监督管理委员会和中国保险监督管理委员会拟订银行业、保险业重要法律法规草案和审慎监管基本制度的职责划入中国人民银行。

附录二

中华人民共和国最高人民法院案例选
电子书二维码

《中华人民共和国最高人民法院案例选（第一辑）》

《中华人民共和国最高人民法院案例选（第二辑）》

《中华人民共和国最高人民法院案例选（第三辑）》

《中华人民共和国最高人民法院案例选（第四辑）》

《中华人民共和国最高人民法院案例选（第五辑）》